新世纪现代交通类专业系列教材

高速公路运营管理

（修订本）

现代交通远程教育教材编委会　编

·北京·

内 容 简 介

本书以经济学、管理学、行政学等学科理论为指导，密切联系我国高速公路运营管理实际，深入浅出、全面系统地讲述了高速公路的特性、分类及其与社会经济发展之间的关系，讲述了高速公路管理体制与机构设置，讲述了高速公路养护管理、路政管理、交通安全管理、收费管理、通信监控管理、服务区管理，以及高速公路绿化、环境保护管理等内容。本书吸取了当前高速公路运营管理的最新研究成果，密切联系我国实际，分析了当前我国高速公路运营管理中的三个难点问题(管理体制、交通安全、收费管理)，同时，注意了高速公路运营管理的系统性。

本书封面贴有清华大学出版社防伪标签，无标签者不得销售。
版权所有，侵权必究。侵仅举报电话：010-62782989　13501256678　13801310933

图书在版编目（CIP）数据

高速公路运营管理/现代交通远程教育教材编委会编．—修订本．—北京：清华大学出版社；北京交通大学出版社，2004.6(2019.1修订)
(新世纪现代交通类专业系列教材)
ISBN 978-7-81082-293-0

Ⅰ．高…　Ⅱ．现…　Ⅲ．高速公路-经济管理　Ⅳ．F542

中国版本图书馆CIP数据核字(2004)第025831号

高速公路运营管理
GAOSU GONGLU YUNYING GUANLI

责任编辑：张利军　　特邀编辑：麦伦丁	
出版发行：　清华大学出版社　　邮编：100084　　电话：010-62776969	
北京交通大学出版社　邮编：100044　　电话：010-51686414	
印　刷　者：北京鑫海金澳胶印有限公司	
经　　　销：全国新华书店	
开　　　本：185×260　　印张：13.75　　字数：344千字	
版　　　次：2004年6月第1版　2019年1月第1次修订　2019年1月第9次印刷	
书　　　号：ISBN 978-7-81082-293-0/F・38	
印　　　数：23 001～25 000册　　定价：30.00元	

本书如有质量问题，请向北京交通大学出版社质监组反映。对您的意见和批评，我们表示欢迎和感谢。
投诉电话：010-51686043，51686008；传真：010-62225406；E-mail：press@bjtu.edu.cn。

现代交通远程教育教材编委会
成 员 名 单

主　　任：刘卫民
副 主 任：王文标　梁文英
成　　员：（以姓氏笔画为序）

　　　　　王夕展　王燕华　司文钰
　　　　　司银涛　刘三刚　安政国
　　　　　肖云梅　李家俊　陈　庚
　　　　　张吉国　张恩杰　苏建林
　　　　　罗　毅　周新湘　谢瑞珑
　　　　　廖贵星　魏新华

本书主编：郝恩崇　王夕展
副 主 编：张　远　徐　岩
本书主审：郭洪太

出 版 说 明

北京交通大学是教育部直属的全国重点大学,至今已有百年历史。在漫长的办学历程中,北京交通大学逐步形成了"团结勤奋、求实创新、谦虚谨慎、开拓进取"的精神,正向着"国内一流、国际知名大学"这一宏伟目标迈进。

为了适应社会主义现代化建设对高素质专门人才的培养,北京交通大学积极发展多种形式的高等教育,现代远程教育是其中的形式之一。它采用计算机多媒体技术,通过互联网、卫星视频会议系统进行教学,具有鲜明的时代特征。现代远程教育具有很多优势:它可以使高等教育不受校园的局限,扩大接受高等教育人口的比例;它极大地方便了学习者,使学生利用现代远程教育便可学到最新的知识,享受第一流的教育资源;它还构建了终身学习体系,使知识经济时代人们终身学习的愿望得以实现。由于现代远程教育的诸多优点,在发达国家已经非常广泛地被采用。

为落实交通部《"十五"交通教育培训规划》、《"十五"交通行政执法人员提高学历层次教育的实施意见》和《"十五"全国地方交通行政干部教育培训的实施意见》精神,充分发挥交通系统各类交通院校教育资源的优势和特色,为交通现代化建设、交通可持续发展培养高层次专门人才,北京交通大学与交通系统各类院校本着"优势互补、资源共享、互利互惠、共同发展"的原则,合作开展现代远程教育试点工作。目前,已经在北京交通管理干部学院设立了北京交通大学现代远程教育交通分院,并在全国交通系统设立了 29 个交通教学中心,开办了公路工程与管理(专科)、交通运输管理(专科)、公路工程与管理(专升本)、交通运输管理(专升本)、财务会计(专科)、会计学(专升本)和法学(专升本)等专业。

现代远程教育与传统的面对面的教育方式不同,它更强调学生的自主个性化学习,因此需要提供更适合于自学的教材,同时还要提供内容丰富的多媒体教学课件、电子教案、自学指导书等,以支持远程教育活动。

为进一步适应现代远程教育事业的发展,北京交通大学现代远程教育交通分院组织编写了这套现代交通远程教育教材。本套教材是根据教育部审定批准的教学大纲编写的,适合高等教育的教学及学生学习,尤其适合现代交通远程教育的本(专)科学生学习使用。

现代交通远程教育教材编委会
2018 年 12 月

前　言

在 2003 年 2 月全国交通厅局长会议上，交通部张春贤部长回顾党的十五大以来的交通工作时说，过去五年是我国公路、水路交通发展速度最快、投资规模最大、技术水平提高最显著的历史时期。1989 年，全社会完成交通固定资产投资是 156 亿元，"八五"期间年均完成投资 619 亿元，"九五"期间年均完成投资 2062 亿元。2002 年完成投资 3150 亿元，创历史新高，是 1989 年的 20 倍。到 2002 年底，公路通车里程达 176 万公里，比 1989 年增长了 74%。高速公路连创新高，1989 年只有 271 公里，1999 年突破 1 万公里，2002 年突破 2 万公里，到 2002 年底，高速公路里程已达 2.52 万公里，用短短的 10 多年的时间走完发达国家高速公路建设三四十年的发展历程！

公路事业取得如此成就，原因是很多的，其中有一条十分重要，这就是加强了科学管理。从高速公路形成阶段上划分，高速公路管理可分为两个大的领域：高速公路的建设管理和高速公路的运营管理。

高速公路建设管理是 20 世纪 80 年代中期随着我国公路对世界银行贷款的引进开始的，通过十几年的探索和总结，在高速公路前期工程可行性研究、招投标管理、项目业主管理、项目合同管理、工程监理、项目后评价等方面，逐步制定了完善的法律、法规制度，形成了既同国际接轨又适合我国国情的一整套高速公路建设管理体系。

随着高速公路的不断建成和投入运营，如何管好和用好高速公路，充分发挥它作为现代化交通基础设施的作用，成为最迫切的问题。但是，高速公路的运营管理要比建设管理复杂得多。这是因为高速公路运营在我国完全是一种新事物，高速公路运营管理更是在法规准备不足，理论研究滞后和缺乏经验的基础上起步的；加以高速公路事业的发展阶段，正是我国经济处于从计划经济向社会主义市场经济的过渡时期，许多深刻、复杂的变革正在进行之中，它们都对高速公路运营管理形成了十分复杂的背景。

然而，广大的公路交通人解放思想，大胆创新，对高速公路的运营管理进行了积极的探索和实践，创造了多种不同的管理模式，尝试运用了许多不同的管理方法，积累了不少宝贵经验，产生了不同的管理效应，并引起了全社会的普遍关注。1988 年，西安公路学院、广东省交通厅和世界银行经济发展学院正式立项联合开展了《中国高速公路收费研究》，这是我国第一个研究高速公路运营管理的科研课题。此后，我国各级公路交通部门、高等院校和科研院所的广大师生、专家、管理干部积极参加到高速公路管理的研究中来，发表了一批很有学术价值的论文，涌现出不少科研成果。高速公路的管理实践促进了理论研究，理论研究的成果又指导管理实践。1992 年，由四川省交通厅谭诗樵同志主编的《高等级公路管理》正式出版，这是我国第一本关于高速公路管理的专著，它的出版为高速公路管理学科的形成铺垫了基础。此后，又陆续有一批专著问世：1996 年出版了由交通部总工程师杨盛福任主任委员的高速公路丛书编委会编写的《高速公路建设管理》；1997 年出版了由国文清主编的《高速公路管理》；1998 年出版了由吴海燕主编的《高速公路建设与管理》；1999 年出版了由刘步存主编的《高速公路企业经营管理》；1999 年出版了由陈传德主编的《高速公路施工管理》；2000 年出版了由郗恩崇主编的

《高速公路管理学》等。这些专著在不同的领域对高速公路管理进行了研究探索,它们的问世,也说明作为一门新学科的高速公路管理学正日趋成熟。

当前,我国正处于由计划经济制度向社会主义市场经济制度的过渡阶段,当经济制度发生较深刻的变革后,作为上层建筑的政治制度则呈现相对滞后状况,其中行政管理改革的进程就很不适应经济制度变革的需要,这种状况在高速公路领域表现特别明显。作为现代化基础设施,只有科学管理,才能体现高速公路的整体性、系统性和科学性,才能充分发挥其快速、高效、安全、畅通的功能和优势。所以对高速公路的研究要深入进行下去。

《高速公路运营管理》教材是为远程教育公路交通专业的本科和专科学生编写的。它力求将高速公路运营管理的基本概念、理论同高速公路的路政管理、养护管理、交通安全管理、收费管理、通信监控管理、服务区管理、绿化与环境保护等各项管理实践活动密切结合,有机地融为一体,同时又注意将当前高速公路运营管理科学研究前沿成果反映到教材之中。在编写体例上和语言表述上,充分注意有利于学生自学。使学生在学完这门课程后,对高速公路运营管理各方面知识有全面、系统、深入的了解。

本教材编写人员分工为:第1、3、4章由郗恩崇编写,第2、5章由王夕展编写,第6、8、10章由张远编写,第7、9、11章由徐岩编写。全书由郗恩崇、王夕展拟定写作计划并总纂定稿,担任主编,副主编是张远、徐岩。

编　者

2018年12月

目 录

第1章 绪论 ·· 1
  1.1 道路的起源与衍变 ··· 1
  1.2 公路的分类 ·· 4
  1.3 高速公路的发展概况 ·· 11
  1.4 高速公路运营管理学科的产生与发展 ··· 18

第2章 高速公路与国家现代化 ··· 21
  2.1 高速公路与运输 ··· 21
  2.2 高速公路与经济发展 ·· 25
  2.3 高速公路与社会进步 ·· 32

第3章 高速公路管理学的理论基础 ·· 36
  3.1 高速公路的特性 ··· 36
  3.2 高速公路规划建设的管理理论 ··· 47
  3.3 高速公路运营管理理论 ·· 60

第4章 高速公路运营管理体制 ··· 65
  4.1 高速公路运营管理体制的作用及其构成要素 ······································· 65
  4.2 高速公路运营管理体制 ·· 70

第5章 高速公路路政管理 ··· 81
  5.1 高速公路路政管理概述 ·· 81
  5.2 高速公路路政管理体制 ·· 83
  5.3 高速公路路政管理的内容和方法 ··· 89

第6章 高速公路收费管理 ··· 95
  6.1 高速公路收费管理概论 ·· 95
  6.2 高速公路道路使用效益分析 ·· 103
  6.3 收费公路分车型收费标准的确定及其调整 ······································· 108

第7章 高速公路交通安全管理 ··· 118
  7.1 概述 ·· 118
  7.2 高速公路交通安全管理 ·· 121
  7.3 高速公路交通安全的影响因素 ·· 127
  7.4 高速公路交通安全管理对策 ·· 134

第8章 高速公路的养护管理 ··· 136
  8.1 概述 ·· 136
  8.2 高速公路路面养护管理 ·· 139
  8.3 高速公路桥涵构造物的养护管理 ··· 144
  8.4 高速公路绿化的养护管理 ··· 148

8.5 我国高速公路养护管理体制的改革 …………………………………………… 157
第9章 高速公路监控通信管理 ……………………………………………………… 163
9.1 高速公路交通控制 ……………………………………………………………… 163
9.2 高速公路监控通信管理 ………………………………………………………… 165
9.3 我国高速公路监控通信管理的发展趋势及对策 ……………………………… 172
第10章 高速公路服务区的管理与经营开发 ……………………………………… 178
10.1 服务区的管理 …………………………………………………………………… 178
10.2 高速公路的经营和开发 ………………………………………………………… 185
第11章 重视高速公路管理中的环境资源保护
　　　　——可持续发展的必然要求 ……………………………………………… 191
11.1 可持续发展概述 ………………………………………………………………… 191
11.2 高速公路对环境资源的影响 …………………………………………………… 197
11.3 高速公路管理中的环境保护与可持续发展 …………………………………… 202
参考文献 ………………………………………………………………………………… 210

第1章 绪 论

1.1 道路的起源与衍变

　　道路(Road)是自古至今人类为从事各项活动而在陆地上开辟或建设的通道。在英国出版的《牛津现代高级辞典》中,对道路的解释是:"Specially prepared way, publicly or privately owned, between places for the use of pedestrians, riders, vehicles etc",译成汉语是:"道路就是专门在两地之间,为步行人、骑乘者(注:此处指骑马,骑自行车等)和车辆等的通行而修建的公共所有或私有的通道"。由此解释中可以看出,Road包括各种形式的陆上道路,包括仅供行人或骑马之用的小路(Trail),包括行驶马车的大道(Cart way,中国古代称驰道或称官道等),包括近100多年来的行驶汽车或其他机动车而修建的公路(Highway),也包括当代全封闭、全立交的高速公路(Free way,Express way或Motor way),道路是一个广泛的概念。我国的法规也规定了道路的定义。在1989年国务院颁布的行政法规《中华人民共和国道路交通安全管理条例》中,对道路规定的定义是:"道路是指公路、城市街道和胡同(里巷)以及公共广场、公共停车场等供车辆、行人通行的地方"。从该定义中可以看出,我国政府对道路规定的内涵,也是包括了陆地上所有可以通行机动车、非机动车、骑乘者和步行人的各类道路和场所,它与国际上对道路概念的认识是一致的。

　　道路的出现,在历史长河中应当同人类文明的出现相一致。运输活动最早产生于原始民族猎取生活资料的过程中。当原始先民将狩猎和捕鱼的收获物运到自己生活的山洞或巢穴的时候;当原始先民将自己消费不完的收获与其他先民交换的时候,运输活动就产生了。当原始社会第三次社会大分工,即商业出现的时候,运输业便应运而生了。原始先民用牛马及其他兽类驮运货物或拖曳车辆运送货物时,古老的道路便形成了。

　　从古到今,道路的发展可以粗分为四个阶段。

　　第一阶段,供行人和牛马及其他兽类行走、驮运货物的阶段,此时期的道路通常称为小路,或小径,英文叫Trail。在人类历史初年,远古祖先在艰难环境中求生存,常常辗转迁移,跋山涉水,披荆斩棘,人畜踩出小径以通行。三四百年前,当欧洲殖民者首次踏上美洲大陆时,他们发现美洲大陆上的道路就仅仅是土著的印第安人开辟出的小径,甚至直到美国建国时,13个州内交通也主要依赖印第安人辟出的这些羊肠小径(Indian trail)。后来,美国各州政府或私人修筑通行马车的收费路(Toll road)也是在这些印第安小径的基础上修建的。

　　第二阶段,供畜力车辆和行人通行的大道(Cart way)阶段。在中国古代传说中,即有黄帝造车之说,《汉书·地理志》这样记载:"昔在黄帝,作舟车以济不通"。车的发明,现在没有确切的时间考证。中华民族将车广泛用于交通,至少不会晚于夏商时代,即距今4 000年左右。我国古代车的实物出土,最早大概是西安沣河东岸发掘出土的西周车马坑,其中殉葬的马车型制先进、构造复杂,每车套马四匹,是贵族出行的主要交通工具,并且与马车同时殉葬的有被杀死的马匹和奴隶车夫。西周时代在沣河两岸筑城距今已有3 000年的历史,可见当时已形成发达的畜力车交通运输。

有车就有路。在尧舜时代,道路曾被称为"康衢"。到西周时期,人们就对路的等级做了划分,把可并行三辆马车的称为"路",把可并行两辆马车的称为"道",把仅通行一辆马车的称为"途",而把农村仅通行老牛车的支线称为"畛",如果不能通行畜力车,只供人行、骑马通行的小道,则称为"径"。在西周时期,由于政府特别重视修整道路,各类道路已连接成网,历史记载周朝"一车两马周行天下",说明了这一时期畜力车运输的繁荣景象。西周的道路不仅数量多,质量也很好,《诗经·小雅·大东》上有"周道如砥,其直如矢"的描写,就是说,周朝的道路平坦如砥石(磨刀石),笔直如箭杆。道路的平直加上车辆的进步,使西周道路交通运输达到了很高的水平。

秦统一六国后,在道路交通方面统一规划修筑全国道路。秦强调"车同轨,书同文"(《史记》),把过去六国错杂的交通线路加以整修和连接,"为驰道于天下"(《汉书》),建成以咸阳为中心遍及全国的驰道。例如,目前尚可见到遗迹的秦(北)直道,从陕西淳化县出发,穿过陕西、甘肃、内蒙古等省区的14个县,直至九原郡(今内蒙古自治区包头市)。据考古勘测,该直道最宽处可达150米,一般宽度也在60米左右,在北部边塞军情紧急时,咸阳骑兵三天三夜即可驰抵阴山脚下。

隋唐时期,道路交通线路畅通全国各地。著名文学家柳宗元在《馆驿使壁记》中记载,唐时以首都长安为中心,有7条重要的放射状道路(驿道)通往全国各地,全长有5万里。在宽敞的道路上,"十里一走马,五里一扬鞭","一驿过一驿,驿骑如星流"。隋唐时期的驿站遍布全国,和一条条的道路一起,构成隋唐发达的交通运输网络。

宋元时期的道路与军事需要紧密联系。宋朝时期因战事频繁,国家对道路交通实行了军事化、半军事化管理,管理邮驿事务的中央机构直接由兵部负责。驿卒属军事编制,称为铺兵。元朝建立了历史上疆域最大的帝国,把道路从元大都(今北京)修到蒙古,并一直通到欧洲,形成连接欧亚的长长的道路。意大利旅行家马可·波罗在他的游记中这样记载:"从汉八里城(大都,今北京),有通往各省四通八达的道路。每条路上,也就是说每一条大路上,按照市镇坐落的位置,每隔四十或五十公里,都设有驿站,筑有馆舍,接待过往商旅住宿"。

明清两朝也十分重视道路交通。修建了通往我国边界少数民族地区的交通要道。例如,明朝时期修建的连接四川与云南、贵州宽畅的驿道,历史上称"龙场九驿"。清朝对道路网络进行了整顿,把驿路分为三等,一是"官马大路",由北京辐射四面八方,通向各省城;二是"大路",自省城通往地方的重要城市;三是"小路"指自大路或各地重要城市通往各市镇的支线。清朝的"官马大路"主要有东北路、东路、西路和中路四大干线,全长2 000多公里。

欧洲的古罗马帝国时代,筑有大路通向其各附属国,故有"条条大道通罗马"之说。而英国直到14世纪才修建了全国境内的大路干线,出现马车运输(Drayage),并成为一个运输行业(Common calling)。

第三阶段,行驶汽车的公路(Highway)阶段。现代公路是随着汽车的发明和使用而兴起的。前述中外古代的道路,除极少量的木板路(美国)和石板路外,都是泥土路或砂石路,仅供行人、马车通行而已。汽车发明以后,道路建设也随之改革。由于汽车行驶速度快,载重量大,对路面、路基要求标准高,专为适合汽车行驶的现代公路也应运而生。

内燃机汽车是德国在1886年由高特列希·戴姆勒发明的。1902年，我国才从国外引进汽车，起初只在清朝宫廷和上海等大城市街道行驶。我国的第一条公路，是1906年苏元春驻守广西时兴建的龙州到镇南关的公路。1913年，湖南兴建了长约50公里的长沙到湘潭的公路。

公路是适应汽车行驶需要产生的。以前行驶马车的道路并没有一定技术标准，而现代公路则复杂得多，必须有一定的技术规范，与第二阶段的道路相比，现代公路有以下特征。

1) 选线严格

选线就是决定公路所经过的地点，一经确定，亦即决定了公路未来建成后的营运范围。选线主要考虑以下因素。

(1) 地理环境。公路所经路线是否有崇山峻岭和大江大河，是何种地质情况。这些决定了公路施工难度和建设成本。

(2) 人口分布情况。人口稠密，经济发展状况良好，则更需公路通畅。

(3) 生产力布局。如沿途有工业、商业、港口、森林、矿山等资源，则货源充足，公路运量充足。

(4) 交通状况。是否与铁路、水路运输连接。

(5) 国际因素。公路选线应考虑国防需要和边防安全通畅。

2) 设计科学

(1) 为适应汽车行驶，公路坡度应小于马车道路的坡度，高度应大于马车道路高度。

(2) 适应安全要求，避免设计的道路存在急转弯。

(3) 公路不宜通过乡镇内的街道，将来扩建不受建筑物阻碍。

(4) 平原路线尽可能采用直线，缩短距离，减少行驶时间。

3) 构造复杂

公路由路基、路面、桥梁涵洞和交通标志构成，远比马车道路复杂得多。

(1) 路基。路基是公路基础，由土方或石方填高或挖低而成，经加工夯实，务求坚固平坦。为了防止积水浸坏公路，还必须建有良好的排水工程。路基工程，目前各国都制定有技术标准。

(2) 路面。路面要求有一定的宽度，一定的厚度，还要求使用一定的材料筑成。路面要求有一定的强度，以能承载重量。路面的摩擦系数要适当，以减少行车阻力。根据行车要求，路面又分为低级路面和高级路面。低级路面主要有四种，一种是稳定土壤路面，敷设加固材料，加固材料多为砂与土，如当地土质为砂性，则应加黏土，如土质为泥性，则应加砂，加固时应适当加点水，滚压结实成为平坦路面。此为最经济的路面，适用于乡村道路。另一种低级路面为改良砂石路面，即将砂石路面清扫干净，先浇一层结合油，再浇铺沥青或渣油。低等级路面易于修筑，成本低廉，适合交通量稀少的边远乡村地区。高级路面也主要有两种，一种是高级沥青路面。这种路面要求地基必须十分坚固，其面层用石子、沙子石粉和沥青等材料，搅拌成沥青混凝土，再摊铺并碾压而成。另一种是水泥混凝土路面，修筑时要预留涨缩缝。

(3) 桥梁涵洞。均用于跨越水流或排泄地面水。一般来说，跨度在6米以上称桥梁，6米以下称涵洞。

(4) 交通标志。交通标志主要可分为四类：警告标志，用于指示前面特殊情况，如急弯、险坡、交叉点、傍山险路等；限制标志，如载重量限制、高度限制等；禁止标志，如禁停、禁止超车等；指示标志，用以指示路线方向、距离里程等。

目前,世界公路总里程已达到2 000多万公里,占各种运输方式总运输网总长的2/3(综合运输网总长度3 000多万公里)。其中北美洲拥有公路网数量最多,达700万公里;欧洲520多万公里;亚洲400多万公里;南美洲200多万公里;非洲130多万公里,大洋洲100多万公里。

第四阶段,以高速度分层行驶的高速公路阶段。高速公路起源于20世纪30年代初德国纳粹为战争修建的快速路。当时,希特勒为了发动战争,以闪电战袭击周边国家,修建了多车道立体交叉的3 900公里的高速公路。在德军进攻法国时,法军统帅部低估了德军进军速度,以为德军最快3日方可抵达的路程,不料德军一天之内就赶到前线,并绕道至马其诺防线之后,法军顷刻瓦解。

二战之后,以美国为首的发达国家,在20世纪50年代到70年代先后兴起了修建高速公路的高潮。目前,世界上有60多个国家有高速公路,据统计,到1992年底全世界高速公路通车里程达到17.1万公里,其中美国高速公路最多,达到8.75万公里,占世界高速公路总长的一半左右。我国到2002年末,已建设高速公路25 130公里,居世界第2位。

高速公路与第三阶段的普通公路相比,最大的不同是高速公路为全立交、全封闭;而普通公路则是平面交叉、混合交通。高速公路的立体交叉最少是两层,在交叉路线更多、更加繁忙的交叉点,也有三层甚至四层立体交叉,可以保证不同方向车辆会车时同时行驶,互不影响,从而畅通无阻。

1.2 公路的分类

1.2.1 我国公路的技术分类

按照交通部1988年颁发的《公路工程技术标准》,把我国上等级的公路划分为两大类五个技术等级。表现每个等级主要特征的有定量的技术经济指标和定性的技术经济指标。其中定量的技术经济指标有交通量、行车速度和规范的工程技术标准等;而定性的技术经济指标有使用任务和其他政治经济因素。

下面简要介绍其主要的定量指标。

1. 交通量

交通量是指单位时间内(每小时或昼夜)通过两地间某公路断面处来往的实际车辆数。在公路上行驶的车辆多种多样,归纳起来有小客车、载重车、半挂车、大客车、摩托车、拖拉机和非机动车(包括自行车和各种人力车、畜力车)等。不同的车型对公路的作用和影响(占路面面积、一定行驶速度时需留够的前后左右空间、对路面的摩擦力、压力和压强形成的破坏与磨损等)是不相同的。为了便于公路设计计算与管理,常常以一种典型的车辆为标准单位,通过实验和测算,将其他车型根据其作用与影响的比较折算成典型车辆的标准单位,这样便于形成直观数量概念,有利于公路的设计与管理。交通部参照国际标准,对我国公路交通量折算单位规定为:高速公路与一、二级汽车专用公路以小客车为标准车辆单位,其他机动车辆折算成小客车进行计算;其余的混合交通各等级公路以载重汽车为标准车辆单位,其余的机动车和非机动车折算成载重汽车进行计算。

对于高速公路和汽车专用公路各类车辆的折算系数,见表 1-1。

表 1-1 高速公路和汽车专用公路车辆折算系数表

车 型	小 客 车	普通载重车	挂 车
折算系数	1.0	1.5	2.0

对于混合交通的公路各类车辆折算系数,见表 1-2。

表 1-2 混合交通公路各类车辆折算系数表

车 型	载重汽车	挂 车	小客车	畜力车	人力车	自行车
折算系数	1.0	1.5	0.5	2.0	0.5	0.1

注:①载重汽车项还包括大客车、重型载重汽车(额定吨位 8 吨以上)、三轮汽车、胶轮拖拉机带挂车;②挂车项是带挂车的载重汽车及大平板车;③小客车项还包括吉普车、摩托车、手扶拖拉机带挂车;④人力车主要是架子车、人力独轮车和板车。

用上面方法计算的交通量有几个不同的指标,它们是:年平均昼夜(双向)交通量、最大日(双向)交通量、最大高峰小时(双向)交通量、日平均小时(双向)交通量和年第 30 位最高小时交通量。前四种读者较易理解,从字面上就可以了解其内涵,各种交通量所表示的侧重面不同,用途也不一样。第五种交通量指标的含义是将 1 年内各小时(共 $24 \times 365 = 8760$ 小时)的交通量由大到小排列到第 30 个值,常用它确定交通组成和横断面型式等。

2. 行车速度

汽车在公路上行驶速度的快慢,第一与汽车自身的技术特性相关,如发动机的功率;第二与驾驶员的技术操作水平有关;第三,也是非常重要的一个客观外界条件,就是与公路的技术标准有关,如路面的宽度,路面的质量等。当路线技术标准高(即平曲线半径大、视距良好、路基质量好、路面宽、纵坡较平缓)时,汽车能充分发挥出其技术特性,可以用较高的速度行驶。

这里的行车速度指公路的设计计算行车速度,它是在保证行车安全的前提下,公路受限制部分(如弯道、视距、竖曲线等)所能允许汽车达到的最高行车速度。我国的公路技术标准规定了各级公路的计算行车速度,见表 1-3。

表 1-3 各等级公路计算行车速度表

公路等级	汽车专用公路						一般公路						
	高速公路			一		二		二		三		四	
地 形	平原微丘	重丘	山 岭	平原微丘	山岭重丘	平原微丘	山岭重丘	平原微丘	山岭重丘	平原微丘	山岭重丘	平原微丘	山岭重丘
行车道宽度(米)	2×7.5	2×7.5	2×7.5	2×7.0	2×7.5	2×7.0	8.0	7.5	9.0	7.0	7.0	6.0	3.5	3.5
计算行车速度(公里/小时)	120	100	80	60	100	60	80	40	80	40	60	30	40	20

在公路设计时,计算行车速度是确定公路几何形状的主要依据。各等级公路计算行车速

度的确定与最高时速和经济时速有关。所谓最高时速就是在设计汽车时根据其机械性能和动力性能可以达到的最高速度。所谓经济时速就是指新出厂的汽车在一般公路行驶时测定的行驶成本最低时的行车速度。根据计算行车速度，可以确定公路的其他各项技术指标和计算公路组成部分的各项尺寸。

在实际行驶时，由于一系列因素（发动机功率、司机操作技术、公路当时的使用质量等）的影响，汽车当时不一定都能保持在规定的计算行车速度。汽车在公路上实际行驶的平均速度称为平均技术速度。一般来说，平均技术速度要略低于计算行车速度，平均技术速度根据公路等级的高低而有所变化，大体上等于计算行车速度的60%～90%不等。

3. 公路技术分类的等级

以交通量、计算行车速度等技术指标为依据，我国公路的技术分类分为两大类：汽车专用公路和一般公路；五个大的等级，即高速公路、一、二、三、四级公路。

（1）汽车专用公路

汽车专用公路就是专门提供各类汽车、摩托车等快速机动车行驶的公路，一般不允许慢速机动车（如拖拉机）和非机动车及行人使用，它包括高速公路、一级和二级汽车专用公路。

① 高速公路。有效行车道至少在4条以上，全封闭、全立交，能适应按各种汽车（包括摩托车）折合成小客车的年平均昼夜交通量为2.5万辆以上，具有特别重要的政治、经济意义，专供汽车分道高速行驶并全部控制出入的公路。

② 一级汽车专用公路。要求有4条有效行车道，基本封闭，能适应按各种汽车（包括摩托车）折合成小客车的年平均昼夜交通量为1.0～2.5万辆，为连接重要政治、经济中心，通往重点工矿区、港口、机场、专供汽车分道快速行驶并部分控制出入的公路。

③ 二级汽车专用公路。一般至少有两个有效行车道，基本封闭，能适应按各种汽车（包括摩托车）折合成中型载重汽车的年平均昼夜交通量为4 500～7 000辆，为连接政治、经济中心或大型工矿区、港口、机场等的专供汽车行驶的公路。

（2）一般公路

一般公路既可供汽车、摩托车使用，也可供慢速机动车（如拖拉机）、非机动车及行人使用。一般公路构成的交通称为混合交通，包括二、三、四级公路。

① 二级公路。有效行车道宽度平原微丘至少在9米，山岭重丘至少在7米。通行能力能适应按各种车辆折合成中型载重车的年平均昼夜交通量为2 000～5 000辆，连接政治、经济中心或较大工矿区、港口、机场等地的公路。

② 三级公路。有效行车道宽度平原微丘至少在7米，山岭重丘至少在6米。通行能力可适应按各种车辆折合成中型载重汽车的年平均昼夜交通量为2 000辆以下，为沟通县及重要乡镇的公路。

③ 四级公路。有效行车道宽度至少为3.5米。通行能力能适应按各种车辆折合成中型载重汽车的年平均昼夜交通量为200辆以下，为沟通县、乡（镇）、村等的公路。

公路技术等级的选用，应根据交通量调查、预测交通量和公路网整体规划，从全局出发，结合公路的使用任务、性质综合确定。在公路设计时，我国规定高速公路、一级公路设计年限为20年；二级公路为15年；三级公路为10年；四级公路一般不超过10年，可根据具体情况适当缩短。

表1-4是2002年我国按技术等级划分的公路里程及其结构。

表1-4 2002年我国公路按技术等级的里程与结构

项目	总计	等级公路						等级外公路
		合计	高速	一级	二级	三级	四级	
里程(公里)	1 765 000	1 382 900	25 130	27 468	197 143	315 141	818 044	382 296
结构(%)	100	78.35	1.42	1.56	11.17	17.85	46.35	20.52

资料来源：交通部综合规划司，2002年公路水路交通行业发展统计公报。

由表中看出，在我国公路构成中大部分还是低等级公路。截止到2002年底，我国还有大约38万公里的等级外公路，占全国公路总里程的20.52%。这些公路达不到技术等级要求。根据我国公路发展规划，提高公路技术等级是重要任务之一，随着公路交通事业的发展，要提高这些公路的使用质量和通行能力，逐步达到规定的公路等级标准。

1.2.2 我国公路的行政分级

《中华人民共和国公路管理条例实施细则》第三条规定："公路分为国家干线公路(以下简称国道)、省、自治区、直辖市干线公路(以下简称省道)，县公路(以下简称县道)，乡公路(以下简称乡道)和专用公路五个行政等级。"这就是我国按照行政管理体制，根据公路所处的地理位置、公路在国民经济中的地位和作用以及公路交通运输的特点所作的公路行政分级。这种分级影响和决定了我国公路投资体制、公路建设与管理体制的形成以及相关的法规、制度的形成。总的来说，我国公路系统实行"统一领导、分级管理"的原则。中华人民共和国交通部主管全国的公路事业。

1. 公路行政级别

全国公路分为五个级别：国道、省道、县道、乡道和专用公路。

(1) 国道

国道指具有全国性政治、经济意义的主要干线公路，包括重要的国际公路、国防公路，联结首都与各省、自治区首府和直辖市的公路，联结各大经济中心、港站枢纽、商品生产基地和战略要地的公路。它由中央政府统一规划，由各所在地省、市、自治区负责建设、管理和养护；维修养护的资金目前由养路费解决，费改税后由燃油税提供资金，大中型新建、改建项目以国家投资、部分养路费及其他集资、融资方式解决。

(2) 省道

省道指具有全省(自治区、直辖市)政治、经济意义，以省会(首府、直辖市)为中心，联结省内重要城市、交通枢纽、主要经济区的干线公路，以及不属于国道的省际重要公路，它们是在中央政府颁布国道后，由省、市、自治区交通部门对具有全省意义的干线公路加以规划，并负责建设、养护和改造的公路。

(3) 县道

县道指具有全县(旗、县级市)政治、经济意义，联结县城和县内主要乡(镇)、主要商品生产和集散地的公路，以及不属于国道、省道的县际间的公路。大部分县道由县政府自行负责规划、建设、养护及使用,少部分县道由省级政府规划、建设及养护。

(4) 乡道

乡道指直接或主要为乡、村内部经济、文化、行政服务的公路和乡、村与外部联系的公路。乡道要由县级政府统一规划,并由县、乡组织建设、养护、管理和使用。

(5) 专用公路

专用公路指专供或主要供某特定工厂、矿山、农场、林场、油田、电站、旅游区、军事要地等与外部联结的公路,它由专用部门或单位自行规划、建设、使用和维护。当专用公路的专用性质因故发生变化时,经专用部门或单位申请,省级政府公路主管部门批准,可以改划为省道或县道。

2002年我国公路按行政级别分类情况,见表1-5。

表1-5 2002年我国公路按行政级别分类里程及结构

项　　目	总　计	国　道	省　道	县　道	乡　道	专用公路
里程(万公里)	176.50	12.50	21.62	47.12	86.56	8.71
结构(%)	100	7.1	12.2	26.7	49.0	5.0

资料来源:交通部综合规划司,2002年公路水路交通行业发展统计公报。

2. 我国国道系统简介

每个国家都有国家级重点干线公路(即国道)。在实现了公路交通运输现代化的国家,他们的国道干线公路绝大部分都是以高速公路为主的汽车专用公路。这些高速公路组成的国家干线道路系统,在其国民经济发展和人民社会生活中起着十分重要的作用。例如,美国、原联邦德国和法国的高速公路国道里程分别占其公路总里程的1.35%、1.62%和0.74%,但其所承担的运输量分别占其公路总运输量的20%～25%,25%和15%;日本高速公路国道里程仅占公路总里程的0.31%,但其所承担的货物周转量占公路总货物周转量的21.6%。

美国从1944年通过《联邦资助公路法》开始规划建设全国国道系统,规划建设41 000英里(折合65 600公里)国道,该系统被正式称为"国家州际和国防公路系统"。日本政府1959年制定"高速汽车国道法",规划了高速公路国道的路线和建设计划;1966年通过的《国土开发干线公路建设法》从法律上认定了全国7 600公里高速公路国道的建设计划。

我国的国道计划方案最早提出是1981年颁布的"规定国家干线公路网"的试行方案,1994年又进行了适当调整。现在,我国公路国道系统已经确定;我国国道的划分及编序与其他国家不同。根据我国国情,将国道划分为三类,国道编号都是由三位数字组成。第一类是以首都北京为中心向全国各地不同方向延射的国道,这类国道的左端第一数字是1,后面两位数字是国道自身的序号,例如,国道107是从北京出发经石家庄、郑州、广州到深圳的公路大干线,全长2 449公里。以北京为中心向全国各地呈放射状的国道有12条,计2.3万公里。这一系列国道将首都北京与全国主要的政治经济中心联结在一起。第二类国道是不通过首都北京,而是由北向南的高等级公路主干线,称为南北纵线国道,共计27条,3.7万公里。这类国道左端的第一位数字是2,后面两位数字是国道自身序号,例如,国道210,从包头开始,穿过内蒙古、陕西、四川、重庆、贵州、广西等省、市、自治区,途经西安、重庆到南宁。这27条国道从东到西依次平行沟通我国南北地区。第三类国道是由东向西的公路主干线,称为东西横向国道,累计

29条,4.6万公里。这类国道左端以3字起头,后两位数字是国道自身序号,例如,国道310就是起自连云港,连接徐州、西安到天水终止的东西干线,全长1 153公里。天水向北与国道312衔接。这29条国道干线从我国北部向南依次平行排列,沟通我国东西地区。上述三类国道共有68条,总里程12.5万公里,占全国公路总里程的9%左右,这些国道互相衔接,将我国各省、市、自治区,各主要城市和政治经济中心及交通枢纽连接在一起,构成我国四通八达高等级骨干公路网,在我国的经济现代化进程中将发挥极为重要的作用。表1-6是我国部分主要的国道概况。

表1-6 我国部分主要国道概况(长度单位:公里)

编　号	路　线　名　称	
一、首都放射线国道(12条)		22 980
102	北京—山海关—沈阳—哈尔滨	1 231
104	北京—南京—杭州—福州	2 284
105	北京—南昌—广州—珠海	2 361
106	北京—兰考—黄岗—广州	2 497
107	北京—郑州—广州—深圳	2 449
108	北京—太原—西安—昆明	3 356
109	北京—银川—兰州—拉萨	3 763
110	北京—呼和浩特—银川	1 063
111	北京—通辽—乌兰浩特—加格达奇	2 034
二、南北纵线国道(共27条)		37 054
201	鹤岗—牡丹江—大连	1 822
202	黑河—哈尔滨—沈阳—大连	1 696
205	山海关—淄博—南京—深圳	2 755
206	烟台—徐州—合肥—汕头	2 324
207	锡林浩特—长治—梧州—海安	3 566
209	呼和浩特—三门峡—柳州—北海	3 375
210	包头—西安—重庆—南宁	3 005
212	兰州—广元—重庆	1 084
213	兰州—成都—昆明—磨憨	2 852
214	西宁—昌都—景洪	3 008
217	阿勒泰—独山子—库车	1 082
218	清水河—伊宁—库尔勒—若羌	1 129
219	叶城—狮泉河—拉孜	2 139
228	台湾环线	
三、东西横线国道(共29条)		46 214
301	绥芬河—哈尔滨—满洲里	1 448
302	珲春—吉林—长春—乌兰浩特	1 024
303	集安—四平—通辽—锡林浩特	1 265

续表

307	黄骅—石家庄—太原—银川	1 193
309	荣城—济南—宜川—兰州	1 961
310	连云港—徐州—西安—天水	1 153
312	上海—合肥—兰州—霍尔果斯	4 708
314	乌鲁木齐—喀什—红其拉甫	2 073
315	西宁—若羌—喀什	2 746
316	福州—南昌—武汉—兰州	1 985
317	成都—昌都—那曲	1 917
318	上海—成都—拉萨—聂拉木	4 907
319	厦门—长沙—重庆—成都	2 631
320	上海—南昌—昆明—瑞丽	3 315
321	广州—桂林—贵阳—成都	1 749
322	衡阳—桂林—南宁—友谊关	1 045
323	瑞金—韶关—柳州—临沧	2 316
324	福州—广州—南宁—昆明	2 201
326	秀山—毕节—个旧—河口	1 239

1.2.3 经营性与非经营性公路

把公路划分为经营性公路和非经营性公路是改革开放以后才提出的。在加快我国公路交通事业发展的过程中,为了解决资金不足的问题,国家出台了一系列公路投资、融资的改革措施,尤其是大胆利用外资和吸引私人、企业及社会各方面的资金参与公路基础设施的建设。随着改革的深入,先后进行了沪宁高速公路股份有限公司、沪杭甬高速公路股份有限公司、深圳高速公路股份有限公司的试点。在这样的背景下,为了准确表达高速公路的经营性质提出了经营性公路和非经营性公路的分类。

经营(Running 或 Operating)是一个有比较丰富内涵的概念,它有操作、管理的意思,也有计划、投资、开发、竞争的意思。在这里,我们以商业性经营的本质——追求最大限度利润来理解经营的含义。众所周知,在市场经济社会,生产厂商经营任何业务、生产任何产品或劳务,其目的是为了追求利润;企业、私人或国外投资者之所以愿意拿出钱来投资公路建设,其目的也是为了追求利润。因此,所谓经营性公路,就是以追求实现利润最大化为目标的竞争性投资的公路项目。

从公路的技术经济属性(本书第3章将详细分析)可知,公路属于公共产品的范畴,它是一个国家的重要基础设施。在中共中央十四届三中全会做出的我国社会主义市场经济体制若干问题的决定中,把我国投资项目划分为三类,即竞争性投资项目、基础性投资项目和社会公益性投资项目。作为国家基础设施的公路,应划分为基础性投资项目或者社会公益性投资项目。第3章还将分析到,高速公路有比较显著"级差效益"的商品属性;再考虑到我国处于社会主义初级阶段,底子薄,缺少全面大规模发展公路现代化交通事业的资金,为了解决资金问题,加快公路建设速度,也不排除在高等级公路建设过程中,选择部分条件适合的高速公路项目,作为竞争性投资项目操作和运行,只要政府政策对头,引导得法,管理有效,控制适当,就能做到既能吸引中外经济单位的资金,加快我国高速公路建设,又不会影响国家对公路基础设施的控制。经营性公路就是在这种指导思想及实践的基础上出现的。

当前,从经营性质的角度,可以将公路划分为两类:第一类是经营性公路,它主要包括有偿转让经营权的公路,实施公路企业资本化(股份制等)经营的公路和实施 BOT(Build-Operation-Transfer,即建设—经营—转交)项目建设经营的公路。由于公路是国家的基础结构,上述公路的经营与市场上一般商品的经营还有很大区别,我们可以把经营性公路统称为政府对公路基础设施的特许经营。这些形式的项目之所以称为经营性公路,主要特征是经营公路的主体是独立法人的企业(或多个企业的联合体),他们经营的目的是为了赢利。按照国家对投资项目的分类,经营性公路项目属于竞争性投资项目。第二类是非经营性公路,在非经营性公路里又可以细分为两种。第一种是收费性的高等级公路(包括大型收费桥梁和大型收费隧道)。收费性高等级公路的投资除含有政府拨款外,还必然含有政府担保的社会集资、向银行的借款、贷款及各种形式引进的外资。为了偿还公路建设的借贷部分资金及用于公路维护成本、收费开支等,这些高等级公路要向使用者收费。这类收费公路并不是以赢利为目的,建设这类收费公路的业主单位无论如何称呼,他们都是政府交通主管部门委托的专门机构,其收费的目的,中央政府也有明文规定,就是为了偿还借贷款,一旦借贷款还清本息之后,要立即停止收费;如果在特殊情况下还清借贷款后继续收费,必须得到省级人民政府批准,所得收入,只能用于公路建设,实行滚动发展。为了区别于不收费的社会公益性公路,我们可以把这类收费的公路称为基础性公路,它们可以归为中央政府划分投资项目类别里的基础性投资项目。非经营性公路里第二种是不收费的社会公益性公路。它们是由国家财政拨款投资、养路费投资、民工建勤、以工代赈或者个人及社会捐资修建的公路。这些公路不收取过路费,其养护管理成本从征收的养路费中开支,即社会公益性公路的价值补偿和实物补偿要通过收取税费的方式解决,实行路政与养护相互协作的管养结合体制。目前,我国的社会公益性公路主要是中级和低级的普通公路,实行混合交通。

以上公路的分类,可以简列如下:

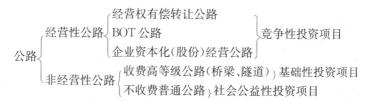

按照我国两部一局(交通部、财政部、国家物价局)1988 年 1 月 5 日《贷款修建高等级公路和大型桥梁、隧道收取车辆通行费规定》,高速公路、一级公路(10 公里以上)和二级公路(20 公里以上)、300 米以上大型桥梁和 500 米以上大型隧道可以实行收费。根据高等级公路级差效益原理,目前我国使用这个标准界定收费公路基本上是合适的。由于过去沿用的习惯,公路交通行业职工一直把所有的收费公路都一概称为经营性公路,这种称谓容易把以赢利为目的的经营性公路和以收费还贷为目的的基础性公路混淆起来,理论上是不合适的。

1.3 高速公路的发展概况

20 世纪 60 年代,在发达国家掀起了修建高速公路的热潮,到 70 年代,这些国家公路运输方式所完成的客货运输量,在全社会的客货运输总量中,已超过铁路成为完成比例最高的运输方式,据各国政府交通部门公布的统计资料,以 1992 年为例,美国客运市场(以旅客周转量计),公路客运占有率为 81.6%,日本为 60.82%,英国为 93.75%,法国为 90.3%。货运市场(以货物周转量计)占有率美国为 46%,在各运输方式中最高,日本为 50.56%,英国为 63.8%,法国为 51.9%,在各种运输方式中都是最高的。从此,改变了一个多世纪以来,以铁路运输为中心的局面,公路运输在各种运输方式中起到了主导作用,成为现代化综合运输体系中的核心。

公路运输与其他运输方式相比,具有实现门到门的直达运输,运送速度快、中间环节少、装卸费用和包装费用省、货损货差少等优点,世界各国都非常重视建设公路网,大力修建高速公路,提高公路网的建设和管理水平。

表 1-7 是世界几个主要发达国家高速公路的状况。表中数据是 20 世纪 90 年代初期统计数据,由于这些国家当时均已建成高速公路网,近几年来主要致力于提高路网的管理和使用水平,高速公路里程基本上没有增加,里程数据与目前相差不大。

表 1-7 一些国家的高速公路状况

国 别	统计年份	公路总里程(万公里)	其中高速公路(公里)	高速公路占公路总里程的%
美 国	1993	628.4	87 500	1.4
加拿大	1992	90.2	16 600	1.8
德 国	1992	64.0	11 000	1.7
法 国	1994	81.3	9 000	1.1
意大利	1992	30.5	6 310	2.1
日 本	1994	113.7	5 600	0.5
墨西哥	1992	24.3	3 166	1.3
英 国	1993	36.6	3 100	0.9
西班牙	1992	33.2	2 700	0.8
荷 兰	1992	10.5	2 118	2.0
南 非	1992	18.3	2 108	1.2

由表 1-7 可以看出,美国是高速公路最多、路网最发达的国家。从 1944 年美国制定国防和州际高速公路网的 13 年规划算起,到 1993 年已建成 87 500 公里高速公路,占全世界高速公路总里程的一半左右,最长的一条跨越东西北美大陆的高速公路是从纽约到洛杉矶的高速公路,全长 4 556 公里。美国发展高速公路的"黄金时代"是 20 世纪的 60 年代和 70 年代,20 多年平均每年建成高速公路 3 000 公里。世界上大多数发达国家高速公路网络的建成是 20 世纪 80 年代,从那以后相继进入完善和提高使用质量阶段。例如,美国 70 年代完成州际高速公路网建设,80 年代开始重点转向对已建成公路网络的完善与改造,不再有大规模的建设任务。从 1981 年开始,美国联邦政府对州际高速公路的资助转向 4R 项目(Restoration,Resurfacing,Reconstruction,Relocation)即重修、重新铺面、重建和重置。1982 年国会通过的《陆上运输资助法》又规定用于州际高速公路的资助金额中,用于 4R 项目的不得少于 40%。仅 1987 年联邦对州际高速公路 4R 项目的资助金额已达 31.5 亿美元。

由于政治的经济的各种原因,我国高速公路建设直到改革开放后的 20 世纪 80 年代中期才起步。我国第一条高速公路是沪嘉(上海浦桃工业区—嘉定县)高速公路,1984 年破土,

1988年竣工使用,全长只有18公里。比美国1937年建成的第一条高速公路(在加州境内,全长11.2公里),晚了半个世纪。我国高速公路建设起步虽晚,但发展迅速,从1988年到1996年,各省在高速公路建设方面都先后起步,尤其是东部地区开始加快高速公路的发展节奏,在这十多年中,我国共建成高速公路37条,总计通车里程3 422公里(不包括台湾省当时建成的477公里),总里程位于世界第七位。在这一阶段,我国平均每年建成高速公路324公里。这个时期建成的高速公路特点是每段距离较短,最长的是沈阳至大连的高速公路,全长375公里;而且每段高速公路基本上都是从省会城市这样的政治经济文化中心出发,初步形成了几条连接大城市或海港的"运输走廊"(Transport Corridor),例如沈大(沈阳—大连)、京津塘(北京—天津—塘沽新港)、济青(济南—青岛)、成渝(成都—重庆)、宁沪(南京—上海),广深珠(广州—深圳—珠海)运输走廊等。这些运输走廊的建成,发挥出带动沿线经济高速发展的作用,短短几年,沿线的产业带已初具规模,国内生产总值(GDP)以高于其同类地区几个甚至十几个百分点的年速率迅猛增长,这极大地激发了各级政府和当地人民建设高速公路的热情。然而,这一时期由于高速公路以独立路段的形式存在尚未联成网络,远没有发挥出其促进经济发展的综合效能。

进入1997年以后,我国迎来了高速公路人发展的春天。由于全社会对发展高速公路认同的普及与提高,由于前十多年高速公路对经济发展极大促进的示范作用,更加上由于在1997年爆发的东南亚金融危机背景下,中央政府做出了拉动内需,加快基础设施发展,加大对公路建设投入的国策,我国高速公路的建设步伐加快,连续5年向公路建设投入年均都超过2 000亿元人民币,1997年竣工高速公路1 313公里,1998年建成3 998公里,1999年建成2 267公里。到1999年10月1日,我国高速公路总里程突破10 000公里,到1999年底已达到11 000公里,仅次于美国和加拿大而跃居世界第三位,到2000年,我国高速公路建成16 600公里,超过加拿大居世界第二位,2002年底,我国公路投资达35 211亿元,创历史最高,高速公路也达到25 130公里。图1-1表示我国1988到2002年高速公路建设情况。

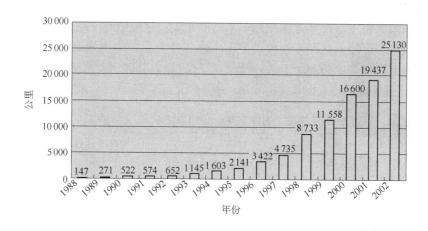

图1-1 我国高速公路建设情况

1997年至2002年,我国高速公路建设进入"高潮阶段"。这一时期的主要特点有二。其一,发展速度快,可以说是超常发展。其二,开始形成地区性网络,例如长江三角洲地区网络,将南京、上海、杭州、宁波、常州、无锡等重要经济文化中心和港口连接起来;珠江三角洲网络,将广州、深圳、珠海、汕头、湛江、东莞等主要城市和港口连成一片；环渤海网络，高速公路将大连、营口、秦皇岛、唐山、天津、北京、塘沽新港等重要城市和海港连接起来。目前高速公路已将北京同河北省省会石家庄、山西省省会太原，河南省省会郑州……连接起来。这些地区性高速公路网为全国高速公路网的形成奠定了基础。

下面介绍已建成的几条典型的高速公路。

(1) 沈大高速公路。从沈阳出发连接辽阳、鞍山、营口，到大连止，全长375公里。以沈大高速为主，与并行的铁路和航空线路构成贯穿辽东半岛经济带的"运输走廊"，不仅带动辽宁省的经济发展，也为吉林、黑龙江两省提供出海大通道。工程自1984年6月动工，1990年8月20日竣工通车。上下4条有效车道，设计时速100～120km/h，日通行能力5万辆次，全路共投资22亿元，平均每公里造价586万元。它是由中国自行设计，自行建设的第一条较长的高速公路，为全国的高速公路发展起到了很好的促进作用。到2002年，沈大高速公路运行12年后，交通量已经饱和，目前正在扩建，规模为上下6条有效车道，设计通行量8至10万辆次。

(2) 京津塘高速公路。该路从北京起，通过天津市到塘沽新港止，全长142.69公里。1988年开工，1993年9月建成通车。双向四车道，设计时速120公里。京津塘高速公路是从世界银行贷款，完全按照国际惯例进行前期可行性论证、国际招投标，并根据菲迪克条款实施工程监理的第一条高速公路(此前曾按照国际惯例建设了西安—三原一级公路)。这条高速公路的建设为全国学习国外建设高速公路的先进经验起到了很好的示范作用。这条路在当时设计标准最高、工程管理制度最完善、施工程序最规范，因此建设质量也最好。从此之后，中国的高速公路建设进入了成熟阶段。

(3) 沪宁高速公路。沪宁高速公路从上海出发，连接苏州、无锡、常州、镇江等重要城市，到南京止，全长274公里。自1992年6月正式动工建设，到1996年9月建成，投资近70亿元，平均每公里建造成本大约2 500万元人民币。沪宁高速公路双向四车道，设计通行能力4.78万辆。沪宁高速公路的建设，与南京—合肥、上海—杭州高速公路连成地区网络，构建起长江三角洲的黄金通道，经济作用非常明显，政治地位十分重要。它的建设在软土地基处理、沥青路面施工、桥头跳车治理等方面积累了丰富的经验。全线做到了道路、桥梁、交通工程、服务设施、管理设施与环境美化同步建成。沪宁高速公路为我国水网地区修建高速公路提供了新的经验，是继京津塘高速公路之后又一条高质量的高速公路，标志着我国在高速公路建设上，从设计、施工到管理已接近世界先进水平。表1-8介绍了到2000年我国已建成的高速公路。

表1-8 1988至1997年竣工高速公路和1998至2000年100公里以上高速公路

序号	名称	起止点	建成、通车时间	长度(公里)
1	沪嘉高速公路	上海—嘉定	1988	19
2	广佛高速公路	广州—佛山	1989	16
3	沈大高速公路	沈阳—大连	1990	375
4	西临高速公路	西安—临潼	1990	16
5	申松高速公路	上海—松江	1990	20
6	呼包高速公路	呼和浩特—包头	1990	150.4
7	合宁高速公路	合肥—南京	1992	92
8	广深高速公路	广州—深圳	1993	123

续表

序号	名称	起止点	建成、通车时间	长度(公里)
9	济青高速公路	济南—青岛	1993	318
10	首都机场公路	北京—首都机场	1993	18
11	京石高速公路	北京—石家庄	1994	270
12	京津塘高速公路	北京—天津—塘沽	1994	143
13	武江高速公路	武汉—江陵	1994	180
14	开郑高速公路	开封—郑州	1994	81
15	沈抚高速公路	沈阳—抚顺	1994	13
16	沈阳环城高速	沈阳市	1995	81
17	青黄高速公路	青岛—黄岛	1995	68
18	开洛高速公路	开封—洛阳	1995	201
19	宜黄高速公路	宜昌—黄石	1995	350
20	西宝高速公路	西安—宝鸡	1995	155
21	成渝高速公路	成都—重庆	1995	340
22	京哈高速(长春段)	北京—哈尔滨	1995	50
23	合巢芜高速公路	合肥—巢湖—芜湖	1995	88
24	海南东线高速公路	海南	1995	251
25	太旧高速公路	太原—旧关	1996	144
26	沈本高速公路	沈阳—本溪	1995	75
27	长四高速公路	长春—四平	1996	133
28	沪宁高速公路	上海—南京	1996	274
29	杭甬高速公路	杭州—宁波	1996	145
30	昌九高速公路	南昌—九江	1996	142
31	郑洛高速公路	郑州—洛阳	1996	201
32	郑许高速公路	郑州—许昌	1996	94
33	长湘高速公路	长沙—湘潭	1996	52
34	文加高速公路	文昌—加积	1996	60
35	广花高速公路	广州—花县	1996	23
36	深汕高速公路	深圳—汕头	1996	286
37	昆曲高速公路	昆明—曲靖	1996	130
38	临渭高速公路	临潼—渭南	1996	41
39	长吉高速公路	长春—吉林	1997	84
40	长营高速公路	长春—营城子	1997	69
41	哈大高速公路	哈尔滨—大庆	1997	132
42	济德高速公路	济南—德州	1997	91
43	济聊高速公路	济南—聊城	1997	91
44	广湛高速公路	广州—湛江	1997	530
45	桂黄高速公路	桂林—黄沙河	1997	130
46	钦防高速公路	钦州—防城	1997	98
47	成绵高速公路	成都—绵阳	1997	92

续表

序 号	名　　称	起　止　点	建成、通车时间	长度(公里)
48	成乐高速公路	成都—乐山	1997	127
49	石安高速公路	石家庄—安阳	1997	216
50	泉厦高速公路	泉州—厦门	1997	81
51	南樟高速公路	南昌—樟树	1997	70
52	桂柳高速公路	桂林—柳州	1998	139
53	安新高速公路	安阳—新乡	1998	122
54	沈四高速公路	铁岭—四平	1998	160
55	楚大高速公路	楚雄—大理	1999	179
56	福泉高速公路	福州—泉州	1999	165
57	化临高速公路	化马湾—临沂	1999	137
58	钦北高速公路	钦州—北海	1999	100
59	保津高速公路	保定—天津	1999	110
60	成雅高速公路	成都—雅安	1999	145
61	成宜高速公路	成都—宜宾	1999	360
62	黄黄高速公路	黄石—黄梅	1999	142
63	苏杭高速(江苏段)	苏州—杭州	2000	100
64	京沈高速公路	北京—沈阳	2000	658
65	京沪高速(沂淮段)	新沂—江都	2000	262
66	乌奎高速公路	乌鲁木齐—奎屯	2000	266
67	九景高速公路	九江—景德镇	2000	134
68	曲张高速公路	曲阜—张山子	2000	146
69	淮连高速公路	淮阴—连云港	2000	113
70	宁通高速公路	南京—南通	2000	140
71	青吴高速公路	青县—吴桥	2000	141
72	石黄高速公路	石家庄—黄骅港	2000	187
73	宣大高速(河北段)	阳原—宣化	2000	126
74	宜柳高速公路	宜州—柳州	2000	113
75	湘耒高速公路	湘潭—耒阳	2000	169

"九五"期间是我国公路建设大发展的"黄金阶段"。"九五"原计划新增公路里程9万公里,新建高速公路6 500公里。由于抓住了国家应对东南亚金融危机而采取的扩大内需、加快基础设施建设的历史机遇,公路建设超额完成任务。"九五"期间完成公路建设投资8 000多亿元,超过原计划60%。到2000年,全国公路里程超过135万公里,超出计划10万公里,比1995年增加19万公里。高速公路里程超过1.2万公里,5年期间共新修高速公路8 700公里,高速公路总里程是1995年的3.7倍,超过原计划2 230公里。国道主干线建成1.79万公里,占规划总里程的50%。"两纵两横三条路"建成1.2万公里,完成规划总里程的67%。公路网密度达到13.9公里/百平方公里,比1995年提高1.8公里/百平方公里。二级路以上里程达到18万公里,占公里总里程比重由1995年8.4%提高到13.3%。

为了适应国民经济发展的需求,交通部制定了我国今后公路交通发展规划。在"十五"期间要继续实施"三主一支持"(国道主干线、水运主通道、港站主枢纽和支持保障系统)长远发展规划,加快公路交通现代化的步伐。具体来说,到2005年,在"两纵两横三条路"建成的基础上;国道主干线要建成2.6万公里,占规划里程的75%,其余的也要处于开工或准备开工建设的阶段;到2010年,提前10年基本建成"五纵七横"国道主干线系统。

"十五"期间重点建设"一个系统三个网络",即全国公路主骨架系统、区域干线公路网络、县乡公路网络、公路运输服务网络。主要抓好下述工作。

(1) 加大"五纵七横"国道主干线中未建成路段建设力度,基本形成全国公路主骨架系统,确保在2010年前形成连接所有省会城市和重要沿海港口城市以及对外开放口岸,横连东西,纵贯南北的公路运输大通道。

(2) 配合国道主干线建设,重点发展连接省会城市到地级城市或到主要县城公路以及国道主干线连接线等干线公路,加快区域干线公路和大中城市过境公路及出入口公路建设,尽快形成全国公路主骨架与区域干线公路相互连接、功能分明的干线公路网络。

(3) 加大农村公路的建设与技术改造力度,全面提高农村公路的抗灾能力和通达深度。重点抓好三方面建设:一是连接国省干线公路等对外出口公路;二是旅游公路、资源开发公路和贫困地区联片开发公路;三是具备建设条件的通乡、通村公路。

(4) 进一步加快以公路主枢纽为重点的站场体系建设,全国建成公路主枢纽场站设施20%左右。加快公路主枢纽信息网络建设,初步形成以高等级干线公路为依托的省际、重要城市间快速直达公路运输系统和重要港口、铁路枢纽集散运输服务网络。

(5) 加强国防和边防公路和口岸公路建设。

为了适应中央政府关于"西部大开发"战略部署的要求,根据朱镕基总理西部大开发要首先加强公路基础设施建设的指示,交通部制定了"十五"期间加快西部地区公路建设的总体目标:为西部地区经济、社会发展和人民生活水平的提高提供最基本的交通条件。省会到地市以及区域对外通道公路实现较高等级公路(以二级公路为主);地市到县实现通油路(以三级公路为主);县到乡实现通公路(以四级公路为主);乡到行政村通机动车(有条件的通等级公路)。加快西部公路建设要坚持规划第一、分类指导、突出重点、讲求实效、建管养并重、保护生态的原则,实施加大投入、加快建设、适当超前的建设方针,重点建设国道主干线及乡村公路通达工程,有计划地实施西部地区与中部和东部地区、西南地区与西北地区,通江达海,连接周边的西部开发公路大通道工程和重点国道改造工程。

2002年8月,交通部印发了《公路水路交通发展战略》,提出了从现在开始到2050年基本实现交通运输现代化的远景展望,其要点如下:按照国家"建立健全畅通、安全、便捷的现代综合运输体系"要求,并结合公路交通自身发展现状,交通部已经确定了公路交通发展2010年和2020年两个阶段的具体目标和本世纪中叶的战略目标。新的公路建设目标是:到2010年,全国公路总里程要达到200万公里,其中高速公路3.5万公里;到2020年,全国公路总里程达到250万公里,高速公路达到7万公里以上;到本世纪中叶并力争更早些公路交通基本实现现代化。根据新的三阶段发展战略,到2010年东部地区公路交通基本适应国民经济和社会发展的需要,中西部地区与东部地区差距明显缩小。到2020年,实现全国公路交通基本适应国民经济和社会发展的需要,东部地区公路交通率先实现现代化。2020年公路基本形成由国道主干线和国家重点公路组成的骨架公路网,建成东、中部地区高速公路网和西部地区8条省际公路通道,45个公路主枢纽和96个国家公路枢纽全部建成。

1.4 高速公路运营管理学科的产生与发展

高速公路运营管理学是在高速公路建设竣工之后的运营过程中,研究高速公路有效使用、通信监控、交通安全、收费经营、路政、养护及环境保护的管理活动规律,以求最大限度发挥高速公路社会经济功能的学科。

"运营"一词最早是在我国铁路系统使用的。我国铁路管理一直是由铁道部负责的,铁道部既是政府机关,又是经营实体,负责全国6万多公里铁路的建设和经营。鉴于铁路是基础设施,与一般私人物品通过市场机制的价格生产制度供给有本质的不同,故而铁道部用"运营"而不是用"经营"来表述。运营,即运用与管理之意,它与描述私人物品生产消费过程的经营不同,后者以追求最大利润为出发点,由市场来决定生产什么,生产多少,如何生产和为谁生产的问题,基本没有政府行为。我们认为高速公路作为基础设施,与铁路的情形比较相似,用运营来描述高速公路的运用与管理活动是比较恰当的。

如前节所述,我国的高速公路事业是从20世纪80年代中期起步的,进入90年代以后,我国高速公路的发展开始加快。由于1997年亚洲金融危机的影响,我国政府采取了拉动内需的宏观经济政策,加大了对公路建设的投入,我国高速公路以前所未有的速度和规模发展。随着高速公路的不断建成和投入运营,如何管好用好高速公路成为十分迫切的问题,于是,高速公路的管理随即应运而生。高速公路在我国完全是一种新事务,高速公路运营管理更是在法规准备不足,理论研究滞后,毫无任何可借鉴经验的基础上起步的;加以我国经济处于从计划经济制度向社会主义市场经济的过渡时期,许多深刻、复杂的变革正在进行之中,这也为高速公路运营管理的发展形成了十分复杂的背景。尽管如此,我国公路交通行业广大干部职工,对如何实施对高速公路的管理进行了积极的探索和实践,各省形成了多种不同的管理体制模式。不同的管理体制发挥了不同的作用,产生了不同的管理效应,对高速公路功能的发挥产生了重大影响,并引起社会的普遍关注;各地创造性地运用了许多不同的管理方法,积累了不少宝贵的经验;在高速公路管理的法规建设方面也有了很大进展,许多省先后制定了本地有关高速公路管理的地方法规,全国性《中华人民共和国高速公路管理条例》也正在起草之中。

高速公路运营管理是1988年随我国第一条高速公路的建成使用应运而生的,但是形成高速公路运营管理学科则是6年以后的事情。一门新学科的产生总是要有一定背景的,总要适应当时社会经济发展的客观需要,有对该学科研究内容的广泛的社会实践基础。当社会经济活动中出现新的现象、产生新的问题和矛盾时,就要求人们去对新出现的现象、问题和矛盾进行认真的了解、观察和分析,以求获得一个明晰的概念和透彻的认识,得出解决问题的办法,掌握矛盾发展变化的规律;同时在总结和研究的基础上,对事物的认识上升到理论的高度。这样,一门新的学科就在此基础上产生了。

我国最早对高速公路运营管理的科学研究是1988年在世界银行运输经济专家赫南·利维(Hernan Levy)先生的倡议下开始的。应中国交通部的邀请,从1985年夏天直到1989年冬天,利维先生率领世界银行经济发展学院(EDI)公路管理专家一行五人,受世界银行派遣先后五次到中国讲学,内容是"公路项目管理"。他们系统地介绍了公路项目的可行性研究,国际招投标、设备采购、施工监理等管理知识,这在当时对刚刚改革开放,尚处于计划经济阶段的中国公路管理人员，是很新颖的。按照合同计划，讲学结束的前一年，即1988年，利维先生向西安公路学院和广东省交通厅建议，对高速公路运营管理开展研究，以迎接中国高速公路时代的到来。第一个确定的研究题目是《中国收费道路系统研究》。以后，我国各省公路交通部门、高等院校及科研院所的广大师生、专家、管理干部积极参加到对高速公路管理的研究中来，涌现出很多可喜的研究成果，发表了一批学术上很有价值的论文。这些研究成果，对我国高速公路管理起了很好的指导作用，同时，各省高速公路的管理实践，反过来又丰富和促进了理论研究的深入。在高速公路管理的广泛实践及理论研究的基础上，由四川省交通厅谭诗樵同志主编的《高等级公路管理》作为第一部专著于1992年出版了。该书在总结各地高速公路管理经验和吸取理论研究成果的基础上，按照"建设、管理、养护、征费、运输"五位一体的原则，借鉴发达国家高速公路管理的经验，围绕高速公路建成使用时"集中、统一、高效、特管"全方位管理的理论和方法，系统论述了高速公路管理体系、营运预测与决策、养护与维修、路政管理、环境保护、交通安全与管制、监控系统、收费系统、服务区管理和运输管理等问题。该书比较全面、系统地总结了各地高速公路管理的实践经验，虽然具体的管理操作内容居多，同时也注意了用理论分析管理中的实际问题；此外，书中还介绍了发达国家管理高速公路的经验。总之，该书的出版，为高速公路管理学科的出现铺垫了基础。自此之后，交通部和各省交通主管部门更加重视对高速公路管理的研究，又陆续有一批重要专著问世：1996年出版了由交通部总工程师杨盛福任主任委员的高速公路丛书编委会编写的《高速公路运营管理》、《高速公路建设管理》；1997年出版了由国文清主编的《高速公路管理》；1998年出版了由吴海燕主编的《高速公路建设与管理》；1999年出版了由刘步存主编的《高速公路企业经营管理》；2000年出版了由郗恩崇主编的《高速公路管理学》。随着这批有不同侧重点的高速公路管理专著的问世，作为我国一门新学科的高速公路管理学正日趋成熟。

然而，我国目前还处于由计划经济制度向社会主义市场经济制度的过渡时期。虽然这个过程已取得了长足的进展，但社会主义市场经济制度还很不完善，尤其是当经济制度发生较深刻的变革后，作为上层建筑的政治制度则呈现滞后的状况，其中行政管理体制改革的进程就很不适应经济制度变革的需要，这种状况在高速公路管理领域表现得特别明显。比较高速公路的建设管理和运营管理，因为建设管理由我国各级政府交通主管部门一个系统负责，我国高速公路建设已基本形成一套较为完善和规范的管理体系，而高速公路建成后的运营管理则矛盾交织，问题突出。高速公路作为现代化交通基础设施，其优势和功能的发挥有赖于科学的管理体制作保障。如果管理体制不顺，管理水平低下，在具体管理活动中政出多门，职责交叉，多头管理，相互扯皮，则高速公路运营的整体性、系统性和科学性就会受到干扰，其快速、高效、安全、畅通的功能和优势就难以发挥。交通部非常重视对高速公路管理的研究，在"九五"期间专门将《高速公路管理体制研究》作为交通部科技进步"通达计划"重点软科学研究课题，由交通部办公厅等四个司局和陕西省交通厅等八个省厅及交通部科技信息研究所参加进行联合研究。现在这一课题已通过评审，专家认为该课题在高速公路管理体制的基本理论研究上取得一定的突破，对解决当前我国高速公路管理中的三大热点与难点问题（交通安全、管理机构、收费管理）提出了很有价值的改革建议。这说明，高速公路管理学科还有许多有待深入研究的领域和亟待解决的问题。

总而言之，高速公路运营管理就是要研究在我国高速公路的运用过程中出现的新事物、新问题，对矛盾和问题提出有效的解决方法和政策措施，不断总结我们自己的实践经验和教训，学习和吸取发达国家先进的管理经验和做法,指导我国高速公路事业的健康发展。希望同学们学好这门课程。

复习思考题

1. 什么是道路？从人类文明到现在,道路的发展分为哪四个阶段？
2. 我国公路从技术上分为哪些类别？技术分类的定量指标有哪些？
3. 从行政级别上划分,我国公路分为哪些类别？我国公路国道是按怎样的规律编号的？
4. 什么是经营性公路和非经营性公路？为什么在我国出现经营性公路和非经营性公路的划分？
5. 为什么说我国在 1997 年之后,高速公路建设进入快速发展阶段？
6. 解释名词：三主一支持　两纵两横三条路　五纵七横国道主干线　一个系统三个网络

第 2 章　高速公路与国家现代化

　　为适应经济的发展和对外开放需要,20 世纪 80 年代中期,我国把高速公路的建设提上了议事日程。1988 年 10 月,上海沪嘉高速公路建成通车,结束了我国大陆高速公路零的历史。随后,广佛、京津塘、京石、济青、广深、成渝、太旧、沪宁、杭甬等高速公路相继建成投入运营,至 2002 年底,我国高速公路已达 25 130 公里,计划到 2020 年,将建成 70 000 公里。高速公路将成为我国公路运输网的主要通道,并成为综合运输网的主要干线。高速公路的建设和发展,加速了我国现代化的进程。

2.1　高速公路与运输

2.1.1　高速公路改善了综合运输结构

　　我国交通运输体系长期以来处于以铁路为主体,公路为辅助、补充的状态。随着国民经济的发展和运输需求的变化,这种运输结构已出现很大的不适应性,铁路运输已无法满足不断增长的客货运输需要。高速公路的出现,彻底改变了以往公路运输在综合运输体系中只具有短途、零散、中转功能的附属地位,使汽车运输灵活、机动、"门到门"优势得到了更为充分的发挥,在现代化高起点上成为骨干运输力量,为价值高的成品货物运输、时间性强、快速直达的货物运输和舒适、安全、快速的旅客运输提供了最佳运输方式;同时,为在我国实现现代化综合运输提供了必要条件。

　　(1) 高速公路实现了快速运输,快速运输促进了运输结构的变化及合理调整。随着人们生活水平的不断提高,人们对"行"的质量更加重视,旅行速度便成为选择运输方式的首要因素之一。因此,运输速度对运输结构的变化产生重大影响,并导致了运输结构的变化。

　　在成渝高速公路通车前,从成都到重庆,乘坐飞机加上进出港时间要 4 个小时,乘特快火车要 9 个半小时,普快则需要 11 个小时,而在成渝高速路上行车仅需 4 个小时,与乘坐飞机时间相差无几,充分体现了高速、高效的优势。

　　目前,成渝高速公路已使当地运输结构发生了重大调整,高速公路开通后,成渝间的航空班机已基本停飞,火车也不得不减少了车次,降低了票价,公路客源已由开通前的 19% 上升到现在的 70%,平均一天要发 80 至 90 车次,春节高峰时曾创下日发车 200 车次的记录。

　　现在为了与高速公路客运竞争,火车也在积极提高车速和服务质量,开设了夕发朝至列车,开放绿色通道、联网售票、降低票价、赠送小礼品等,这种竞争使旅客和货主成为最大的受益者,综合运输要求各种交通方式既有竞争、又有协作,充分发挥各自优势,为社会带来更多的效益。

(2) 面对高速公路的竞争和挑战,铁路部门在全国范围内由点到线开展提速重载。摆脱了慢速度、小批量、短距离的劣势,集中力量发展快速、大宗、长途的优势。如在沪宁线开行时速 140 公里快速旅客列车;在京沪线开行 5 000 吨货物列车;在沈山线试验时速 180 公里旅客列车和 90 公里货物列车;在北京—上海、北京—广州、北京—沈阳—哈尔滨等主要铁路干线开行时速达 160~180 公里旅客列车,努力争取实现在主要城市之间"朝发夕至"列车。同时在主要干线开行定点、定班直达快速货物(集装箱)列车等。现在,铁道部在"九五"期间三次提速的基础上,又制定了"十五"及 2015 年铁路提速和提高服务质量的规划蓝图。由此可见,高速公路也促进了我国铁路现代化步伐。

(3) 大量吸引中短途旅客和货物运输。高速公路的出现,使汽车具有了与铁路在平行线路上开展竞争的能力,减轻了铁路压力。随着高速公路通车里程的增加和大型客货汽车的使用,在铁路运输的紧张区段促进了公铁分流,由公路运输承担更多的从铁路转移出来的运输任务。1995 年铁路客运量下降了 5.5%,1996 年铁路客运量又比上年下降了 15.3%,其中主要是短途客流大幅度下降。面对新的形势,铁道部停开了 150 多对旅客短途列车,并在 1997 年又停驶 240 多对,空出的线路能力,转向承担中长途旅客运输,实现了公路与铁路的合理分工,充分发挥了各自的优势,完善了以铁路为骨干、公路为基础的运输框架。各种运输方式客货运输量比重变化情况见表 2-1 和表 2-2。

表 2-1　部分年份各种运输方式完成旅客运输量比重表(%)

年　度	客　运　量				旅　客　周　转　量			
	铁路	公路	水运	民航	铁路	公路	水运	民航
1980	27.0	65.2	7.7	0.1	60.0	32.0	5.7	1.8
1985	18.1	76.8	5.0	0.1	54.5	38.9	4.0	2.6
1990	12.4	83.9	3.5	0.2	46.4	46.6	2.9	4.1
1995	8.8	88.8	2.0	0.4	39.4	51.1	1.9	7.6
1996	7.6	90.2	1.8	0.4	36.4	53.6	1.8	8.2
1997	7.0	90.9	1.7	0.4	35.5	55.3	1.6	7.7
1998	6.8	91.3	1.5	0.4	35.0	56.3	1.1	7.6
1999	7.1	91.1	1.4	0.4	36.1	55.3	1.0	7.6
2000	7.15	91.1	1.3	0.45	36.8	54.2	0.8	8.2
2001	6.8	91.4	1.2	0.5	36.7	54.2	0.7	8.4
2002	6.5	91.8	1.2	0.5	35.6	55.3	0.6	8.5

资料来源:2002 年中国统计年鉴,2002 年铁路、公路、水路交通行业发展统计公报。

表 2-2　部分年份各种运输方式完成货物运输量比重表(%)

年　度	货　运　量				货　物　周　转　量			
	铁路	公路	水运	其他	铁路	公路	水运	其他
1980	20.4	70.0	7.8	1.9	47.5	6.3	42.0	4.1
1985	17.5	72.1	8.5	1.8	44.8	9.3	42.5	3.3
1990	15.5	74.6	8.3	1.6	40.5	12.8	44.2	2.4
1995	13.4	76.2	9.2	1.2	36.0	13.2	49.1	1.7
1996	13.0	75.9	9.8	1.3	35.6	13.7	49.0	1.7
1997	13.3	76.5	8.9	1.3	34.3	13.8	50.3	1.6

续表

年度	货运量				货物周转量			
	铁路	公路	水运	其他	铁路	公路	水运	其他
1998	12.8	77.2	8.7	1.3	32.5	14.5	51.3	1.7
1999	12.7	76.8	8.9	1.6	40.5	12.8	44.2	2.5
2000	13.1	76.5	9.0	1.4	31.4	13.8	53.2	1.6
2001	13.7	75.4	9.5	1.4	31.5	13.3	53.7	1.5

注:其他包括民用航空和管道运输两项;资料来源:2002年中国统计年鉴。

2.1.2 高速公路促进了综合运输大通道的形成

高速公路长距离、远辐射、"门到门"的运输优势,实现了各种运输方式在更高水平上的紧密衔接,对强化港口集疏运能力和扩大航空港覆盖面发挥了重要作用。

以山东为例,在没有高速公路之前,山东的公路在运输体系中仅有短途、中转、接卸等作用。随着一条条高速公路的贯通,把海、陆、空等各种运输方式有效地结合了起来,构成了横贯东西连接南北的立体交通运输大通道。济青高速公路以其高效、快速的疏港、疏站功能,为济南国际机场带来了大量的客源,使其提前5年达到了设计客运能力。当日本的一家航空公司准备在中国设立第一条国际航线时,他们对青岛和其他城市进行比选,选择了青岛,之所以选定青岛,是因为青岛有济青和环胶州湾两条高速公路,可以使航空、公路和水运有效结合起来。

青岛港是黄河流域和环太平洋西岸重要的国际集装箱中转港,是北方的航运中心。近年来,青岛港的货物吞吐量每年以40%的速度增长,高速公路功不可没。济青高速公路的通车,使青岛港的货源腹地由山东半岛延伸到了华北、东北、西北和西南的各个省市,甚至有新疆的货物进出青岛港。环胶州湾高速公路直接修进了青岛港8号码头,大大地提高了其货物集疏能力,缓解了青岛港散杂货疏运的压力。据统计,青岛港有60%以上的集装箱货运是通过高速公路来完成的。

2.1.3 高速公路降低了运输成本

高速公路最直接的经济效益是缩短了运输时间,减少了燃料消耗,降低了机械磨损,延长了车辆使用寿命,从而大大降低了运输成本。因此,高速公路造价虽高,但投资回收周期一般在10年左右。美国建设67 000公里高速公路的总投资约700亿美元,而建成十年内就获益1 070亿美元。我国济青高速公路通车后,油料消耗降低20%左右,机械磨损降低25%,实载率提高到85%左右。以目前我国的公路运输成本和汽车耗油水平计算,年运量1 500万吨,修建100公里的高速公路,每年即可节省运费7 500万元,汽柴油2 100吨;如果汽车运输向大型化、拖挂化、集装箱化方向发展,效益还将增大。交通事故的减少,也将降低运输成本。日本每亿车公里的交通事故次数,一般公路为195起,而高速公路只有27起。美国和西欧各国高速公路上的交通事故率和死亡率分别为一般公路的1/3和1/2左右。我国沈大高速公路,据辽阳管理所管辖的50公里统计,死亡人数和受伤人数下降83%和54%;京石高速公路交通事故下降70%,济青高速公路事故率与一般公路相比,仅是一般公路的1/10,死亡率是一般公路的 1/3。据有关资料的计算,我国每修建 100 公里的高速公路,每年可减少死于交通事故的人数为 164 人,每一死亡人数按直接经济损失 4 万元计算,则可减少 600 多万元的事故赔偿费,从而降低了运输成本。

2.1.4 高速公路极大地促进了全国道路运输业的发展

(1) 高速公路带动了沿线地区公路网水平的迅速提高。

高速公路是国道主干线的重要组成部分,更是地区公路网的主骨架。为充分利用高速公路发展经济,沿线各地区加速了县乡路、机场路和疏港路与高速路的沟通,促进了路网布局的完善以及公路等级和通行能力的发展。以济青高速公路为例,建成后两年与未建前相比,沿线的五个地市等级公路里程、高级和次高级路面里程均高速增长,分别比山东全省平均增长水平高 28.5 和 30.1 个百分点。在 1995 年山东省 10 个村村通油路的县市中,有 9 个在济青高速公路沿线。

从沈大高速公路沿线五市与全省公路发展情况对比中可以看出,等级公路里程、高级次高级路面里程、通黑色路面的乡镇数量和通公路的行政村数量 4 项指标,沿线五市 1993 年比 1990 年的增长幅度,分别比全省平均水平高 25.3、13.3、0.8 和 12.6 个百分点,反映出五市公路技术水平的提高速度高于全省平均水平。

(2) 高速公路带来了公路运输结构的改善和运输领域的拓展。

随着高速公路的投入使用,公路运输趋于多样化、专业化和现代化。汽车运输向豪华型、大吨位、拖挂化、集装箱化方向发展,给公路运输带来了勃勃生机。

如济青高速公路的开通以优越的运输条件,推动了运输结构的优化调整,特别是重载汽车和集装箱等专业化车辆的发展。青岛交运集团利用地理优势和便捷快速的陆路交通条件,调整经营战略,主副并举,增强了企业发展活力。1996 年 5 月份,青岛交运集团又与西班牙阿尔撒克公司合作开通了青岛—天津直达客运快车,投入高档的 50 座奔驰客车,单程仅用 10 个小时,实载率达 80% 以上。济南汽运总公司也不失时机地引进与高速公路相适应的先进运输设备和经营管理技术,与韩国大宇集团合作经营山东交通济宇高速运业有限公司,以济青高速公路为依托,专营快速客运业务。沿线其他大中型运输企业也抓住机遇,适应市场要求,先后在济青高速公路上开通了以高档舒适的依维柯车型为主的济青顺达专线快速客运。有的运输企业还引进了日本经营方式的厢式货运出租,齐鲁石化的危险品运输车辆一下子发展到 800 多部。青岛港自济青高速公路开通以来,集装箱运输货源覆盖面积迅速延伸至冀、豫、晋、陕、川以及新疆、内蒙古等省区,1995 年青岛港在国内港口中第一个建立了国际集装箱中转站,集装箱吞吐量达 60 万箱,在国内港口中居第三位,1996 年又增加到 80 万箱。

(3) 高速公路将加速实现公路运输现代化。

高速公路是全封闭、全部控制出入、全部立体交叉,路中央设有分隔带的汽车专用公路,与一般公路相比,具有以下优点:行驶速度高,时速可达 80~120 公里;行车安全,行车事故大大减少;运输经济,降低了油耗、轮耗、车耗;通过能力大,一条四车道的高速公路通行能力可达 34 000~50 000 辆/昼夜,比一般公路高出几倍甚至十几倍。高速公路高速度、高效率、高效益、有序化这四大特点,是一般公路无可比拟的。美国的高速公路占全国公路总里程的 1.38%,承担了全美公路运输总量的 25.6%。我国已建成的高速公路路段,虽未实现全国联网,但也发挥着日益重要的作用。广佛高速公路日交通量超过 4 万辆;沈大高速公路日平均货运量为 3 万吨,客运量已超过 4 万多人次;沪宁高速公路江苏段营运 3 年,日均交通量 3 万多辆,最高日交通量已突破 4 万辆。高速公路是加速实现我国公路运输现代化的必由之路。

(4) 以高速公路为依托的快速运输系统,要求建立跨省、地区的大型高速的公路运输企业集团,实现网络化、规模化经营。

高速公路快速运输的特点决定最大限度地实行规模化、集约化、网络化的经营方式,通过组建跨省、地区的快速运输集团,以改变传统落后的经营机制,避免各自为战、分散经营带来的地方保护、条块分割、资源浪费等弊端,形成集约化规模经营优势,建立并健全现代化的运输信息网络,以科学的运行组织管理和车辆调度为手段,进一步提高运输效益和经济效益。

交通部提出新世纪我国快速运输系统发展的总目标是:以国家级干线公路网为载体,以公路主枢纽所在城市为依托,以公路主枢纽场站为结点,结合我国国情,建设有中国特色的快速运输系统。

交通部黄镇东部长在 1998 年全国交通系统汽车运输企业加强管理经验交流会上提出:要以资产为纽带,组建、发展跨区域的汽车运输企业集团,这是交通运输企业由粗放型经营向集约经营转变的重要途径。要改革现有的运输经营体制,实现资产重组,进一步建立跨区域的大型运输经济联合体,以达到集约化、规模化经营。这将改变改革开放初提出的"有路大家行车"的分散的、重复的、高资源消耗的传统经营体制,避免分散经营带来的条块割据、运力浪费和盲目竞争。

组建全国性的高速公路运输集团,使高速公路运输走集约化、网络化、规模化之路,无疑是未来的发展方向。

(5) 高速公路加速了全国道路运输大市场的形成与完善。

改革开放以后,我国培育道路运输市场工作迈出较大步伐,但要形成全国统一的道路运输大市场,仍然存在许多问题,突出表现在:地区间的断头路比较多;公路路况质量差;道路运输服务设施落后和乱设卡、乱收费现象比较严重等。随着高速公路的迅速发展,上述问题得到了极大改善,公路运输已突破了只适宜短途运输的禁区,运输半径由原来的 300 公里提高到 800 公里,部分客运班线和一些高附加值的公路运输已达到 2 000 公里左右,使分散的地区性的公路运输网络逐渐联网成片,开始在中长途运输领域发挥着重大的作用。

随着我国"五纵七横"国道主干线的逐步贯通及面向未来的公路主枢纽和物流中心的建设和完善,上述阻碍全国道路运输大市场形成的因素将会不复存在,一个以高速公路为载体,以现代化的主枢纽场站等基础设施为依托,以先进的运输工具为手段的统一、开放、竞争、有序的全国道路运输大市场将会在中国的大地上形成。

2.2 高速公路与经济发展

2.2.1 公路与经济发展的理论分析

一个区域只要具备某种有利于经济发展的必要条件,这种区位条件就会形成一种优势,产生一种引力,有可能把相关企业和生产力要素吸引过来,形成产业布局上的相对集中和聚集,从而促成该地区经济的发展。这种引力就称之为区位优势。区位经济理论可以用来作为研究高速公路产业带形成和发展的经济理论基础。

高速公路是产业带形成的基础设施和前提条件。通过交通条件的明显改善，首先在若干"点"上形成区位优势（如高速公路两端和沿线的出入口附近），吸引资金、技术、人口等生产要素向这些点位聚集。随着一批支柱产业或带头企业的建立，金融、保险、商业、运输、咨询、饮食、医疗等服务行业也会聚集到附近，形成一种强大的集聚效应。由此可见，产业带发展初期，在空间上表现为高速公路若干点位的优先集聚增长。尽管高速公路两侧传统产业（例如种植业）还占有相当大空间，但受新兴产业的带动，该区域经济发展明显高于周边地区。

高速公路沿线产业不会均匀地分布在两侧所有区域，新的生产要素也不可能同时出现在所有经济点位上。根据区位经济理论，受土地成本、原料供应、人才资源、投资费用等因素的影响，此阶段沿线待开发地区将成为新的增长点，在空间上表现为以高经济密集点位为中心，向周围地区梯度扩散，即"点—圈"效应；同时，以高速公路为轴线向两侧延伸一定范围，即产业带经济也得到充分发展，形成"轴—带"效应。

根据国外高速公路发展的经验，一条高速公路建成3至5年后，其两端的大城市沿高速公路走向延伸发展，在各出入口附近形成一系列的卫星城镇或经济开发区，并以高速公路为轴线，形成高速公路产业带，或"经济走廊"。

2.2.2 高速公路促进了沿线产业的发展和产业结构的优化

1. 沿线农业的发展

高速公路运输的快速、方便，促使沿线农产品特别是鲜、活产品外运量增加，提高了农产品商品化程度。同时，农业生产需要的机具和化肥、农药等能及时运入，加速了农业生产的现代化。传统的农业在很大程度上处于区域性的自给自足状态，发达的高速公路网使自然经济迅速解体，参加到社会化大生产的行列，从而有助于农业生产结构的调整和优化，使农业规模经营和集约化生产得以加强，推动了农产品的商品化和农业的现代化。

京津塘高速公路建成后，京津之间农副产品交易明显增多，保鲜蔬菜、名贵花卉的生产得以更快发展。特别是塘沽的鲜活海产品经高速公路两小时即可运到北京，丰富了北京的水产市场，也促进了水产业的发展。在广深高速公路沿线的东莞市，已建成了粮食、甘蔗、荔枝、香蕉、柑橙、花卉、水生物、生猪、禽蛋等创汇型农业综合生产基地，全市农副产品及其加工品出口达200多个品种，农产品的商品化率上升到76%。

济青高速公路开通后，寿光市依托济青高速路，大力发展四季蔬菜生产，以蔬菜为龙头的"绿色农业"形成了鲜明的特点，每天约有1 500辆运菜车、15 000吨新鲜蔬菜销往全国各大城市，北京市每天有20%的蔬菜来自这个地区。同时寿光市还利用高速公路运输的便捷条件，进一步扩大了农副产品批发市场的规模，使该市成为全国有名的蔬菜生产批发基地之一。

2. 沿线工业的发展，尤其是沿线高新技术产业的崛起

企业是国民经济的细胞，其生存与发展除了内在原因之外，还有其外部条件，即必要的能源、原材料、良好的基础设施和便捷的交通等。高速公路作为一种现代化交通基础设施，在中

国投入使用仅十多年时间,就已显示出强大的生命力和巨大的潜力。高速公路建成后,汽车经济运距大大延长,对于批量小而运输频繁、运输条件严格的高新技术产品,无疑具有特殊的吸引力。因此,高速公路沿线地区已成为工业特别是高新技术产业的理想发展地区。

京津塘高速公路建成后,天津市委、市政府1992年把沿京津塘高速公路天津段高新技术产业带的发展,列为天津工作的重点,陆续出台了一系列优惠政策,增加了产业带的吸引力。京津塘高速公路的两侧,先后兴建了8个高新技术开发区,面积达20平方公里,40多家中外高新技术企业在此安家落户,形成一条高新技术产业带,经济开发走廊初具规模,可望成为中国的"硅谷"地带。京津塘高速公路正以其对高新技术产业的强大吸附力,形成我国北方的"黄金通道"。

成渝高速公路1995年9月建成通车,逐步形成新的经济增长点。成都市、重庆市、内江市,近年来依托成渝高速公路,为促进经济发展,加速了经济技术开发区的建设和成渝高速公路沿线明星乡镇的建设。已初步形成高新技术、经济技术、机械工业、工业开发、加工贸易、乡镇企业开发、旅游开发等各类经济开发区26个,明星乡镇55个。如龙泉驿区"成都经济技术开发区",面积9.94平方公里,主要以电子、机械、冶金、航天、精细化工、医药及食品为主,改善了龙泉驿区的投资环境,引进项目166个,协议投资额达25亿元。成渝高速公路将成为我国西部地区的"黄金通道"。

高速公路的产业带也带动了乡镇企业的发展和壮大。环胶州湾高速公路的建成,为青岛市所辖的城阳区、胶州市、胶南市的乡镇企业发展创造了条件。城阳区河套镇在高速公路开通后,主动向高速公路靠拢,实施了中心西移战略。到目前为止新发展了60余家私营企业。自古红岛一条道的红岛镇,高速公路的开通不但结束了胶州湾海滩"十里无人烟,百里无鸡鸣"的历史,而且大大拉近了与青岛市区的距离,乡镇企业得到了飞速发展,一大批服务类企业和出口贸易企业相继出现。这个镇的土特产品正是通过高速公路这条黄金通道,远销美国、日本、韩国等十几个国家和地区,年创汇达1 600多万美元。

3. 沿线商业的繁荣

高速公路的开通,减少了沿线商品交换的运输费用和在途时间,相对缩短了产地与销地的时空距离,推动了商业的发展,为建立我国社会主义市场经济提供了更为便捷的交通运输环境。

莘松高速公路投入运营后,各地商业机构和个体经商户纷纷前来松江县投资办店;原有商业机构也加强商业设施建设,扩建、装修了一批老店,优化了购物环境;当地政府还建造了松江招商市场和各类商品交易批发市场,市场一片繁荣,持续购销两旺。据调查,1991—1993年社会商品零售额分别为8.2亿元、9.7亿元、14亿元,逐年递增;三年合计数比莘松高速公路通车前的三年(1988—1990年)增长53%。集市贸易成交额1991—1993年分别为1.1亿元、1.3亿元、1.6亿元,逐年增长,三年合计数比莘松高速公路通车前的三年提高67.3%。

沈大高速公路投入使用以来,靠路兴起和扩大的商品市场近1 000个。它们就像一颗颗珍珠,由高速公路这条金线串起,闪烁着耀眼的光芒。这些市场大多是经营服装皮革、日用百货、食品蔬菜的批发和零售专业市场。其中,较出名的有鞍山市海城的西柳服装市场、南台镇箱包市场、辽阳市灯塔县的佟二堡皮衣市场、大连市金州的北乐食品蔬菜市场。它们有的依路而建,有的距公路仅数公里。以占地近700公顷的西柳服装市场为例,1994年交易额达80亿元,在全国大型专业批发市场中名列前茅。在市场周围的乡镇,有65%以上的人从事服装加工、经营和运输。在市场内,银行、饭店、邮局等相关行业也非常繁荣,仅银行、储蓄所就有48家,饭店、餐馆达200多家。如今西柳镇农民人均收入一年达2 500多元,比几年前增加了五倍。

4. 沿线旅游业的发展

旅游业必须依托便利的交通条件,高速公路为旅游业的发展插上了腾飞的翅膀,使旅游资源开发向深度广度进军。

俗话说"不到长城非好汉"。来北京旅游的人都把能够登上长城看一眼作为一件重要的事。可是在八达岭高速公路通车之前,游一趟长城决非易事。原先北京到八达岭是一条崎岖的山间公路,坐汽车到长城至少得3个小时。1997年国庆节期间,由北京到长城的公路堵车长达10个小时,许多早晨从城里出发的游客下午4点还未到达长城,旅客们怨声载道,据说此事还曾惊动了国家有关领导人。

再看看现在的八达岭高速路,由市区到长城仅需40分钟,即使是中午上车,下午也有充足的时间游览长城,而且决不会耽误回城吃晚饭。

八达岭高速路开通不仅方便了游长城的人们,也带动了延庆县旅游业的发展。现在到延庆腹地龙庆峡、古崖居、松山原始森林等景点的游客每年都有大幅度的增长。1998年到延庆的游客达624万人次,直接经济收入达到3.85亿元,间接收入高达12亿元,同时带动延庆县商业服务业增长8~10个百分点,旅游业已经成为延庆的支柱性产业。

高速公路也带动了山东旅游业的发展。济青高速公路通车,使得山东以济南、泰安、曲阜为主的"一山一水一圣人"旅游线和以青岛、烟台、威海为中心的半岛旅游景点以及潍坊、淄博民俗旅游区更加紧密地连接为一体,增强了山东旅游的吸引力。潍坊市以高速公路和国道为依托,建成了"千里民俗旅游线",把9个县市的30多个景点综合规划起来,基本形成了以民俗旅游为主体的新型旅游体系,充分发挥旅游资源优势。青岛在有了环胶州湾和济青高速公路以后,缩短了旅客在陆上的行程,极大地促进了旅游产业的发展。1998年旅游收入比济青高速公路通车前的1993年增长了6倍。现在再到山东去,登泰山、看大海,感受曲阜的文化氛围,体味齐鲁民俗风情,沿着高速路可以实现你所有的愿望。

5. 沿线产业结构的优化

高速公路的通车和两侧经济开发区的建立,推动本地区乃至相关地区的劳动力由农村向城镇,由农业向工业,由第一产业向第二、第三产业转移,促使科技含量和附加值高的产品大幅度增加,从而影响了高速公路产业带内产业结构的改善,三大产业结构正由"正金字塔形"转变为"倒金字塔形"。具体表现为下述三方面。

(1) 第一产业比重普遍下降。沈大高速公路沿线五市,第一产业比重由1990年建成投产时的12.2%下降到1993年的9.8%;京津塘高速公路北京段产业带,通车后两年第一产业比重下降14个百分点,大大高于通车前两年仅下降1.2个百分点的水平;莘松高速公路产业带,1990年到1993年第一产业比重下降11个百分点,大大高于周边地区5.7个百分点的水平。

(2) 第二产业比重明显上升。沈大高速公路产业带,第二产业比重由1990年的57.5%上升到1993年的58.1%;京津塘高速公路北京段产业带,1991年到1993年第二产业比重提高了9.5个百分点,高于通车前两年5.4个百分点的水平;莘松高速公路沿线,建成后三年的比重提高了8.1个百分点,高于周边地区3.1个百分点的水平。

(3) 第三产业比重上升。就发达国家的历史经验而言,一般在工业化初期第三产业变化不大,而工业化中后期显著上升。沪嘉高速公路产业带,1989年至1993年第三产业比重上升10.4%。广深高速公路沿线地区第三产业比重上升明显,特别是广州市第三产业在全市国内生产总值中的比重已在全国十大城市中排在首位。

高速公路沿线和两侧地区三大产业结构正在向结构优化方向发展,第三产业迅速崛起,使吸纳从业人员的能力日益增强,使就业门路不断拓宽,第三产业的投入产出效益高,增加了大量的财政收入。所以高速公路沿线及两侧地区,正在向工业化、城市化、现代化方向迈进。

2.2.3　高速公路促进了沿线经济的快速发展

1. 促进经济的快速增长

高速公路使人们的活动范围迅速扩大,表现在市场半径、经济规模、经济效益成倍地扩大。日本前首相田中角荣曾作过这样精辟的概括,他说,国民生产总值和国民收入的增长与人的一天的活动范围的扩大成正比。成渝高速公路1995年建成通车,沿线已建有16个国家和省级政府批准的经济开发区,成为投资最活跃、发展最快的区域,属于国家级经济开发区的成都经济开发区当年产值就达10亿元。

沪宁高速公路使沿线市、县、区的经济发展向更大的市场延伸,进一步密切了它们之间的经济技术交流和合作,使之成为各具特色、优势互补的有机整体,从而有力地推动了沿线及周边地区的经济发展,1997年沿线5市国内生产总值平均增长速度为12.5%,比全省的平均速度高出0.5个百分点,而在高速公路通车前的1993—1996年,5市的平均增长速度则比全省平均增长速度慢0.6个百分点,沪宁高速公路的建成通车使5市1997年经济增长率提高约1.1个百分点。

松莘高速公路(松江—莘庄)是沪杭高速公路的一部分,1990年12月通车,1998年12月与沪杭高速公路连通。松莘高速公路途经上海松江区的松江镇、工业区、茸北镇、新桥镇、九亭镇,受其辐射影响的有洞泾镇、泗泾镇、仓桥镇、华阳镇、车墩镇,共10个镇(区),占全松江区21个镇(区)的1/2。

1999年,上海市松江区统计局针对松莘高速公路通车后对松江经济增长的影响作了统计分析,分析证明,松莘高速公路的通车对松江经济增长的作用十分显著,见表2-3。

表2-3　松莘高速公路显著促进松江沿线10镇经济增长表

项　　目		松江全区	沿线10镇	沿线10镇比全区	说　　明
户籍人口 (人)	1990年	499 380	257 032		户籍人口、户籍户数高于全区平均增长率,说明松莘高速公路促进了沿线小城镇的发展
	1998年	490 302	265 613		
	平均增长%	−0.23	0.41	0.64	
户籍户数 (户)	1990年	152 964	81 467		
	1998年	162 181	90 062		
	平均增长%	0.73	1.26	0.53	

续表

项　目		松江全区	沿线10镇	沿线10镇比全区	说　明
历年土地批租(万平方米)	1998年	783	694		土地批租和私营企业占全区多数比例,说明松莘高速公路促进了沿线地区的发展,具有较强经济活力
	占全区%	100	88.63		
私营企业(个)	1998年	22 660	9 462		
	占全区%	100	41.75		
GDP增加值(亿元)	1990年	15.73	5.14		GDP增加值是社会生产的最终产品,工农业总产值是反映生产规模的指标,不受物价因素影响,吸引外资表现出地区的经济活力和开发程度,沿线10镇均高于全区水平,充分说明松莘高速公路促进了沿线10镇的生产供给
	1998年	105.6	46.7		
	平均增长%	26.87	31.76	4.89	
工农业总产值(亿元)	1990年	47.8	19.97		
	1998年	348	207.86		
	平均增长%	28.16	34.02	5.86	
吸引外商投资项目(个)	1998年	1152	833		
	占全区%	100	72.3		
吸引外商总投资(亿美元)	1998年	36.6	30.98		
	占全区%	100	84.64		
吸引合同外资(亿美元)	1998年	17.8	15.2		
	占全区%	100	85.39		
社会消费品零售额(亿元)	1992年	9.67	8.35		沿线10镇消费、投资和出口三大需求平均增长速度均高于全区,充分说明了松莘高速公路促进了该地区的三大需求增长,三大需求又拉动了地区的经济增长
	1998年	53.85	49.16		
	平均增长%	33.1	41.16	2.24	
固定资产投资(亿元)	1992年	5.91	3.51		
	1998年	36.52	32.5		
	平均增长%	35.4	44.9	9.5	
外贸出口拨交值(亿元)	1992年	14.9	8.61		
	1998年	76.98	49.99		
	平均增长%	31.4	34.06	2.66	

据统计,1991—1998年,松莘高速公路车流量增长1个百分点,松江沿线10镇经济增长2.04个百分点,从定量上说明松莘高速公路对经济增长起到显著的拉动作用。

2. 促进了外向型经济的发展

便利的交通运输,优越的投资环境,促进了沿线地区外向型经济的蓬勃发展。外资企业呈现出"四增多"特点:一是外商投资项目增多;二是利用外资金额增多;三是投资国家和地区增多;四是出口创汇增多。

济青高速公路的开通运营,促进了山东全方位的对外开放,进而有力地推动了山东经济的迅速崛起。1995年全省新批外资项目2 709家,实际利用外资36.07亿美元;其中沿线五市地就有1 464家,实际利用外资14.6亿美元,占全省的56.2%和40.5%,比通车前增加了5.7%和10.2%。1992年前来投资的国家和地区是48个,1995年达到85个,增长56.4%。随着对外开放的不断扩大,开发区建设如雨后春笋。目前沿线五市地区建有各类经济技术开发区35个,几乎占全省总数的一半。全省5个国家级高新技术开发区、3个国家级经济技术开发区、1个保税区,大部分设在济青高速公路沿线。沿线工业园区、外商投资区星罗棋布。

沈大高速公路通车后,沿线5个城市外商投资增多,实际利用外资规模不断扩大,建立各类经济开发区80多个。在京津塘高速公路天津段,已形成武清、逸仙园、宜兴埠、塘沽、程林庄、军粮城、天生村等9个各具特色的高新技术产业区;在北京段,经济技术开发区也迅速形成。这些产业群体以京津两市雄厚的人才资源为基础,以国家重点开发的高新技术为先导,以外向型经济为主体,正在成为京津冀地区新的经济增长点。

3. 促进了土地资源的综合开发

高速公路的投入使用进一步加速了沿线地区土地资源的综合开发,使沿线许多名不见经传的地区身价倍增。

一是沿线土地增值。以上海为例,高速公路未通之前,沿线国土资源未得到很好的开发,当时合资企业占用土地,价格十分低廉,每平方米仅5元人民币左右。1990年底,莘松高速公路建成通车,现代化的交通条件使松江县沿线乡镇的投资环境得到了改善,土地大幅度增值,每平方米价格上升到25美元以上,有的地段高达30美元以上。从1992年至1994年底,松江土地出让金收入共7 768万美元。

二是沿线土地开发、批租越来越多。上海市松江县利用莘松高速公路优势,从1992年至1994年底,累计批租土地121块,共400万平方米。其中越是靠近高速公路的乡镇,批租的土地越多。

土地批租的开发,给高速公路沿线乡镇经济的发展带来了机遇。正如松江县新桥镇政府办公室负责人说的那样"新桥的外资主要来自土地批租,而没有莘松高速公路,就没有新桥的土地批租。高速公路带动了土地批租,而土地批租促进了经济的发展。"近三年,新桥镇依靠土地批租吸收了大量资金,发展了经济,成为新兴的农村集镇。

三是房地产从无到有,异军突起。在济青高速公路的济南、青岛、潍坊等出入口处,随处可见拔地而起造型各异的商品楼群,与高速公路一起构成现代化都市画卷。沿线专业批发市场建设日新月异。济南的建材市场,寿光的蔬菜批发市场等各具特色,其规模和效益在全国都有较大影响。

4. 加快了沿线中小城镇的发展和城乡经济一体化进程

高速公路的投入使用,会推动两端和沿线出入口附近中小城市的发展,带动一批新的城市群体的出现。

沈大高速公路的建成,把以沈阳为中心的辽宁中部城市群与以大连为中心的南部城市群连成一体,使得沿海与腹地的距离相对拉近,既促进了原有大中型城市的开发建设,也促进了郊区卫星城、小城镇的发展。广深高速公路建成后,两侧除个别地段外,已几乎没有空地,分不出城镇和乡村,基本实现了城乡经济一体化,城镇化水平迅速提高。东莞市原是一个以农业为主的县,在1978年的国民收入中,农业的份额达49.19%,高出工业近17个百分点。经历10多年的发展,特别是广深高速公路建成后,东莞市的乡镇企业迅猛发展,开始打破了由城市向农村辐射的传统模式,通过农村工业化、农民进入乡镇工业,而走出了一条城乡经济一体化的道路。东莞市的工业收入远远超过农业,到 2000 年已占全部 GDP 的 90%。

当前我国农村就业压力十分严重,剩余劳动力大约有 1 亿多人,预计还要增加,如不妥善解决,农业劳动生产率就难以提高,农民收入也难以增加。高速公路建成后,推动了沿线地区乡镇企业的发展和农村小城镇的开发,这些都需要大量的人力、物力,从而引导农村剩余劳动力离土不离乡,向这些方面转移。近几年在高速公路沿线,已相继出现一批不同类型、不同层次、不同风格的小城镇,非农业劳动人口的比重也在逐步上升,整体上推动了国民经济的快速发展。

5. 启动以住宅、轿车为主体的第二次消费浪潮

第二次消费浪潮的启动一方面仰仗消费者购买力,另一方面则需高等级公路等基础设施建设的先行。缺乏必要的基础设施,会使住宅、轿车消费难以让国人认同。从住宅方面看,价格居高不下,消费者不能承受,而郊区住宅价格消费者可以接受,但又因缺乏必要的基础设施,给人们进城上班、购物,尤其是孩子上学带来麻烦,从而影响了房屋出售;从轿车方面看,由于交通等基础设施缺乏,人们在郊区住,进城有堵车之苦,在城里住,又无处放车,也很难启动。

高速公路的投入运营,特别是一些大城市的环城高速公路建设的启动,将从根本上解决上述问题,对启动以住宅、轿车为主体的第二次消费浪潮,增强经济发展后劲,促进经济长期增长有着积极的作用。

2.3 高速公路与社会进步

2.3.1 高速公路改变了人们的时空观念和生活方式

随着高速公路的投入运营,巨大的人流、物流、信息流以前所未有的空间立体流动方式,将人们的时空观和生活方式带入了一个崭新的境地。首先在人们的时空概念上有了很大变化。人的观念变了,也就是更讲求效率了。其次,高速公路快速的特点,显示出了人们考虑问题的节奏也大大加快了。所以,观念的转变还是体现在时空概念上的转变,效率上的转变,效益上的转变。说得通俗点就是人的商品意识大大加强,以及人的市场意识大大加强。

时空观发生的巨大变化是高速公路带给人们的最敏感的第一感受。如济青高速公路的开通和高效运营,使整个山东变成了"半日生活区",其高速快捷、安全舒适的优势,把内地与沿海的距离拉近了,山东似乎变小了。过去济南到青岛,至少需要 8 个小时,而现在通过济青高速公路,仅用 3 个小时,运行时间缩短了一半以上,运输效率提高了 1 倍。由于济青高速的高效快速连通,位于山东中部的潍坊由原来 1 个机场变成拥有包括济南、青岛在内的 3 个机场。济青高速公路的开通,使原来闭塞落后的滨州市邹平县,在时间、效率和效益观念上都受到巨大冲击,在外商和中外记者面前,他们把济青高速公路作为对外招商引资的最大优势,向外界大力宣传他们拥有高效便捷的交通条件和优越的投资环境。

济青高速公路带来的时空观的巨大变化,也无疑给企业发展注入了生机和活力,使国有企业在社会主义市场经济体制下,敢于竞争,勇于竞争。浪潮集团进口的微机元件,借助济青高速公路快捷、安全的条件,上午到青岛港,下午便到了济南的生产线上。淄博的纺织厂再也不用担心出口的毛巾被制品被耽误船期了。青岛的"海尔"、"海信"等名牌厂家,也都借助高速公路快捷方便的优势,向内地扩大营销机构和网络。由此,我们可以得出结论:高速公路的建设,无论从主观上和客观上都为搞活企业创造了良好的基础条件和机遇。

济青高速公路给社会带来的不仅仅是时空变化的感受,也在潜移默化地影响着人们的思维方式。山东高密市在刚刚开始修济青高速公路时,很多人认为对高密没好处。济青高速公路通车后,一夜之间打破了高密地处青(岛)潍(坊)"两头够不着"的闭塞局面,经济意识、商品观念豁然开朗,相继建成了沿路的经济开发区和小五金市场、蔬菜批发市场、皮件批发市场,老百姓一下子富了起来。由穷变富使老百姓明白了一个道理:通了一条高速路,也通了一条高密人的思路,有了思路,高速路就变成了致富路、快富路。

高速公路给人们带来的最直接、最明显的,还是生活方式的变化。山东寿光农民生产的蔬菜,带着露水珠儿就到了青岛;济南市民可以随意到市场上买回当日青岛的生猛海鲜。淄博长途汽车客运站开办的特种小件快递,一早在淄博买上祝寿蛋糕,中午即可到青岛祝寿人的餐桌上;人们早出到外地做工,晚上与家人团聚已不再是什么困难的事;济南的球迷下午驱车到青岛看球,球赛结束连夜返回绝不会影响休息和第二天的工作。沿线农民进城打工、市民来乡村观光度假已相当普遍。每当夏天,青岛的海水浴场每天都要接纳比高速公路开通前多几倍的内地游客。

2.3.2 高速公路促进了人类文明

高速公路的快速运输,客观上要求向规模化、网络化方向方展,走集约化经营之路,将会有力地推进文明形象工程的创建。

集约经营后,各条班线统一购置豪华车型,司乘人员统一制服着装,推行文明礼貌用语,开展温馨微笑服务,精神面貌焕然一新,文明程度明显提高,服务质量有了新的进步。如走进成都汽车总站,你会误以为走进了高档宾馆,优雅的购物环境、上上下下的自动扶梯、现代化的购检票设施,使你感到舒适。停车场上进出的许多是高档次的豪华大巴,像奔驰、沃尔沃、桂林大宇等,漂亮的"巴姐"正在忙忙碌碌地收拾车厢,准备好给旅客们的小礼品。一位正在等车去重庆的旅客说,虽然汽车票比火车票要贵一点,可时间省了,又能享受到航空式的服务,他一向都是走成渝高速路往返。

高速公路全封闭、全立交、分道行驶、控制出入的特点,从根本上解决了公路"三乱"问题,客观上创造了一个良好的行车环境和治安环境。人们行驶在高速公路上,感受的是现代化交通设施带来的高度物质文明,体验的是全新的美好社会风尚。

高速公路的快速运输正逐步朝着规范、健康、有序的方向发展,具体表现在:一是遵章守纪经营的人多了,违章违纪经营的人少了;二是助人为乐、拾金不昧的人多了,宰客、甩客等行为少了;三是互帮互助、团结友爱的行为多了,经营者之间矛盾纠纷少了;四是安全行车、文明驾车的人多了,经营者相互争客,忽视行车安全的少了;五是社会效益好,人民群众对运输行业赞誉多了,抱怨和举报投诉的少了;六是经营者的经济收入明显多了,微利或亏损现象少了。

2.3.3 高速公路将加速农村的城镇化水平

城市化是生产力和商品经济发展的客观过程,是人类社会发展的必然趋势。农村城镇化水平是我国现代化和社会进步的一个重要标志。我国是一个农业大国,农村人口占总人口的80%以上,没有工业化和乡村城镇化,我国的现代化就不是真正的现代化。

高速公路的建设和发展将加快工业化和乡村城镇化建设的步伐。我国规划和正在建设中的"五纵七横"国道主干线系统,总规划为30 000公里左右,主要以高速公路和汽车专用一、二级公路为主。建成后,将连接全国43%的城市,连接全国所有人口在100万以上的特大城市和93%的人口在50万以上的大城市,不少干线公路在这些城市交会。

如沪宁高速公路,必将使上海、苏州、无锡、常州、镇江、南京这一串城市,更紧密地联系在一起,这将有利于进一步扩大城市的框架,强化中心城市的功能和地位,并形成以沪宁高速公路为轴线,以各处立交桥为轴心的一系列卫星城镇。位于高速公路出口处或毗邻的乡镇有近60个,由于高速公路的服务区和接口效应,"地利"带来的机遇,必将刺激这些地区迅速扩张,形成功能全、辐射强的卫星城镇,成为城市与广大农村的纽带,构成一个包括中心城市—县城—卫星城镇三层网络的城市带。

近几年,随着高速公路迅猛发展,高速公路沿线相继出现了一大批不同类型、不同层次、不同风格的小镇,非农业劳动人口的比重也在逐步上升。沈大高速公路的建成,把以沈阳为中心的辽宁中部城市群与以大连为中心的南部城市群连成一体,沿海与腹地的距离相对拉近,既促进了原有大中型城市的开发建设,也促进了卫星城和小城镇的发展。建成通车后3年,在辽宁省新增的8个县级市以及113个建制镇中,高速公路沿线分别占了5个和54个。以农业为主的广东省东莞市,随着广深高速公路的建设和使用,迅速实现了农村工业化,而且该市城镇化水平已达75%。高速公路沿线的乡镇都把建设与高速公路相连接的公路作为本地区建设的重点,同时相应地带动了电力、自来水、住房等一系列基础设施的建设,小城镇建设进入了一个上档次、质量高、设施配套、功能趋于完善的新阶段。

现在,我国高速公路沿线的各类高新技术开发区、经济开发区和城镇开发区如雨后春笋,推动了沿线地区工业的发展和一大批小城镇的建设,同时将吸纳农村大量的农业剩余劳力向非农业的转移。高速公路犹如一条条"金项链",串起一颗颗璀璨的明珠,镶嵌在祖国的大地上。

2.3.4 高速公路将有利于巩固国防

未来战争的高突发性、快速性及现代作战理论和高新武器的发展都要求作战部队必须具有快速反应能力。这对提供作战保障的交通运输系统而言,就必须具有快速反应能力,以适应高技术战争作战进程快、战场情况变化快、部队机动频繁等各种情况的要求,只有建立高速公路的快速运输系统才能为部队的快速反应提供基础。

另外,高技术战争的一个突出特征是空间一体化,表现为立体战争,要有有效的陆运与空运的衔接和配合,而我国目前不少中等城市还没有机场设施,因此部分高速公路路段,按照军用飞机起降跑道的标准设计施工,以完成各种条件和情况下的军事运输任务,为我国建设与发展提供强有力的后勤支援保障,以适应国防现代化的需要。

总之,高速公路是我国现代化进程的必然选择。它将有利于打破地方行政分割,形成我国经济的一体化,共同收获丰厚的联合经济利益;有利于接受中心城市的辐射,加快改革开放的步伐;有利于沟通中西部地区与东部地区、落后地区与发达地区的路网系统,使中西部地区接受东部地区、发达地区的辐射,加快区域共同发展的步伐;有利于开发旅游资源,发展第三产业,加速沿线农村城市化;有利于促进人类文明和社会进步;有利于巩固和加强国防;有利于我国经济增长方式从粗放型向集约型转变。

复习思考题

1. 高速公路如何改善了运输结构并促进了运输大通道的形成?
2. 高速公路从哪些方面促进了我国道路运输业的发展?
3. 简述高速公路对沿线的产业发展和产业结构优化的促进作用。
4. 高速公路从哪几个方面促进沿线经济的快速发展?
5. 解释高速公路与社会进步之间的关系。

第 3 章　高速公路管理学的理论基础

理论,是指概念、原理的体系,是系统化了的理性认识,是人们从实践中总结、概括和提炼出的关于自然界或社会经济活动的知识、规律和结论。关于理论的作用,毛泽东同志在《实践论》中说:"我们的实践证明:感觉到了的东西,我们不能立刻理解它,只有理解了的东西才更深刻地感觉它。感觉只解决现象问题,理论才解决本质问题。"(毛泽东选集第一卷,第 263 页)。我国高速公路事业已经历了十多年的发展实践,高速公路管理理论就是基于这种丰富的实践活动而总结出来的,反过来,总结提炼的高速公路管理理论又指导我国高速公路事业的发展。这个原理,就是毛泽东同志说的:"从感性认识而能动地发展到理性认识,又从理性认识而能动地指导实践……。实践、认识、再实践、再认识,这种形式,循环往复以至无穷,而实践和认识之每一循环的内容,都比较地进到了高一级的程度。"(毛泽东选集第一卷,第 273 页)。

高速公路管理活动是丰富的,高速公路管理理论涉及的范围也十分广泛。根据高速公路管理理论的重要性差别,也为了叙述的方便,本书将高速公路管理理论分为两个大的组合:第一是作为所有管理活动理论依据的高速公路特性组合,包括高速公路基本属性,高速公路的技术(自然)特性,高速公路经济特性理论等;第二组合是高速公路运营的管理理论。对于第一组合,由于高速公路特性理论影响和规范着所有各方面高速公路的管理活动,对高速公路管理规律起着十分重要的作用,所以在本章第一节专门作了系统、全面和详细的阐述。但是,第二理论组合,由于所涉及的诸多理论很难用较短的文字全面交待清楚,我们在系统地简要介绍之后,只重点叙述一些关键性的理论观点。读者如果需要深入了解哪个方面,可以参阅有关的专门著作。

3.1　高速公路的特性

从社会主义市场经济理论出发,掌握并深入理解高速公路的特性,才能科学地把握高速公路建设、使用与管理规律,才能实现公路事业所有投入要素资源的优化配置。本节从两个层次分析高速公路的特性,第一是分析高速公路作为公路概念中的一部分时所具有的公路的一般特性;第二是在全部公路类别中,高速公路与其他类别公路相比所独具的特殊性。

3.1.1　公路的一般特性

公路呈现多元的特性,归纳起来可以分为两大类别:第一即公路的技术特性类别,有人也称之为自然特性类别;第二是公路的社会特性类别。在公路的社会特性中,既包括公路的社会公益性和基础性(这是公路的本质属性),还包括公路的经济特性。

1. 公路的技术特性

公路的技术特性主要包括不可移动性、不可分割性、带状性、网状性和耐久性。

1) 公路的不可移动性

公路的不可移动性表现在一旦公路建成之后，即成为国家不可搬移的固定资产。在这个性质上公路和土地是一致的。土地被人们称为不动产，按照经济学对土地的理解，土地不仅包括地面和土壤，而且也包括附着于土地的任何东西，无论是自然生成的树、草和花，或者是人工建造的如房屋和其他建筑物。作为土地的整体，它们都是不能移动的。从这个意义上说，公路也属于不动产。但公路和土地这两种不动产又有明显的区别。英国经济学家马歇尔给土地下的定义是："土地的含义指的是大自然无偿地资助人们的地上、水中、空中、光和热等物质和力量"（马歇尔，《经济学原理》1907年伦敦，第五版，第135页）。也就是说土地是大自然赋予的，土地可以被人们的经济活动所改造，也可以不被人们改造。但公路这种不动产，则是在地面上，人们为了通行方便专门修建的道路，可以说公路是经过改造的特殊的土地。由于不动产不能被从甲地搬往乙地，它们一个鲜明的经济后果是其报废后几乎没有什么使用价值。例如，围绕着一座铜矿的开采和冶炼，人们可以在铜矿附近建成居民区和工厂，这种铜矿附近土地的价值比较昂贵，可是当铜矿开采殆尽的时候，这里的地皮和建筑却无法搬走，此时，土地和其上的一切设施就失掉了它们的价值。相反的，在蓬勃发展的商业区，如上海的浦东，其地价会直线上升。这些经济现象都是由于土地的不可移动性造成的。公路一旦报废后，其后果和放弃的土地几乎相同，其利用机会很少，几乎不具有什么价值。

2) 公路的不可分割性

公路是布置在土地表面，供各种车辆行驶的一种线形带状构造物，其主要的功能是承受行驶汽车荷载的反重力作用并经受各种自然因素的长期侵蚀与影响。这就要求公路必须具备平顺的线形、和缓的纵坡、坚实的路基、平整而防滑的路面、牢固耐用的桥涵、安全可靠的隧道，再加上公路沿线的交通安全设施、交通管理设施、防护设施，以及美化保护环境、稳固道路的绿化等，这些要素浑然构成一体，具有明显的不可分割性。如前所述，在土地概念中，有自然形成的未经人类改造的土地，有经过人类经济活动改造（如在其上建筑房屋）的土地，各类土地共同构成经济社会的房地产业。而公路资产则是路基路面及各种设施与土地的有机结合密不可分，如果设想将路基路面从土地上拿去，则根本不能形成公路的概念，更不能发挥公路的功能。

由公路的功能所决定，公路的不可分割性另一个重要的表现是公路这个带状体在建设与使用上的不可分割性。任何一条公路的建设与使用至少是在两个社会经济活动中心（如城市、乡、镇、旅游区等）之间一次完成，它不能在建设与使用中按里程任意截取。而土地和其他商品则不同，土地可以以亩为单位按市场需求的任何面积销售与使用，其他一般商品的生产规模也是可大可小，销售数量可批可零。如果公路也像土地和一般商品的生产和使用那样，任意地截取、分割，则完全破坏了公路建设与使用上的整体性，根本无法实现公路的功能，更不能形成地区、国家完善的公路网络。因此，公路不可分割的技术特性是非常重要的，它决定和支配了公路在可行性论证、设计、施工、使用、保养等领域中一系列与一般商品不同的经济管理规律。

3) 公路的带状性和网络性

一条可以发挥功能的公路，至少是建设在两个居民活动点之间。一个地区或一个国家的居民活动点，即前述的城市、村、镇、旅游区等，是星罗棋布地分布在很多地方，这些地方之间修建的全部公路连接起来,就形成公路网络。这就体现了公路的一个鲜明的自然技术属性——公路的带状性和网状性。

一般来说,一条公路的设计、建设与划分等级,是根据公路的使用任务、性质、交通量及所经地区的地形、地质等自然条件来确定的。一条公路往往需要穿过平原、丘陵、山区、城市或乡村,它不能固定在某一地点,而是呈现为长距离的连续的带状。公路的带状性使与它连接的沿线流域经济、文化、生活均会受到很大的影响与波及。例如,可以使沿线的土地、森林、矿山等自然资源增值,可以使沿线城、镇的经济繁荣、社会发达,可以影响沿线的国民经济发展与生产力布局等。后面要分析的所谓"高速公路产业带"、"高速公路经济走廊"等概念,无不与公路的带状性密切相关。

公路网是公路网络性的主要表现形式。网络性不仅是公路的特性,而且是其他运输方式的特性,例如,除公路网外,还有铁路网、水运网、航空网和管道网等。这五种运输方式的有机结合,就构成了一个国家或一个地区全部的交通运输网。运输经济学的重要理论综合运输规律和运输经营中的联运,都与公路的网络性有密切的关系。各种运输方式的网络性规律要求综合运输网络应该在各种运输方式的协调中建设,其规模要与经济社会的发展相适应,其结构要根据客、货流的特点和自然地理条件来决定,要做到干线与支线衔接,装、运、卸各环节配套,做到合理运输和资源的优化配置。

此外,经济学中的一个重要理论——区位经济理论,还有发展经济学中的一些重要概念与规律,也都直接或间接地与公路的带状性和网络性有一定的联系。

4) 公路的耐久性

在进行公路建设项目的经济可行性论证时,世界上多数国家将公路的经济寿命计算期规定在 20～30 年之间,在 20 世纪 80 年代末,原国家经委将我国公路的计算经济寿命规定为 20 年。各国这样做是因为货币存在着时间价值,20 年以后所发生的成本和效益贴现到基年以后的结果很小,例如在贴现率为 15% 的时候,20 年以后发生的 100 万元效益,贴现到基年的现值为 100 万元 × 0.0611 = 6.11 万元,因此计算不计算 20 年以后发生的成本和效益对公路经济评估的结论影响不大。所以,我们不要误以为公路的经济寿命只有 20 多年,20 年以后公路就不再使用了。事实上,只要对公路进行按时正常的保养和维修,在公路的交通流量不超过其饱和标准而需要改建并且没有特大自然灾害(如地震、泥石流或特大洪水淹没等)破坏的情况下,公路几乎可以永久使用。这个性质就是公路的耐久性。在意大利境内,有一段罗马帝国时期的道路,由于其特殊的环境,虽然经过 1 000 多年的历史变迁,却一直没有改建,1 000 多年来,该道路得到及时的保养维修,因此直到现在还在使用。发达国家最早的高速公路也已经使用了半个世纪,除了改建扩建的路段之外,都仍然在继续使用,一直保持着良好的技术标准。

我们说公路具有耐久性是有条件的,就是要正常的保养和维修,随时使其保持一定的技术标准。公路养护对公路的耐久性至关重要,公路养护工作主要包括公路小修、公路中修和公路大修,还包括公路的改善工程等。公路养护是一种长期经常性工作,它是周而复始、无休止进行的。一条公路如果失养失修或者被放弃不用,会很快由于自然力的侵蚀而遭到破坏。前面提到的秦朝的驰道,据《汉书》记载,秦朝的驰道又宽又平,路面用铁杵夯实,路两边遍植青松。北驰道建成后,秦朝的骑兵部队从其指挥中心云阳林光宫(今陕西淳化县梁武帝村),三天三夜即可驰抵阴山脚下,出击匈奴。然而,这样宽畅的道路由于废弃不用,早已荡然无存,或为田野耕地,或为沟壑森林,只在极少数路段存有只能由专家辨认的路基。

2. 公路的经济特性

本节所论述的公路经济特性主要包括:公路的规模收益特性、公路的资金密集性、公路的价值和使用价值。另外,需要说明的是,下一段论述的公路特性,有的也可以归入经济特性的范畴,但由于公路的社会公益性和基础性是公路的最主要的本质特性,为了集中叙述的方便,本书专门列出,以示强调。

1) 公路的规模收益特性

规模经济(Economics of Scale)是一个重要的经济概念。它描述的是在经济社会中因生产规模变动而引起收益的变动规律。当某产品或服务的所有生产要素同时增加或同时减少时,就意味着其生产规律扩大或者减少,这会导致收益的变动。如果随着规模的扩大,某产品生产的收益增加幅度高于其规模扩大的幅度,这种现象叫规模收益递增。如果规模扩大时,收益虽然同时增加,但收益增加幅度小于规模扩大的幅度,这时就称做规模收益递减。如果规模扩大的幅度与收益增加的幅度相等,则称为规模收益不变。

上述经济变化规律也可以用数学模型表示,设某产品(服务)的生产函数是 r 次齐次方程,假如所有的物质投入要素表示为 k,各种劳动投入要素表示为 L,则产出量是 k 和 L 的函数,设 λ 为非零常数,表示生产规模扩大的倍数,则:

$$F(\lambda k, \lambda L) = \lambda^r f(k, L)$$

可以表示规模收益变化规律:

当 $r>1$ 时,规模收益递增;

当 $r=1$ 时,规模收益不变;

当 $r<1$ 时,规模收益递减。

公路具有明显的规模收益递增特性。这一点可以用高速公路为例予以说明。高速公路的一个行车道(Lane)一般宽 3.25 米,一条高速公路双向至少有 4 个行车道,还有 6 车道高速公路,8 车道高速公路,甚至 16 车道高速公路等。高速公路提供的服务是使交通流量迅速安全地通过,其能力用每昼夜最大通行量表示。高速公路的车道数与通过的最大交通流量之间就呈现规模收益递增的关系,如表 3-1 所列。

表 3-1 高速公路车道数与通行能力表

高速公路车道数	通行能力(标准车/每昼夜)	高速公路车道数	通行能力(标准车/每昼夜)
4 车道	25 000(左右)	8 车道	100 000(以上)
6 车道	50 000(左右)		

从 4 车道到 6 车道,规模增加到 1.5 倍,通行能力增加到 2 倍;从 4 车道到 8 车道,规模增加到 2 倍,通行能力增加到 4 倍。高速公路具有明显的规模收益递增特征,根据经济学原理,任何产品的生产,在一定的技术经济条件下都有一个适度规模的问题。从纯经济理论角度看,适度规模就是由规模收益递增刚转为收益不变时的规模,据世界银行专家的理论研究认为,规模不变的高速公路车道数是双向 24 车道,这是理论推算结果,没有经过实验核实。

2) 公路的资金密集性

公路与铁路、航空等运输产业一样,属于资金密集型产业。据统计,20 世纪 70 年代和 80

年代日本公路设施投资占其国民生产总值的 2.4%，澳大利亚 2.2%，瑞士 2.1%，美国 1.7%。由于这些国家国民生产总值很高，因此对公路设施投资的资金数目是很庞大的。例如，美国 1984 年对公路投资为 502.6 亿美元，平均每人 234 美元，日本投资 238.33 亿美元，平均每人 206 美元，联邦德国投资 63.1 亿美元，平均每人 104.6 美元(以上资料摘自中德合作研究《2000 年中国公路运输发展战略》)。我国在"九五"期间公路建设总投资超过 8 000 亿元人民币，是各种运输方式投资最多的。我国目前每公里高速公路的平均造价已超过 1 000 万元人民币，南方沿海省份少数路段每公里造价接近 1 亿元。以每公里平均造价比，高速公路超过了任何一种运输方式的路线造价。由于公路建设的不可分割性，一条公路必须是一次整段建设，动辄上亿元，甚至几十亿元才建成。所以说，公路是典型的资金密集型产业。

3) 公路的价值和使用价值

公路具有价值和使用价值的两重性。

价值和使用价值是商品的两个因素，是商品的最主要的属性。价值是凝结在商品中的一般无差别的人类劳动，即抽象的人类劳动。商品的价值量，是由凝结在商品中的社会必要劳动量决定的。价值是商品生产特有的范畴，当劳动产品用来交换而成为商品时，社会必要劳动才能表现为价值，所以说，价值是商品的主要属性。使用价值是商品满足人们的某种需要而发生的效用。

商品的价值和使用价值，是对立的统一。使用价值是价值的担当者。作为商品，必须具有使用价值，也就是说，要能满足人们的某种需要，才能成为交换对象；这样，消耗在商品生产上的劳动——价值，才能为社会所承认。任何商品，只有通过交换，生产者即可实现其商品的价值，购买者即获得了商品的使用价值。

公路的功能在于提供交通量的通行服务，能实现货畅其流、人便于行，实现客、货的空间位移效用和客、货及时、迅速到达出行目的地的时间效用，这就是公路所实现的使用价值。公路同其他商品一样凝结着无差别的人类劳动，并且由社会必要劳动时间所决定，这就是公路的价值。公路价值的实现形式之一是收费过路，即"一手交费，交费后过路"的交换形式，即公路的使用者通过付费，交换得到使用公路的权利，在这里把公路的使用权作为交换对象，交费过路使公路投资者实现了公路的价值，付费过路者获得了公路的使用价值。由此可见，公路在一定的条件下(如收费路)，也显示出具有价值和使用价值这个一般商品所固有的属性，同其他商品一样，该属性也是由生产公路的劳动二重性，即具体劳动和抽象劳动所决定的。

4) 公路的国民经济基础性

公路是国家主要的基础结构。世界银行 1994 年的世界发展报告给基础结构(Infrastructure)下的定义是："基础结构被称做一个国家经济的社会管理资本(Social Overhead Capital)。它们都程度不同地存在着规模经济，存在着使用者与非使用者之间利益的溢出性(Spillovers from Users to Nonusers)，它主要包括以下几个方面：

- 公共设施——电力、电讯、自来水、卫生设施、排放污水、垃圾收集与处理、管道煤气等；
- 公共工程——道路，为灌溉和泄洪而建的大坝和运河工程设施等；
- 其他运输——市区与城间铁路、市区交通、港口和航道、飞机场等。"

在这个定义中，公路被列为公共工程一类。

公路属于交通运输基础设施，列宁说："运输是我们整个经济的主要基础，也许是最主要的基础之一"(《列宁全集》第 33 卷第 125 页)。交通运输基础设施是支撑一国经济的基础，这一基础决定着国家经济活力(工业、商业等)的水平,这主要表现在以下几个方面:第一,交通运输是现代经济社会快速运行的保障,是市场机制作用于人类经济行为的首要物质前提,没有一个现代化的运输体系,就很难想像会有一个较为完善的市场经济;第二,交通运输规模的大小和水平是经济社会现代化程度的基本标志之一,现代经济社会在多大规模上运用多少资源来实现人与物在空间和时间上的交换,反映了经济社会的发达程度;第三,现代经济社会发展历程,交通运输具有运输革命的特征,它集中表现为"交通运输是现代经济社会发展的命脉"这一命题。纵观已实现现代化国家的发展过程,都证明了现代经济社会的发展,必须经历一个交通运输革命阶段。所谓交通运输革命阶段,是指交通运输的发展不仅是一种经济社会运输需求的直接反映,更是交通运输以主角的身份作用于经济社会发展过程的特殊时期。

根据发展经济学的原理,一个国家的经济起飞(Take off)是一国进入发达国家的必要前提和步骤,但一国进入起飞阶段的关键是什么呢?现代著名发展经济学家 W·W·罗斯托提出:"起飞的初始条件是有最低限度的社会管理资本(这儿主要指交通运输基础结构)的先行建设,以便为必不可少的扩散效应准备前提条件"。他在论述工业和社会管理资本时还讲道:"在创造前提条件和起飞时期,总投资中很高的份额必须投入社会管理资本。社会管理资本的建立,在时间上具有确定无疑的优先性。因为,大量的交通建设和其他形式的社会管理资本,实际上毫无例外地出现在起飞之前。这种投资的最重要职能是降低运输成本,使得资源能更便宜而有效地结合起来,扩大国内市场,使外贸的有效引导成为可能。也只有在这样的市场环境下,最初的主导部门才有可能实现。"

上面的叙述说明公路作为一国经济的基础结构,是实现经济发展和社会进步的前提条件,每个国家的经济发展都无不遵循这个规律。我国经济发展的实践也同样证明了这一结论的正确性。我国东部沿海地区,运输基础设施较好,交通较便利,经济发展就快,人民生活水平就较高,而西部内陆地区,运输基础设施较差,交通不便,经济发展就相对缓慢,人民生活水平也较低,许多地方群众总结正反两方面经验,用"要想富,先修路"这样朴素的语言,表达了公路是经济发展的基础这样深刻的道理。

5) 公路发展的超前性

公路交通运输业是国民经济先导性基础产业,公路的建设与发展必须具有超前性。著名经济学家保尔·N·罗森斯坦说过:"在建设消费品工业之前,必须建立和支持主要的不可分的社会管理资本或基础设施的形成。那么,现代经济增长初期的社会先行管理资本的主要内容是什么呢?那就是交通运输。"在这里保尔先生讲的就是包括公路在内的交通基础设施发展建设的超前性。

各国经济发展的历史经验表明,国民经济的工业化和经济起飞,无不先从发展交通运输入手,这也证实了公路等交通基础结构的超前性规律。从100多年前世界上首批国家实现工业化开始,交通运输的超前发展既是经济发展中运输需求的要求,而且也总是同时以一种主导产业的身份去促使整个国家的工业化,在经济工业化(或现代化)的前期或中期成为主要的投资对象。这是因为,交通运输除了具有满足沟通与健全市场以及加强社会的组织协调功能外,还有其自身巨大的物质、资金、劳动力及技术的需求,常常作为主导产业刺激并带动其他行业的迅速发展。例如,在美国早期工业化的1849—1859年的10年间,美国铁路蒸汽动力增加量占全国动力增加量75%,铁路蒸汽动力总功率占全国总功率的60%,可以说,美国当时的能源动力工业是由于铁路发展而发展的,W·W·罗斯托总结道:"美国经济起飞的产生是铁路为龙头的工业结果而不是农业结果。"英国的工业化时期,铁路建设也是其主导产业,在英国修建铁路最高潮的 1847 年,英国政府对铁路的投资达到国民总收入的 12%,所以美国西北大学的理查德·索斯塔克博士说:"标志着英国产业革命的几个特征(地区专业化、工业生产规模化、新产业迅速出现和技术革新的明显加快),都可以用英国运输网在 19 世纪获得的巨大改善来加以解释。"

公路运输的发展,尤其是高速公路的建设与汽车工业的发展一起,共同成为世界发达国家 20 世纪 50 年代到 70 年代,由工业化社会向高消费发展阶段过渡的主导产业。这个时期各国的共同特点是全面超前规划高速公路网的建设并投入大量资金,经过 30 年左右的不懈努力,终于在 80 年代先后实现了公路快速运输的全面现代化,形成以高速公路运输为主导的现代化综合运输体系。这个阶段,公路基础结构在国民经济发展中的超前性规律得到了淋漓尽致的体现。

美国拥有世界上最先进、最庞大的高速公路运输体系,公路运输十分发达。美国当前大约有 13%的人口(3 100 万人)直接依赖公路运输业为生;全国 2/3 的社区完全依靠公路运输;公路货运完成全国货运总货币值的 80%,完成全国城市间货运吨值的 40%;公路货运业年收入 2 500 亿美元以上,占国民生产总值的 5%。

美国高速公路建设具有显著的超前性。早在 20 世纪 30 年代就开始筹划建设全美现代化州际与国防高速公路系统,当时提出的计划是"德怀特·艾森豪威尔州际与国防高速公路系统",简称"州际系统"(Interstate System)。根据 1938 年美国国会通过的《联邦援助高速公路法》对建设跨越美国大陆的三纵三横高速公路计划进行可行性研究,并建议联邦政府增加 50%的联邦资助比例,建设一个 4.3 万公里高速公路网的计划。1943 年 12 月 20 日,美国国会又批准修建 6.44 万公里高速公路的新的扩大计划,称为州际高速公路系统。以后美国政府不断加大投资力度,1953—1955 年每年联邦为此投资均为 2 500 万美元,到 1984 年美国对高速公路已累计投资 502.6 亿美元,平均每人投资 234 美元,形成该历史阶段美国投资最多的产业。

再以日本为例,日本国会 1966 年通过《国土开发干线汽车道建设法》,正式规划建设高速公路国道 7 600 公里,并且同时拨款投资实施,揭开日本建设高速公路的序幕。1987 年 5 月召开的日本内阁会议又决定将 7 600 公里的目标扩展为 14 000 公里,并统一更名为"高标准干线公路"。目前,日本已建成高速公路 7 000 多公里,计划在 21 世纪初完成 14 000 公里高速公路建设计划,届时日本 3 万人口以上的城镇,将全部用高速公路连接起来,通过该高速公路网,日本将成为"一日交通国",即任何两地都可在 24 小时内通达。公路的发展伴随着日本汽车工业的发展,目前日本国内拥有各种车辆 6 000 多万辆,而其汽车生产能力更远远大于此数字。日本的公路汽车运输正在向高信息化发展,即利用先进的计算机网络系统进行货物票据的传递、货物的自动分拣与其他管理。总之,以高速公路运输为标志的日本公路运输业,已成为日本经济现代化的主导产业,该局势还将继续维持下去。

改革开放以后我国经济进入为实现"起飞"打基础的发展阶段,20 多年的发展实践已经显示出,公路运输业一定会成为我国经济的主导产业,成为我国经济的增长点。从 80 年代开始,我国交通基础结构就成为国民经济投资重点。在此期间,交通基础结构投资规模越来越大,增长速度越来越快。从 80 年代初到 1995 年的 15 年间,我国共完成铁路建设投资 1 233 亿元,平均年递增 13.8%;用于水运基础建设投资 564 亿元,平均每年递增 35.5%。我国公路建设更是异军突出,到1995年共计投资2 500亿元,平均年递增在50%以上。进入1997年之后,我国交通基础设施建设速度进一步加快。以公路建设为例,1998—2002年期间,每年公路建设投资都高达2 000亿元以上。交通部副部长李居昌同志在讲到关于我国"九五"期间公路建设规划时说,我国公路建设投资融资体制发生了深刻的变革,中央政府和各级地方政府在解决公路建设资金问题时做了十分有益的尝试,如借款贷款修路、社会入股集资、利用各种方式引进外资、实施高等级公路经营权有偿转让等。这些资金来源再加上政府财政的投资,"九五"期间的公路建设投资已突破8 000亿元。八届人大四次会议批准的《中华人民共和国国民经济和社会发展"九五"计划和2010年远景目标纲要》进一步强调,交通是国民经济的基础产业,是我国现代化建设的战略重点之一。我们有理由相信,公路交通运输业在今后相当一个时期内,将是我国的主导产业,是我国经济腾飞的起点之一。总结以上的论述,可以得出的结论是:世界各发达国家的经验表明,每个国家在实现工业化的进程中和20世纪后半叶以来建设现代化发达经济社会的进程中,都有一个交通运输业超前发展的时期,这是一个普遍性的发展规律。在建设现代化经济的发展阶段,以高速公路为特征的公路运输业将超过其他任何运输方式而成为国民经济的主导产业,成为国民经济实现现代化的支点和标志。

6) 公路对区位经济影响的规律

区位(Location)在经济学中是一个空间优选的概念。

最早的区位概念是描述农业发展规律的。1826年图能(J. T. Thunen)的《孤立国》(The Isolated State)认为,如果土地质量一致,运费按距离延长而增加,那么土地价格和农业利用方式将依赖于距离市场中心的远近而不同。1909年,韦伯(A. Weber)的《工业区位论》(Theory of the Location of Industries),将区位理论用于工业,根据原料及其运费的综合,提出了几种区位模式,例如,两个原料产地和一个市场,就构成三边区位模式,三者的最低运费交汇点即为优选工厂的合理区位。1933年,德国的克里斯泰勒(W. Christaller)又提出了商业中心地优选区位理论。总之,所有的区位经济理论实质上都有空间优选的问题。现代区位经济研究,已经大大发展了其原有概念,既可对单项目标进行空间优选比较,也可对一个地区,甚至一个国家进行区位经济的综合评价;而且,区位也不再仅仅局限于地理位置的范畴,而成为自然、经济、社会等多种环境因素的综合分析。在诸因素中,最关键的区位因素是交通运输。针对主要物资商品流向和经济联系方向,根据交通线网、运输工具和运输效率形成的总能力进行评价,以最低运输总成本为核心指标。一般来说,在区位经济中,交通运输直接关系到市场和腹地,关系到能源、原材料,关系到技术协作与推广的保证程度,在这些方面能力越大,接近性越强,区位价值也就越高。

在现代化经济发展过程中,高速公路产业带的形成,恰好是对区位经济理论的验证。在两个经济中心之间修建高速公路,会调动沿线地区的经济发展潜力,创造更加优越的发展条件,随着各个有利于经济发展条件的形成,高速公路沿线会形成区位优势,并产生强烈吸引力,有可能把相关企业和生产力要素吸引过来,在利益原则的驱动下,形成产业布局上的相对集中和聚集,从而促进该地区经济发展。尤其是在我国目前尚未根本扭转交通运输滞后于经济发展的情况下,高速公路所产生的沿线地区的便捷的交通优势,就是区位优势,它具有巨大的吸引力和发展潜力。国外有许多成功的高速公路产业带,例如美国波士顿近郊128号高速公路产业带,有10英里已全部被高科技工业园区所布满;还有美国加州硅谷高速公路产业带;英国苏格兰阿伯丁电子产业带等。目前我国沈大、京津塘、沪宁、广深珠等高速公路产业带已进入梯度扩散阶段,成为带动我国区域经济腾飞的火车头。

3. 公路的社会公益性

在经济领域,人们常常把基础结构和公共事业放在一起,这是因为它们之间确有许多共同的特点和密切的联系,这就是它们都具有社会公益性。

从经济学概念来说,公共事业是一个国家必须由政府向社会公众提供服务的事业,因为公共事业的产品是公共产品(Public Goods);一国的最主要的公共产品是"公正"(Equity)和"安全"(Safety),还包括其他的公共事业,如公共教育、社会保障、城市建设、卫生保健等。公正这一产品包括司法、经济调节、社会保障等;安全这一产品包括国防、警察、消防等。政府在向社会提供公共产品时具有独占性,政府为了提供这些服务必须向社会公众征税。公众愿意向政府缴税,因为他们懂得只有政府才可以向他们提供公正和安全,得到公正和安全就必须付出成本,这就是纳税。从成本效益分析原理来说,为获得公正和安全的纳税与公正与安全而获得的收益相比,收益如果较大,则纳税人认为是值得的。关于社会保障中的福利再分配,纳税人也会同意把自己的一部分收入再分配给他人,因为他们知道自己的利益和社会其他人的利益有密切的依存关系。

公正与安全是纯公共产品,因为它们只能由政府一家提供;而其他的公共产品及准公共产品,如公共教育、卫生保健、社会保障、城市建设等除主要由政府提供外,有时也部分地由政府以外的企业或私人提供。公路就是属于这种情形,它既由政府提供,也可以由政府以外的企业或私人在一定的条件下提供。

与公共产品相对应,经济社会还有数不清的私人产品(Private Goods)。私人产品是指一般生产要素供给者通过市场经济机制提供的产品与服务,私人产品与公共产品之间的主要区别可以为归纳为如下几点。

(1) 政府的参与。公共产品的提供及其资金来源(征税、征费)是政府行为,即政府通过参与不仅提供了服务,而且实现了社会成员之间收入的再分配。私人产品一般政府并不参与,由市场经济机制提供,并实现资源优化配置。

(2) 公共产品由全体公民享用,不具有排他性(Exclusivity);而私人产品在消费上具有排他性,私人产品只能由购买者消费或支配,别人无权涉入。

(3) 利益的溢出性。私人产品的生产与消费不存在使用者与非使用者之间的利益溢出性。而大多数公共产品,都不同程度的存在利益的溢出性,即产品供给过程中出现的正的或者负的外部效应。另外,公共产品还存在"免费搭车"现象,即有的公民享用较多,有的公民享用较少,甚至有的公民可能不享用,但交费(税、费)多少则并不一定与享用数量一一对应,或者不享用者也要付费(如纳税的普遍性),或者有的享用者可能不必付费(如免税户)等。

(4) 提供产品的决策过程。公共产品的决策过程要来得复杂,通常由政府或国家立法机关并通过一定程序来决定生产什么,生产多少,怎样生产和为谁生产的问题。而私人产品的决策过程比较简单,通常由私人或企业通过市场经济机制来提供,基本上不受政治的影响和政府的干预。

公路属于公共产品或者准公共产品的范畴,具有很强的社会公益性。根据各国经验,大部分国家的公路都是由政府通过税收、费收的收入提供资金的;公路的建设过程,包括立项、征地、搬迁安置等,没有政府的参与是很难顺利完成的;公路通行者对公路的使用基本不具有排他性,公路由全体公民享用,在公路未达到饱和状态产生拥挤堵塞之前,任何一个公路使用者都不会对其他使用者发生影响,任何使用者都不以拒绝他人的使用而使用,故而公路具有明显的公共产品的特征。由于公路大部分由税收和费收来投资建设,存在着利益的溢出性;公路的建设要纳入政府规划,通过复杂的程序立项批准,其决策过程是政府行为,这也强烈体现着公共产品的特征。

虽然公路的性质是公共产品或者准公共产品,但它仍然具有局部的、一定程度的商品性,例如公路具有价值和使用价值,公路具有类似土地级差地租的级差效益等,所以公路具有较复杂的特性。正是由于公路的复杂性质决定了在公路的规划、投资、建设、使用过程的复杂性和多样性;公路不能单纯看成是纯社会公益事业而忽视其所具有的部分商品属性。但是,假如一味地强调它的商品属性,从而简单地完全以市场经济的竞争机制来运营和规范,忽视公路的本质属性仍然是公共产品或准公共产品的特点,也必然要走弯路。目前,我国在公路发展建设过程中,采用了"双轨制"的管理体制,即针对一般性公路没有级差效益,基本上反映公路社会公益性的特点,其建设和使用的价值补偿采用以征收税费为主,其使用管理(包括维修、养护等等)采用事业性管理。而针对高等级公路具有显著级差效益,在某种程度上可以采取优质优价等市场运作原理的特点,高等级公路允许借款、贷款、引进外资建设,建设好以后收费还贷;也允许高等级公路在建设过程中发行股票和债券,组建股份公司以企业经营管理方式建设公路并承担风险。高等级公路在收费时,使用者交钱过路,这类似"一手交钱,一手交货"的商品经销方式,也可以说是高速公路价值和使用价值通过交换得以实现的商品性形式。

3.1.2 高速公路的特殊性

前面讲过,高速公路是专供汽车行驶的专用公路。作为公路,高速公路具有前面叙述的公路的一切特性。然而,在公路这个大家庭中,高速公路与其他类别公路相比,却有着其自身的特殊性,这可简要地从两个方面来分析,一是技术方面,二是经济方面。从理论上讲,正是由于高速公路的这些特殊性,才使我国在高速公路的建设与使用过程中采取了与一般公路不同的政策,这些政策发挥了巨大的作用。

1. 高速公路在技术方面的特殊性

1)设计标准高、完善的交通与服务设施

高速公路路线采用高于一般公路的技术指标。高速公路至少双向四车道,设有中央分隔带,实行对向行车分离。高速公路的线形设计要满足汽车力学、汽车运动学的要求;要满足美学、交通心理学和环境保护的要求。因此,高速公路的线形设计,既有较高的线形指标,又有平、纵、横三面完美的立体协调,产生完美的美学效果,达到高指标与心理安全的统一。

在高速公路沿线,设置完善的、形状和颜色显著易辨的考究的标志和号志,这些标志夜间能反光或发光;在交通要道、立交口等处,设置高亮度照明;设置必要的护栏、防护设施、气象情报装置、紧急电话、交通状况通报设施;通过医院、学校、居民区附近时,应设置隔音墙以减少噪声;在一定的高速公路地区网,要设置自动控制的现代化交通管理系统。高速公路沿线要在一定的间隔设置服务区,包括停车场、休息区、餐饮部、加油站、修理厂等设施,以满足旅客、司机、乘务人员在车辆运行中的各种需要。

2) 实行交通限制、规定汽车专用

交通限制主要指对车辆的限制及车速的限制。凡非机动车辆、行人及车速低于规定标准（我国规定 50 公里/小时）的机动车不准使用高速公路。车速限制主要是对最高行驶速度的限制和最低速度的限制,最高车速各国规定并不统一,如我国为 120 公里/小时,美国为 88 公里/小时,日本为 100 公里/小时,意大利为 140 公里/小时等。

3) 实行全部交叉口的立体交叉,实行车辆的分隔行驶

高速公路的路权和铁路干线路权相似,都属于 A 级路权,保证车辆优先通行,不受干扰,因此高速公路必须实行所有交叉道路的立体交叉。也就是说,汽车在高速公路上行驶时,除了收费站以外,无论路途多远,不应当碰到红灯,车辆不能受到干扰。

实行分隔行驶,第一是在上下行车道中间要设中央分隔带,将对向行驶车辆隔离,以杜绝对向撞车的发生,中央分隔带有一定宽度要求,使对向行驶车辆互不干扰。第二是对于同一方向的车辆,至少建设两条以上有效行车道,并用画线将车道分开,分为行车道和超车道,将快车和慢车分开,并使快车在超过速度较慢车辆时,行驶速度不受影响,互不干扰。另外每个方向还建设辅助车道或局部停车车位,使临时停靠车辆对正在同向行驶的车辆不发生干扰。

4) 严格控制出入,实行"全封闭"

控制出入是指对进出高速公路的车辆实行严格控制,对于非机动车和人、畜,则禁止上高速公路。

控制车辆出入主要是采用全封闭、全立交,规定车辆只能从指定的互通式立交匝道出入。在交叉道口设置立体交叉,使相交车流在空间上分离,立体交叉既可让交叉路口车辆互不干扰,又可以控制车辆出入。

高速公路沿线通过设置高路堤、高架桥、护栏、分隔网和通道等封闭措施,禁止非机动车、人、畜进入高速公路,使高速公路封闭起来,排除对高速行驶汽车的干扰,形成稳定、快速的车流。

2. 高速公路在经济方面的特殊性

与一般公路相比,高速公路在经济上的最主要特性是高速公路具有鲜明的"级差效益"(Benefit of Differences)。所谓级差效益,就是相同汽车完成相同的运输工作,在使用高速公路时高出使用一般公路而得到的较高效益。

为了清楚地说明公路的级差效益,这里先介绍一下土地的一个重要特性——级差地租的概念。

地租是土地所有者凭借土地所有权而获得的收入;对于土地使用者而言,地租是为了使用土地而支付的成本。对地租的解释和理解,不同经济学派有很大区别。英国哥伦比亚大学经济学家约翰·B·克拉克根据其生产要素价格理论,用土地的边际产品原则来解释和确定地租,这种理论认为地租实际是投入要素土地自身的产品。而大卫·李嘉图则解释地租是劳动产品。还有的经济学家认为地租是一种"经济盈余",是产品价格同工资、利息等生产费用之间的余额。本书在这里不打算深入分析这些理论,因为我们的目的只是为了说清楚公路的"级差效益"。

无论各学派对地租的看法分歧有多大,但都承认级差地租是由于三个方面原因造成的:①土地肥沃程度的差别;②土地地理位置的差别;③在同一地块上各个连续投资的劳动生产率的

差别。其中土地肥沃程度对农业用地特别重要,而地理位置优劣对于城市用地特别重要,上述原因③则对两种用地都有程度不同的影响。总而言之,在用途上、质量上不同的土地,其地租有明显的差别,有时这种差别还非常大,这就是级差地租。

与级差地租相似,公路也因等级的不同而产生级差效益。公路等级不同,提供相同服务时所产生的效益也不相同。总的来说,高速公路相对于普通公路而形成的级差效益,主要表现在以下几个方面:①汽车行驶成本的降低,包括油料的节省、维修费用的降低、轮胎消耗成本的下降等。②行驶时间的节约,包括货物运行时间减少、资金周转加快的效益,驾驶人员工时节约效益,旅客时间节约效益等。③行驶里程缩短的效益。由于高速公路选线标准高,两地间比一般公路距离要缩短。④交通事故损失的减少。这些效益是道路使用者直接得到的。此外,高速公路比一般公路多给国民经济带来的经济效益尚未计算在内,例如高速公路加快区域经济发展,对沿线产业带经济发展的促进作用等。在本书中,由于研究的重点是高速公路管理者与使用者的行为,所以我们的注意力主要放在能够给道路使用者带来的直接级差效益上,因为它是高速公路收费及经营的经济理论基础。

地租是土地价格的决定因素,地租的高低,即级差地租决定了土地在土地市场上的价格。级差地租使土地这种投入要素为利用市场机制实现资源的优化配置奠定了基础。

高速公路所特有的级差效益经济特性,为高速公路的筹资、建设及运营管理采用不同于普通公路的方式奠定了基础。正是由于高速公路的级差效益,才可以在其建设与使用的一些主要方面采用市场经济的方法。例如,高速公路可以借款建设,建成后利用收费方式还贷;高速公路可以在金融市场利用市场经济机制的手段(如股票或债券融资等)筹资建设,建成后收费经营;高速公路可以将经营权实施有偿转让;高速公路可以用 BOT 方式建设等。这些市场经济手段的采用,从理论上讲,都是由于高速公路存在级差效益作保证的。在我国,高速公路基本上都是收费公路,过路收费,类似于市场经济中的一手交钱、一手交货的交易行为,实质上是对高速公路使用的"直接买卖交易"。为什么对高速公路可以实行收费制度,有大量的道路使用者自愿交费,通过收费的高速公路,而不是使用并行的不交费的普通公路呢?原因就是由于高速公路具有级差效益的经济特性。

有专家总结,高速公路还有一条经济特性,就是它的有偿使用性。其实,这条经济特性也是由于高速公路的级差效益而派生的。级差效益的存在,使高速公路收费成为可能,由于收到了过路费,才可以补偿高速公路建设所投入的资金,这就是高速公路的有偿使用性。

3.2 高速公路规划建设的管理理论

高速公路规划建设管理理论组合可以分为四个类别:规划管理理论、建设项目前期评估管理理论、投融资管理理论和建设管理理论。

3.2.1 高速公路规划管理理论

高速公路的规划是一个专业领域,是由多个学科交叉形成的边缘学科,它涉及数学、经济学、信息技术、地理学、环境科学等许多学科,随着科学技术的飞速进步,越来越多的高新技术也不断渗入高速公路的规划领域。高速公路规划主要包括交通量预测,公路网的设计优选,以及公路的评价等。这里只介绍几个与高速公路规划管理密切相关的理论。

1. 高速公路与经济发展之间的关系规律理论

经济的增长不断地对公路交通提出更高、更新的需求,即公路事业的发展是经济发展的需要;另一方面,公路交通作为基础设施,它是经济发展的前提和铺垫,必须在经济发展过程中超前发展。这是公路交通与经济发展关系规律的最基本原理,它关键性地影响着一个国家或地区高速公路的规划管理。国民经济现代化要求公路交通基础设施现代化,大力发展高速公路就是交通基础设施现代化的主要内容之一。

区域经济学是运用经济学的理论与知识,研究某一区域经济发展规律的学科。区域经济学理论中关于社会经济的空间格局(结构)和过程规律,区域物质假说和"空间决定论"等都是对高速公路的规划管理有着重要的指导作用。

作为区域经济学研究的一个专题"高速公路产业带理论"也为高速公路规划管理提供了重要的理论基础。高速公路产业带是指依托于高速公路,相对集中于一个狭长的空间地带,经济发展水平及速度高于所在区域的平均水平的产业群体及其所在的地域空间。高速公路产业带是"点-轴"空间结构模式在高速公路实践中的应用与深入结合。在高速公路规划管理中,产业带理论是主要的指导原理。

2. 生产力布局理论

生产力是人们控制与征服自然的能力,它主要由生产过程中所使用的生产资料(劳动资料和劳动对象)以及具有生产经验和劳动技能的劳动者构成。也就是说,生产力既包括有物质的因素,也包括人的因素,物质因素有物质装备和自然资源,人的因素则是具有劳动技能和科学文化知识的劳动者。由于物质装备和劳动者都有科学技术的凝结,科学技术起着重要的作用,所以说科学技术也是生产力。

生产力布局就是上述构成生产力的各种要素在一国或一地区范围内的空间分布与组合。生产力布局也称生产力配置,其目的是充分有效地利用稀缺的资本资源、物质资源、自然资源及人力资源,最大限度地提高劳动生产率,同时保护环境生态平衡,实现国民经济和社会的可持续发展。生产力合理布局的原理之一就是科学地规划交通运输生产力布局,使之与整个国民经济的生产力布局相协调,使交通运输事业的发展,当然也包括高速公路的建设科学合理,适应国民经济发展的要求。

3. 系统工程理论

系统工程(System Engineering)就是运用先进科学方法,对"系统"的规划、研究、设计、生产、试验和使用等进行组织管理的技术。所谓系统,就是由相互作用和相互依赖的若干组成部分结合成的,具有特定功能的有机整体。系统工程科学目前已成为整个人类知识六大体系之一,与自然科学和社会科学等知识体系并驾齐驱。

交通运输系统是人类社会诸多系统中的一个重要系统,它具有大系统的各种特性,主要表现在以下几点。

(1) 明确的目的性。最有效率地提供运输服务,满足经济社会对实现客、货位移产生的各种需求。

（2）相互协调性。交通运输大系统，是由多种运输方式，多个生产环节，多样运输基础设施及运输工具组成的统一整体，必须相互协调才能有效率地形成生产能力，共同完成多层次的客、货运输任务。

（3）突出而鲜明的层次性。在交通线网中，分为干线、支线和联络线；公路有国道、省道、县乡道路等；就运输枢纽而言，有主枢纽和一般枢纽；道路客运枢纽有一级站、二级站、三级站和四级站；道路货运有国家级主枢纽、省级主枢纽和其他枢纽等，交通运输系统具有十分明显的层次性。

（4）组成交通运输系统的诸子系统的"元件和部件"彼此密切相关，它们之间是以相互联系的形式存在。

（5）交通运输系统的网络化。良好的交通运输系统必须有结构合理、内外部协调的交通运输网络，如铁路网、公路网及综合运输网络等。

（6）交通运输系统的动态性。动态性表现在以下几个方面：交通运输系统的形成发展与建设必定随其社会经济环境的变动而变动，与当时科技水平相适应，与当时经济实力相适应，与社会需求相适应。总之，它随着国民经济大系统的变化而运动；系统中的客流、物流、运载工具流，也随时处于运动的状态。

（7）交通运输系统独特的功能。促进经济发展功能、客、货运输功能、国民经济活动循环功能，国际交流功能和国防功能等。

（8）交通运输系统的结构。划分交通运输系统结构的方法有许多，其最重要一例，就是按照运输方式、载运工具和运输网络划分的结构。其中，运输方式结构，包括铁路、公路、水运、航空和管道5个现代运输子系统。载运工具结构则是指各种运输工具构成的可移动设备，如铁路机车、公路汽车、飞机、船舶的组成及其比例。运输网络结构，也可以称为交通基础设施结构，即各式线路(公路、铁路等)、港站枢纽土木建筑及其相关的技术装备，如铁路通信、动力设备等。总之，系统工程理论是科学实施交通运输规划很重要的理论，制定交通运输规划，尤其是中长期规划，没有上面综述的系统工程理论作指导，是不可能搞好的。

4. 综合运输体系理论

综合运输体系，就是各种运输方式在社会化的运输范围内和统一的运输进程中，按其技术经济特点组成分工协作、有机结合、连接贯通，布局合理的交通运输综合体。它主要由三个部分组成：一是具有一定技术装备的综合运输网及其结合部系统；二是综合运输生产系统；三是综合运输组织管理和协调系统。综合运输是经济社会交通运输实现现代化阶段的产物，同时，它也是一国实现交通运输现代化的标志。作为交通运输发展的高级阶段，它是高速公路规划管理的指导理论之一。

此外，高速公路规划还有一些重要的具体操作的理论，如线性规划理论、交通流总量控制理论等，感兴趣的读者可以参考有关著作，此处不再予以叙述。

3.2.2 高速公路建设项目评价理论

高速公路项目的可行性研究(Feasibility Study)是在规划之后进行建设的首要程序，可行性研究结果是公路项目是否立项决策的最主要依据。高速公路的可行性评价包括国民经济评价、财务评价、技术评价、组织评价、环境影响评价等。其中,高速公路项目的国民经济评价结果是主要的决策依据。由于国民经济评价在决策中的首要地位,本书重点介绍国民经济评价的重要理论依据,其余类别的评价就不再赘述了。

项目的国民经济评价就是从国家、社会的宏观经济角度出发考察公路项目。依据经济学的一系列概念和理论,经过影子价格判断与测算,分别计算出项目需要国家付出的代价(国民经济成本)和对国家的贡献(国民经济效益),在此基础上,再计算评判项目的一系列指标(EIRR、NPV、C/B 等),以确定高速公路项目的国民经济合理性。

总的来说,国民经济评价是建立在市场经济理论体系基础上,它以完全竞争理想市场状态为基准,根据西方经济学帕累托最适度原理(Parato Optimum)测算出各种投入要素成本和产出效益的影子价格。其主要概念和理论有下述 5 点。

1. 影子价格

影子价格(Shadow Price)是在资源得到最优配置和最大效率利用时的价格。但由于在市场机制不完善的条件下,市场实际价格往往存在着对于经济资源配置最优状况的偏离,所以实际价格不能反映国民经济资源消耗的真实价值,必须用影子价格代替。

从理论上讲,影子价格是在完全竞争市场条件下,各种经济资源的市场价格。这时价格等于其边际成本。在完全竞争市场中,供求关系的自发调节可以促使有限经济资源的合理配置与使用,各项资源的配置可以实现其最优状态,即帕累托最适度状态。但是,真正意义上的完全竞争市场在现实世界里是很难找到的,虽然某些发达国家的某些产品市场基本接近完全竞争市场,但对于苛刻的经济学家来说,也不无挑剔之处。

在实际公路项目的国民经济评价中,由于投入要素多种多样,来源渠道很不相同,所以把它们的实际价格调整为影子价格的途径和方式也很不相同。在项目的国民经济评价中,调整影子价格常常用到机会成本的概念,用它反映投入物与产出物的社会经济价值。相对于项目的投入物而言,它的机会成本反映了由于该物品不能用于其他项目而损失的最大效益,相对于项目的产出物而言,它的机会成本反映了该物品用于其他项目所能获得的最大效益。这样,把投入物与产出物的机会成本作为其影子价格,以衡量项目的经济成本和经济效益。

根据机会成本的概念,公路项目中可供外贸的投入要素,因其用于公路建设便失去了出口贸易的机会,因此可以把国际市场该投入要素的价格作为其影子价格。国际市场指的是世界范围各国的贸易形成的大市场,虽然在局部也存在着贸易关税等阻碍市场的要素,但由于科技的进步、信息的畅通,绝大多数国家都卷入世界经济的大市场,因此,可以认为国际市场价格是接近商品的真实社会经济价值的。如果由于某些特殊原因,个别投入要素的国际市场价格也有扭曲时,也可进行适当调整再作为影子价格。

根据机会成本的概念,公路项目中仅供国内贸易的投入要素,如土地等,也可以利用其可能做其他用途的最大收益,即机会成本来作为其影子价格,后面介绍机会成本概念时,将予以详细说明,此处不再赘述。

由于影子价格是资源实现最优配置和充分利用时的价格,所以影子价格反映了各种经济资源的相对稀缺程度。如果某种经济资源的影子价格高于其市场价格则意味着该资源短缺程度严重,这是由于较低的市场价格导致了这类经济资源的过度需求,从而造成资源的相对短缺。如果这种产品在现行价格下供大于求，则意味着该产品的影子价格低于现行价格。严重过剩而闲置的经济资源的影子价格为零。

2. 货币的时间价值原理

货币的时间价值是经济学中一个普遍的原理，它说明的是如果将货币作为资本金投入到社会的生产经营活动中去，经过一段时间之后，生产经营活动创造的赢利将使货币资本金增值，就是货币的时间价值。货币具有时间价值，是因为货币作为再生产过程中必不可少的资本投入要素实现的赢利而产生的。简单说就是今天的一元钱价值要比一段时间之后的一元钱价值大，即货币随时间的推移产生了增值。

众所周知，如果将货币存入银行或购买股票债券等，一段时间后可以获得利息或股息，越是早些存入银行或购买债券股票，货币获利能力就越大，这种获利的机会和能力就是当时条件下货币时间价值大小的决定因素。现在的 100 元一年以后就不再是 100 元，而是大于 100 元；或者说一年之后的 100 元货币额只能等于现在不到 100 元的货币额。在这里货币的时间价值实际上就是资本的时间价值。资本的价值增值过程是随着时间推移，年复一年地不断扩大的过程，并反映为一个可以按等比数列计算的价值额。资本及其增值额表现为一个与时间因素相关联，并不断增长的货币额。货币的时间价值就是价值增值的表现形式。目前世界上各种经济学派别对货币增值的本质有不同的理解，但没有一种经济学派别不承认货币时间价值这种价值增值的形式，并且认为它是市场经济的重要客观规律。

承认并利用货币时间价值规律可以使人们在其经济活动中重视并实现货币资金这种稀缺资源的最有效使用；可以根据货币的增值程度，来检验、考核资金的运用效果。在货币时间价值规律支配下，企业随时都重视对资金的占用，随时采用一切措施使资金加速周转以发挥最大的效用。

对于一个公路建设项目而言，总是先发生建设投资支出，只有当项目建成后，才能出现一系列的收益。从货币的时间价值规律出发，以现在的货币支出额与将来的项目收益额进行比较（即传统的静态分析）显然是不合适的，因为二者之间没有可比性。为了正确地评价项目的经济效益，就必须将所有不同时间发生的支出和收益按照一定的利率贴现到公路项目的一个标准基年，使不同时间发生的成本和收益货币，换算为考虑时间价值的可比的货币数量，然后进行比较，才能正确地评价方案的优劣。

3. 机会成本

机会成本（Opportunity Cost）是某种商品因用于某种用途的占用或耗费而失去的其他多种用途中可以获得最大收益的一种用途的代价。因此，当某种资源具有多种用途，而且该资源又在公路建设项目是相对稀缺，不能同时满足各种项目对资源的需求时，就需要在各种需求之间做出取舍。投入要素的机会成本概念在国民经济评价确定影子价格的过程中有着重要的作用。

如果某项经济资源数量众多，无论它同时可以满足各种需要或是只有惟一的用途，若不被公路项目所使用或者耗费将处于闲置状态，那么该项经济资源的机会成本为零。在 20 世纪 80 年代的印度，在进行公路项目的国民经济评价中，有时将简单劳动力的影子价格取为零，就是因为大量的农村劳动力如果不被公路项目所使用，则闲在家中无所事事，不存在机会成本。

从某种意义上来说，公路项目的国民经济评价，实质上就是机会成本的比较分析。公路建设所耗费的经济资源主要有自然资源（土地等）、劳动资源（设计、勘测、管理技术劳动和从事简单劳动的劳动力等）、建筑材料（燃料、沥青、钢材、木材、水泥等）和各类机械设备的损耗，它们都是稀缺资源，都具有不同程度的机会成本。在国民经济评价中大多数都要用机会成本概念来决定其影子价格，以判断和衡量项目的经济成本。

1）自然资源的机会成本

公路项目的自然资源有土地、沙、石等。土地的机会成本应当是，土地在所处的现实环境条件下可以用于其他各种用途中获得最大效益机会的收益。如果某公路项目占用的土地可以用于种植蔬菜、粮食、果树，而且经测算，其中种植果树的收益最大，则应以一定时期内果园种植的净收益作为其机会成本。沙、石在大多数情况下，也是稀缺的，具有机会成本，它们的影子价格也是失去机会的收益。如果没有任何使用机会，则其影子价格只计算其开采和运输费用。

2）劳动资源机会成本

虽然目前各国都程度不同地存在着失业或劳动力过剩，但这并不能说所有劳动资源都没有机会成本。在任何一个经济社会里，造成失业的原因是多种多样的，失业人员的类型也不相同。在普通劳动力富余的同时也存在着受过专业培训人员的相对稀缺；在一些部门工人劳动力过剩的同时技术人员相对不足；在行政人员严重超编时却由于缺少高水平的经济管理人才而导致经济效益下降。有时，由于国民经济结构性调整造成的人员闲置，可以从事其他服务性的劳动，甚至从事较多的家务劳动而减少了家庭对社会服务的需要，实际上也反映出这些失业人员不能以机会成本为零看待。

3）建筑材料和机械设备的机会成本

由于政府的干预，关税及市场经济机制不健全等多种原因常常造成建筑材料和机械设备的现行价格扭曲，而无法用来衡量它们的经济成本，这时，就要以机会成本为基础调整的影子价格来作为它们的经济成本。

4）资金的机会成本

经验证明，制约我国公路建设事业发展的最大问题是资金的短缺。所以，资金是公路建设最关键的投入要素。公路项目的国民经济评价的任务之一，就是保证稀缺资金的合理使用，提高资金使用的经济效益。所谓资金的机会成本，就是在对各预选项目进行可行性论证，并按效益的高低进行筛选时，被放弃项目中最高的经济内部收益率，这个比率通常用来作为评价项目可行与否的社会经济贴现率。

4. 转移支付

所谓转移支付，就是指经济社会某一类成员所拥有的经济资源转移到另一类成员所有。由于所有权发生了改变，使社会一部分成员收入增加或减少，而相应另一部分成员的收入则减少或增加；但是这种收入的增加或减少，对于国民经济而言，则收入总量未变，即既未增加收入，也未耗费资源，只是在社会成员内部出现的资源的转移与调整而已。在进行公路项目的国民经济评价中，对于这类费用，不能作为项目的经济成本或经济收益。世界银行的经济学家曾经把国民经济评价中的成本定义为对国民经济收入的减少，把效益定义为使国民经济收入的增加。从这个原理来衡量，转移支付既未使国民经济收入减少，也未使国民经济收入增加。

在公路项目的国民经济评价中，经常遇到的转移支付有下述5类。

1) 项目财务成本中的税金和利润

公路项目财务成本中的税金和利润,一般是发生在由项目购进设备或原材料时上缴给政府的,它属于资金从项目执行者手中向政府的转移,对国民经济来说,这部分资金并未消耗或减少,因此在进行公路项目国民经济评价时,这部分税金或利润要从成本中剔除。

2) 政府对项目的财政补贴

政府为了支持公路建设事业的发展,经常对公路建设项目的某些投入要素进行补贴,使公路项目以低于正常市场价格得到该投入要素,从而节省了公路项目的开支;但是,这些投入要素被公路项目消耗掉,其实际对国民经济收入的减少应当用被消耗投入要素的市场价格来计算,这个价格显然高于公路项目付出的财务价格,原因是有一部分消耗由政府财政补贴抵偿。因此,为了真实反映公路项目对资源的减少,经济成本应计入相应的政府补贴。

3) 项目的贷款利息

公路项目贷款时发生的利息支出并不反映项目对国民经济资源的消耗,它只是从社会一部分人(项目贷款者)手中转移到另一部分人(例如银行)手中。虽然利息是该项目财务成本的一部分,但在计算经济成本时,由于项目付出的利息并未使国民经济收入减少而不能计入。但是,如果是从境外银行贷款,利息付给境外银行,则意味着国民经济收入减少,必须计入经济成本。

4) 折旧

对于公路项目来说,折旧显然是项目财务成本的一部分。但如果从国民经济角度来看,折旧实际上是对已发生的项目投资成本在公路使用时期的摊销。由于在建设公路时已将投资成本计入项目的经济成本之中,因此在建成后的使用期对项目的折旧只是一种转移费用。因此,对于国民经济来说,公路项目建设资源消耗已经计算过,不应再重复计算了。

但是,在公路建设过程中,当计算包括施工单位设备的经济成本时,却应当计入设备的折旧,因为这部分设备并非公路项目本身投资购置的,也不大可能在同一公路建设项目中使之完全报废,此时这一设备的经济成本就应以在该公路项目建设期内的折旧来进行计算。综上所述,折旧计不计入经济成本,还是以其是否真实地减少了国民经济资源上的消耗为判定标准。

5) 公路项目使用的闲置资源

资源包括自然资源、劳动力资源、资金资源及产品资源等。所谓闲置资源,指的是如果不被当时公路项目所使用的某些上述资源的种类,也不会被其他经济活动所使用而闲置的资源。例如,某公路项目需要在农闲季节使用农村闲置的简单劳动力,而除了为该公路项目工作外,这些劳动力又没有其他活可干,他们就是公路项目使用的闲置劳动力资源。又例如某公路项目需耗用一定数量的天然砂石,这些砂石在当地除了用于公路建设外也不会派上其他任何用场,则这些砂石是公路项目使用的闲置的自然资源。上面所说的闲置劳动力资源、闲置砂石自然资源在该公路项目的国民经济评价中的经济成本为零,因为他们对公路项目的参与丝毫不减少国民经济收入,没有为该公路项目建设而付出经济代价。但是,公路项目必定要为工作着的简单劳动力付工资,为砂石的采掘付出报酬,这些工资和报酬也可能是数量可观的财务成本,但是,它们必须从国民经济成本中抹去。

5. "有""无"分析法原理

鉴别公路项目的经济成本和经济效益,并把它们用数量表示进行定量分析的方法有两种,一是"前-后对比法"(Before and After Analysis),另一个就是"有-无分析法"(With and Without Analysis)。前-后对比法就是对项目实现以前和实现以后所出现的各种经济成本和经济效益进行对比,其差别反映了以项目出现前后为分界的经济成本和经济效益改变情况,但却没有考虑在没有投资项目情况下可能会发生的情况变化,因此对于项目投资而带来的成本与效益的反映有可能出现不全面、不真实,甚至弄不清有哪些效益是因为有了项目才带来的。有-无分析法则是对有项目实现和没有项目实现的各种经济成本和经济效益进行比较,其差别就是因投资而产生的效益的真实增加量,它可以清楚地确定有多少收益是归于该投资项目的。

举例说明两种分析方法的区别。

【例 3-1】 在某地区一个农业投资项目发生之前,该地区农产品生产量正在逐年增长,净收益递增速率为年均 2%,如图 3-1 中曲线 $N-N_1$ 所示。此时,如果对该地区进行一个投资项目,主要内容是改良土壤,并推广先进的施肥技术和田间管理。经专家论证实验,该项目可以提高农产品增长速度,在其他条件都不改变的情况下,推广该项目后,农产品净收益以每年 6% 的速率递增,如图 3-1 中的曲线 $N-N_2$ 所示。其中 $N-M$ 为水平曲线。

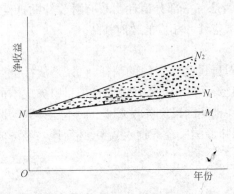

图 3-1 前-后对比法与有-无分析法的区别之一

对于这个项目,如果用前-后对比法进行可行性分析,就会用项目执行后的产量与项目执行前的产量进行比较,得出项目净收益为 6% 的结论。如图中 NM 和 NN_2 曲线之间面积所表示的部分,这样,就错误地高估了投资项目的净效益。如果用有-无分析法估计该项目,就会得出净效益是曲线 NN_1 和 NN_2 之间的面积部分,此时由于项目的执行,农产品净收益增长应当是 4%,而不是 6%。

【例 3-2】 在某农业投资项目发生之前,由于土壤的盐碱化,该地区农产品净收益正以每年 4% 的速度逐年下降,而且预计今后数年内还将继续下降,如图 3-2 中曲线 NN_1 所示。政府决定实施对该地区的农业投资项目,包括挖排洪渠,建设地表面冲洗盐碱工程,选择耐盐碱的优良作物品种,推广新的田间管理,等等。总之,在实施项目后,农产品的净收益以每年 4% 的速度增加,如图 3-2 的曲线 NN_2 所示。

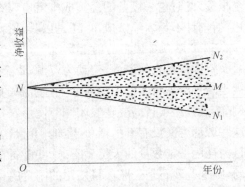

图 3-2 前-后对比法和有-无分析法的区别之二

在上述情况下,如果用前-后对比法进行分析,就是用项目执行后的产出与项目执行前的产出进行比较,则净效益为曲线 NM 和 NN_2 之间的面积所显示的部分。这样,就错误地低估了该项目的净效益。如果用有-无分析法估计该投资项目,就会得出净收益为曲线 NN_1 和 NN_2 之间面积所显示的部分,它真实地反映了因为执行该项目而增加的净效益;由于项目的执行,农产品净效益增长率应是 8%,而不是 4%。

由上面两个例子可知,用有-无分析法更能全面而准确地反映项目投资导致的收益。有没有两种分析方法得到相同结果的情形呢？这是可能的,关键在于,在项目未发生时,原先存在不存在净效益已经发生改变的情况,并且这种改变是否还将持续。如果存在着自身的变化,无论它是增加或减少,用前-后对比法评价该项目都会出现错误。一般来说,若无项目时净效益已呈增加趋势,则会高估项目净效益;如果无项目时净效益呈减少趋势,则会低估项目的净收益;只有在无项目时净效益保持不变的时候,两种评估方法的结果才会完全一致。

经济学家一般把不发生变化,可以用前-后对比法进行经济评估的项目叫做"治疗性项目"(Therapeutical Project)。对于发生变化的项目,经济学家称之为"预防性项目"(Preventive Project)。对于预防性项目,必须采用有-无分析法进行经济评估;对于治疗性项目,则既可以用有-无分析法,也可以用前-后对比法进行评估。

公路建设项目,基本上都是预防性项目。一般来说,高速公路建设项目,都是发生在经济比较发达,人口密集的经济中心或城市,在它们之间,原先都已存在着公路,由于等级低、路面狭窄、通行能力不能适应交通量增长的需要出现拥挤,导致车辆行驶成本增高、行驶时间增多。此时,无论是在两城市间修建新路还是改造原先的旧路以提高公路等级,都是为了克服原已存在的拥挤及预防未来还要产生的交通进一步恶化,这种变化总是存在的。因此,这类项目都是预防性项目,必须采用有-无分析法进行评估。

3.2.3　高速公路投资融资管理理论

我国高速公路建设发展迅速,重要原因之一是成功实施了对投资融资的改革,不断拓展并发挥通过市场机制对高速公路建设增加资源配置的渠道和作用,实行投资主体多元化。现已初步形成以市场型投资融资为主导,多层次、多渠道、多形式的投资融资体制。在这方面,主要支持理论有下述3个方面。

1. 金融和金融市场理论

所谓金融,就是指资金的融通,即资金的集聚与流动,包括货币的发行、流通及回笼,存款的吸收和提取,贷款的发放和收回,投资资金的筹集等与货币流通有关的一切活动。金融市场就是通过银行、证券交易所等媒介,资本的需求方与供给方对于借贷资本所形成的供求关系。它包括短期金融市场、长期金融市场、黄金买卖市场和外币市场。在金融市场由于借贷形式的不同,可分为直接融资形式和间接融资形式。间接融资形式指以银行为中介的借贷形式,例如在高速公路建设过程中,直接从银行的借款,就是通过银行为中介从民间吸收存款,然后再贷给高速公路建设项目。直接融资形式指通过债券、股票等有价证券进行的融资形式,目前我国已有13家高速公路股份公司股票上市,融资数百亿元,就是直接融资的形式。金融市场是社会主义市场经济体系的动脉,是市场经济配置资源的主要形式。在我国,目前间接融资仍然是主要的融资形式,而直接融资也在迅速发展,只有直接融资和间接融资互相补充、同时发展,才能使金融市场完善成熟起来。

我国高速公路建设目前仍然以间接融资为主,到1999年底,融资数额已达数千亿元人民币,为公路建设筹集了大量资金。同时,近十年来,高速公路也尝试以发行股票方式融资,如沪宁高速公路通过发行股票直接融资40亿元人民币,此外,有些省份也发行了公路债券,但数额不大,仍然大有潜力可挖。

金融与金融市场理论对指导高速公路多渠道融资,解决高速公路资金缺乏难题有很大的意义。

2. 投资基金概念

基金(Fund)是指有特定的来源及专门用途的资金。在对基金平时的保存管理中,也可将基金用于投资国债等稳妥而没有风险的项目,以增加收入或赢利,但其利润也只能用于基金指定的用途。例如专门用于职工退休养老的社会保障基金及专门用于落后地区脱贫致富的扶贫基金等。

"公路发展基金"是许多国家为保证公路建设的投入而专门设立的有特定财源和指定用途的公路资金。公路发展基金制度,为高速公路建设设立了一个较稳定而充足的资金来源,促进了公路交通事业的发展。美国是建立公路基金制的典型国家。1956年美国国会立法建立了公路信托基金(Highway Trust Fund)。其资金来源是联邦燃油税及其他道路使用者税,专门用于公路建设,由美国运输部联邦公路管理局管理使用。在公路信托基金存留过程中,在不影响公路对资金使用的前提下,有专门机构将富余资金用于没有风险的投资,赢得的利润又进入公路信托基金,利润收入比例大约占到7%~10%左右,以1993年为例,当年公路信托基金收入196亿美元,利润收入为15.6亿美元,占当年收入的8%。

公路信托基金在美国高速公路网的建设过程中发挥了巨大的作用,其中州际(高速)公路系统的90%、州公路网的50%的资金都来自联邦公路信托基金。

3. 证券市场、股票和债券

所谓证券,就是指有价证券,即表示财产所有权的凭证。证券是个广义的概念,它包括货币证券、也包括资本证券。货币证券有货币、支票、汇票等;美元、人民币都属货币证券的范畴。资本证券包括债券和股票两大类,它们是资本市场中的长期信用工具,能给持有人带来一定的收益。由于长期的习惯形成,人们一般日常使用证券概念时,大多数指的是资本证券,即股票和债券。

债券,是债务人开给债权人的债务证书,持有人可凭此证书,在债券期满时向发行人收回本金和获得利息。根据发行主体的不同,债券又分为政府债券和企业债券。政府债券是由中央政府或地方政府为筹措资金而发行的债券,担保人是各级政府,其有安全可靠、变现能力强、流动性高的特点,但收益率较低。企业债券由企业(包括股份企业、企业性金融机构)为融通资金而发行的债券,其特点是风险较大,但收益率也较高。

高速公路债券是很好的建设高速公路的融资方法。发达国家在发展本国高速公路过程中曾广泛采用。以美国为例,美国州政府和县市地方政府是辖区公路建设项目发行公路债券的主体。以1995年为例,美国州政府当年发行公路债券融资46.7亿美元,占全国州政府同期公路资金的6.8%;美国地方政府(指市、县级政府)1994年发行公路债券融资32.2亿美元,占全国地方政府同期公路总资金的9.1%。在公路债券融资时,国外一般以收费高速公路的收入作担保,或者以燃油税等道路使用者税收作担保。有些国家还制定了不收公路债券利息所得税的优惠政策。总之,公路债券是各国为高速公路融资的好方法,发挥了很重要的作用。

对于公路债券融资,我国尚未充分利用,但有很大的潜力。

股票,是股份公司(企业)为筹集资金而发行的一种权益证明书,它是购股者投资并据以取得股息收入的凭证,同时表示购股者成为该股份公司的股东,并拥有与股票持有数量相应的股份所有权。股票可以在股票市场交易,但不能抽回资金。

以经营性高速公路为背景的高速公路股份公司,通过发行股票融资是一种有效的解决公路建设资金的方法。近几年来,我国在发行股票为高速公路融资方面,已取得明显进展,到1999年底,我国已有13家高速公路股份公司上市,共募集资金170多亿元。其中有5家在香港股票市场上市,募集资金115.68亿元;有8家公司在国内上市,通过发行A股和B股募集资金58亿元。随着我国股票市场运作的更加规范,利用股票为高速公路融资也将成为一个重要的途径。

证券市场是有价证券发行与流通的场所。它包括证券发行市场(亦称初级市场)和证券流通市场(亦称二级市场)。发行市场是将新证券首次销售给投资者的市场。流通市场是指已发行的证券进行交易转让的市场。债券和股票都可以上市交易,但现阶段国内外证券交易主要还是以股票为重点交易对象。上市股票交易主要在股票交易市场(如纽约证券交易所、伦敦证券交易所、香港证券交易所)进行,它是一个有组织、规范化、公开交易的高效率的市场。世界上著名的股票交易市场有纽约证券交易所、伦敦证券交易所、香港证券交易所、东京证券交易所等。我国现有两个证券交易所:1990年12月19日开业的上海证券交易所和1991年4月3日开业的深圳证券交易所。它们的基本职能是:提供股票集中交易的场所;管理上市股票的买卖;办理上市股票交易的清算交割;提供股票过户及集中保管服务;提供股票市场的信息服务等。

股票交易所是股票流通的中心市场,它发挥的主要作用如下。

(1) 反映企业经济状况。从某种股票价格的涨落中,可以反映某一行业或某一企业的经营状况。从股票行情的涨落,可在一定程度上反映国民经济状况。

(2) 引导资金流向,实现资源的优化配置。股票交易价格的变化,能较客观地反映股票市场中的供求关系,有利于投资者将资金向效益最好的企业或行业投资,通过资金的合理流动,实现资源的优化配置。

(3) 保护投资者的利益。交易市场通过集中竞价交易的方式及公开透明交易制度,增强股票交易公正性;交易市场信息的高度流动,使投资者及时了解股市状况,实现公正、公开交易。

在高速公路投资融资管理方面,还有其他的理论,例如关于高速公路资产评估的理论;关于高速公路负债建设的理论等,由于篇幅所限,这里就不再展开进行讨论了,请读者参考其他相关著述。

3.2.4 高速公路建设管理理论

本节所谓高速公路建设管理,指经过可行性研究之后,到竣工验收完毕之间过程的管理活动。这一范畴的有关理论与概念主要包括下述3个方面内容。

1. 高速公路项目建设周期理论

国际上将公路建设项目经历的全过程叫项目周期(Project Cycle)。它包括以下阶段:项目选定、项目准备、项目评估、项目谈判、项目实施、项目总结评价。每个阶段完成后导致并连接下一个阶段,最后一个阶段完成后,一个公路项目结束,但又产生了对新项目的论证和选定,如此周而复始、不断循环,即形成所谓项目周期。下面简要介绍世界银行贷款公路项目周期的6个阶段。

(1) 项目选定阶段。对提出的多个高速公路建设项目进行筛选和鉴别。

(2) 项目准备阶段。该阶段主要是对已选定的项目进行工程可行性研究(简称工可研究)。工程可行性研究和第一阶段的预可行性研究统称为高速公路项目的可行性研究,是项目可行性研究的两个阶段,工可研结论是高速公路项目投资决策的主要依据。

(3) 项目评估阶段。在完成公路项目的准备工作之后,世界银行要对项目进行详细审查,这就是评估阶段。提出一份项目评估报告,作为同意贷款的通知。

(4) 项目谈判阶段。在项目评估结束后,随着最终评估报告的提出,世界银行就邀请借款国派出代表团到华盛顿就贷款协议进行谈判。

项目谈判的内容包括贷款金额、期限、偿还方式以及为了保证项目顺利执行所应采取的措施和对策。这些内容的谈判结论以协议的形式作为法律义务列入贷款协议文件中。贷款协议文件内容很全面,基本上包括了评估期间涉及的所有主要问题。

(5) 项目执行阶段。借款国负责项目的执行,世界银行负责对项目执行进行监督。项目执行的主要内容如下:

① 实施对高速公路项目的国际招投标;
② 组织对公路项目建设过程的监理;
③ 组织正常施工,提供进度报告和定期检查;
④ 组织实施设备采购等。

(6) 项目总结评价阶段。世界银行在项目完成后1年左右,要对项目进行总结评价,以为后面的项目提供经验。

以上6个阶段就组成了世界银行对高速公路建设项目的一个完整周期。整个周期贯彻了精心选择、充分准备、周密评估、认真谈判、严格管理、总结提高的管理精神,项目周期是系统工程理论在公路项目实施过程中生动的具体应用,同时也处处体现了管理活动中科学、规范和法制精神。

在我国发展高速公路的初期,曾经严格按照世界银行公路项目周期建设了两条高等级公路:一条是1988年建成的西安—三原一级公路;另一条是1994年竣工的京津塘高速公路。十几年的使用结果证明,这是两条质量很高的样板公路,为我国以后高速公路的建设提供了宝贵的经验。

改革开放以来,我国公路项目的基本建设程序也吸取了国际上流行的项目周期概念,结合我国实际,摸索出一套适合我国国情的"项目周期",它们互相衔接、循序渐进,反映了公路项目建设的内在规律性。

我国高速公路建设程序如下:可行性研究—编制设计任务书—进行设计—编制工程概预算—列入年度基本建设计划—施工—竣工验收—交付使用。

当前我国这一套建设程序是参考世界银行的项目周期制定的,二者能较好地吻合起来,见表3-1。

表 3-1 国内和世界银行公路项目周期(程序)对应表

国内公路基建程序	世界银行项目周期	国内公路基建程序	世界银行项目周期
预可行性研究 项目建议书	项目选定	批准有关文件和方案 开工报告、中间检查、竣工验收	项目谈判 项目实施
工程可行性研究 设计计划任务书	项目准备	工程总结评估	项目后评估
编制初步设计 审批初步设计	项目评估		

欲详细了解国内公路基建程序,请参考有关著作。

2. 高速公路工程项目的招投标概念

1) 公路建筑市场

市场是商品(劳务)交换的场所和领域,市场所反映的是社会生产与需求之间的关系。我国自实行社会主义市场经济制度以来,公路建筑领域也引入了竞争机制,逐渐形成了公路建筑市场。在我国公路建筑市场中,公路工程项目招投标是一种很重要的竞争方式。

公路建筑市场中主要的需求方是公路建设项目的业主,它需要从市场中购买公路设计、公路土木施工、公路工程监理等。而主要供给方是公路施工企业、公路勘察设计企业,公路监理咨询企业等。另外,在公路建筑市场中,供给方有时也要购买原材料、设备和劳动力,这时供给方又变成了公路建设投入要素的需求方,而提供投入要素的企业或个人又成了公路投入要素市场的供给方。公路建设原材料、设备、劳动力等投入要素市场,也是公路建筑市场的组成部分。

2) 公路工程项目招投标

招标(Invite to Tender 或 Call for Bid)、投标(Tender 或 Bid),是市场经济中的一种竞争方式,是在买卖双方同意基础之上的交易行为。在市场经济中,如果某商品(劳务)供小于求,为了使产品卖个好价钱,常常采用拍卖的方式竞价出售;而对于供大于求的商品(劳务),为了择优选择质优价廉的供给者,则常常采用招标的方式购买所需的商品。

公路工程项目招投标是公路建设业主单位,就拟建的公路项目提出招标条件,在媒体公开发布招标通告或信函,邀请投标企业通过实地勘察、填写标书等一系列程序,提出自己完成公路工程项目的报价与保证,再通过开标、评标等规范程序,从中选择条件最优的投标企业完成工程建设任务。公路工程招标可分为全过程招标、勘察设计招标、监理咨询招标、材料及设备招标、施工招标等几种。在国际上,公路工程项目招投标已成为惯常作法。我国自改革开放以来,随着经济体制改革的不断深入,公路建筑市场也普遍采用了招投标,政府为此制定了一系列法规规范,以确保这一竞争方式的有效实施。交通部 1985 年颁布了《公路工程施工招标投标试行办法》;1989 年交通部又正式颁布《公路工程施工招标投标管理办法》,明确提出"凡新开工的大中型建设项目都要实行招标投标制"。目前我国 80% 以上的公路工程大中型建设项目都实行了招投标制。这一制度的全面实施,有效防止了垄断及地方保护主义,体现了公平竞争,降低了工程造价,提高了质量,保证了工程进度,发挥了巨大的作用。

3. 高速公路建设监理制度

监,是审视察看之意;理,指规律、准则。监理,就是指有关执行者根据一定的行为准则,对某些行为进行监督管理,使这些行为符合准则要求,并协助行为主体实现其行为目的的活动。

监理活动必须具备以下条件:有明确的监理"执行者",它是独立的经济组织;有明确的行为"准则",就是关于监理活动的法律、规章、合同、工作程式等,它是监理工程的依据;有明确的"被监理对象",也就是被监理的行为及其主体;有明确的监理目的和行之有效的思想、理论、方法和手段。

高速公路的工程监理,就是指针对高速公路工程项目的建设,社会化、专业化的工程建设监理单位接受项目业主的委托和授权,根据国家批准的工程项目建设文件、有关工程建设的法律、法规和监理合同所进行的旨在实现工程项目投资目的的微观监督管理活动。

工程建筑监理是一种特殊的工程建设活动,工程建设监理是建设领域中一个独立的行业,工程建设监理单位是具有独立法人资格的企业或者是具有独立法人资格企业中的一个机构。工程建设监理向高速公路业主单位提供服务,其工作的中心任务是控制工程项目目标,就是通过独立自主的监理工作,控制建设计划所确定的工程项目的投资、进度和质量指标。工程监理单位及其人员在项目建设过程中,利用自己工程建设方面的知识、技能和经验为客户提供高智能监督管理服务,以满足项目业主对项目管理的需要。监理单位所获得的报酬,是提供技术服务的报酬,是脑力劳动的报酬。

我国高速公路建设监理工作近十几年发展很快,从20世纪80年代中期到现在,已走过了试点阶段、稳步发展阶段。当前,所有的高速公路在建项目都实行监理制度,积累了丰富经验,正逐步形成制度化、规范化和科学化,向国际监理水准前进。

3.3 高速公路运营管理理论

运营,简单说就是运用与经营。高速公路的运营,指的是在高速公路建成竣工之后的使用期间,为了充分发挥高速公路的功能,使其最有效率地为社会提供服务所进行的一系列管理活动。

高速公路的运营管理是一项十分复杂的工作。其复杂性主要表现在:第一,管理内容多,包括养护管理、收费管理、路政管理、交通控制及安全管理、监控通信管理以及服务区管理和综合开发等,形成一个大的系统管理工程;第二,管理类别复杂,既有政府机关的行政管理,又有企业的经营管理,还有事业性质管理;第三,由于第二个特点,就决定了高速公路管理有多个管理主体,增大了管理体制的复杂性和机构设置的难度,也增加了实现集中统一管理的难度;第四,高速公路的运营管理是技术密集的现代化管理。作为现代化交通设施的高速公路,其建设与使用体现了高科技、高技能。在其运营管理中,形成了以养护、路政、交通安全为主的道路通行保证系统和以监控、通信、收费管理为主的路上信息跟踪系统,充分体现了技术密集的现代化管理特点。

3.3.1 高速公路运营管理的主要职能

高速公路管理职能是指管理主体在高速公路管理活动中承担的职责和功能。运营管理所涉及的主要活动内容有路政管理、养护管理、交通安全管理、收费管理、信息监控管理和服务管理6个方面。在每个管理活动的全过程，又可分为决策、计划、组织、协调和控制5个基本职能，这些基本职能体现在交通安全、路政、养护、收费、信息监控和服务的具体管理活动之中。

1. 5个基本职能

（1）决策。为了达到特定目的，根据对当时具体情况和环境的分析，在所有可能的对策中做出的最优抉择。

（2）计划。根据已做出的决策，对上述6项管理活动的开展，提出具体的安排方案，制定实施的步骤、方法和措施，将计划指标落实到各个职能机构和具体工作环节。

（3）组织。根据计划安排，将高速公路管理活动的各要素及各管理环节，在时间和空间上合理地组织起来，使各要素有机结合、协调运行，保证高速公路管理目标的有序实现。

（4）协调。对不同管理主体进行规范、调节和信息沟通，以解决不同利益主体之间的矛盾或冲突，调整与实现整体管理目标不一致的管理行为，形成不同主体的管理合力。

（5）控制。科学、合理、适度地对高速公路管理活动的质与量进行调节和监控，使其与原定计划、程序和目标相一致，使所有管理主体都要围绕管理目标的实现展开工作，及时发现和纠正管理行为的偏差，保证高速公路运营管理优质、高效地运转。

2. 6项具体管理活动

（1）路政管理。根据国家制度的有关法律法规，维护高速公路财产安全和路权不受侵犯。这包括对违章利用、侵占、污染、毁坏高速公路及其附属设施的行为进行查处；对公民、法人和其他组织占用、利用公路及超限运输等事宜进行审批与管理；对施工养护作业现场秩序进行维护，恶劣天气条件下的交通管制，故障车辆的牵引拖带，事故现场的救援清障和高速公路环境保护等。

（2）养护管理。根据交通部制定的高速公路养护标准和作业规范，尽可能采用新技术、新工艺，对高速公路及其附属设施进行经常性保养维护，对突发性因素造成的损坏进行及时修复，对影响交通的路障进行及时清理，总之，以最经济的方式保证高速公路经常处于完好状态，确保高速公路的畅通。

（3）交通安全管理。根据国家制定的有关法律法规，为了维护高速公路交通秩序，保障交通安全和行车畅通，对在高速公路上行驶的道路使用者的行为所进行的约束和管理的活动。主要包括交通事故处理，维护交通秩序，合理引导组织交通流，实施道路清障和救援服务等。也包括对违章司机的宣传教育、违章处罚等。

（4）收费管理。根据国家有关规定，对高速公路使用者收取通行费工作的管理，主要包括合理布设收费站点，制定合理费率，对收费设备、收费人员及财务进行管理，实施收费稽查、杜绝营私舞弊，采用科学高效先进的收费方式，提高服务质量。最终实现收取足额的通行费，以保证高速公路建设资金的偿还及管好运营时支出的各种费用。

（5）信息和监控管理。通过现代化的电子设备对高速公路的运行状况随时进行监视与控制，完成信息的收集、传输、处理，以指导行驶车辆对高速公路的最佳使用。

信息管理是使用有线的和无线的传输设施，对高速公路上一切有关的信息实现无盲区的即时即地的顺畅传输，形成高真实、高效率、高水平的信息网络。

监控管理通过对数据采集与设备的监测,并将各种信息和控制命令及时地反馈给高速公路行驶车辆和用户,引导道路使用者遵守、熟悉和适应高速公路上的行车环境,最终达到减少事故、安全畅通。

(6) 服务管理。依托高速公路为使用者提供餐饮、休息、加油、维修、通信、停车、洗车及医疗救助等服务活动的管理。另外,也包括对依托高速公路资产的综合利用与开发,而展开的土地开发、房地产开发、广告经营等活动所进行的管理活动。上述管理活动,尤其是提供各种服务,集中在高速公路服务区,因此也称服务区管理。其目是向使用者提供热情、舒适、方便、周到的各种服务。

3.3.2 行政管理理论

在上述6项管理内容中,高速公路路政管理和交通安全管理属于政府行政管理活动范畴,因此行政管理学理论是这两项管理活动的理论基础。

1. 路政管理、交通安全管理在行政管理中的定位

"行政是国家的组织活动"(《马克思恩格斯全集》第一卷第479页)。在《纲鉴易知录》这部编年史中,也有公元前841年西周时期周厉王姬胡出逃镐京,"由召公、周公行政"的记载,这里的行政就是管理国家政务。所以,古今中外对行政的定义是一致的,就是指国家行政机关以及受到国家法律或行政授权的组织依法对国家和社会事务进行管理的活动。行政管理活动有许多类别,例如外事行政、司法行政、国防行政、民政行政、公安行政、交通行政、工商行政、税务行政、海关行政、资源行政、计量行政、环保行政、金融行政、文化教育行政、科学技术行政等。其中交通行政管理是一个国家行政管理活动中最重要的行政活动之一。

在我国,中央和地方各级人民政府是我国的行政机关;全国人民代表大会和地方各级人民代表大会是我国的立法机关;最高人民法院和地方各级人民法院是我国的司法机关,最高人民检察院和地方各级人民检察院是国家的检察机关。从狭义的管理国家政务的角度而言,在上述各个国家政权机关的管理活动中,只有国务院及其下属机关和地方各级人民政府所从事的管理活动是行政管理,而其他的机关所从事的社会事务不属于行政管理。

上面列举的行政管理活动,在我国可以归纳为六个方面,即国民经济管理、文化教育管理、国防军事管理、公安管理、民政管理和外事管理。在第一个方面,即国民经济管理中,包括工业、农业、交通、财政、商业等,这些类别被行政学称为国民经济专业行政管理,上面所提到的交通行政管理就属于国民经济的专业行政管理。

交通行政管理,是指国家有关交通行政机关根据国家法律、法规、规章或行政授权,依法对社会交通事务进行的管理活动,我国交通行政管理主体,是各级政府中的交通主管部门以及得到法律或行政授权的管理机构,例如国务院的铁道部、交通部;省级人民政府的交通厅(局),市、县人民政府的交通局等。交通行政管理的对象是全社会交通事务,其管理内容十分广泛,就我国交通部的交通事务而言,有路政、运政、航(道)政、港政、港监、稽征等交通事务。对上述的交通事务制定方针政策、制定法规规范、做出规划计划、履行组织指挥、搞好协调服务、实施监督检查,就是交通行政管理活动。

交通安全管理也是交通行政管理的一部分,但由于历史的原因,目前由公安部履行其管理

职能。它和高速公路路政管理都属于交通行政的范畴。

2. 行政管理的一般理论

行政管理学的一般理论对高速公路路政管理、交通安全管理有普遍的指导意义。行政管理学的一般理论主要包括以下几个方面。

(1) 行政管理原理。行政管理原理包括系统原理、整分合原理、反馈原理、封闭原理、能级原理、弹性原理、动力原理等。限于篇幅，这些理论概念，本书不再展开介绍，有意者可参考相关的行政管理学著述。

(2) 行政领导科学理论。主要包括行政领导的概念、行政领导的权利与责任、行政领导者的素质、行政领导职能与结构、行政领导方法与艺术等理论与概念。

(3) 行政组织与行政体制理论。行政组织就是行政管理的体系及基本要素。只有完善的行政组织，才能确保实现行政效能化和经济化的目的。行政组织的内容，主要包括国家行政机构的组织原则、结构形式、职权范围、彼此之间的关系、机构的设置、政府职权的划分和政府机关的形式等制度。

(4) 行政决策理论。决策就是在确定预期目标之后，制定实现目标的行动方案和从其中选定最优行动方案的过程。行政决策就是政府部门为实现其既定的管理目标，在占有一定的信息和经验的基础上，通过对宏观条件和环境的深入分析研究，用科学的方法和理论，按评价标准，提出多种预选方案，从中选择出作为行动纲领的最佳方案并付诸实施。

(5) 行政监督理论。行政监督就是对行政机构和工作人员所进行的监视和督促。行政监督的目的是使各级各类行政机关及其工作人员在法律、法令、法规所规定的范围内进行各种行政管理活动，发现和纠正一切违反行政管理要求的行为，保证公民的合法权益不受侵犯，提高行政机关的工作效率。行政监督是法制监督，必须依法进行。

上述 5 个方面的行政管理学的一般性理论，对所有的行政管理活动都有普遍的指导意义。在高速公路运营管理中，路政管理和交通安全管理属于行政管理性质，在本书的第 5 章和第 7 章分别对这两种管理有专门叙述。限于篇幅，本书对行政管理的理论只做一般性介绍，不再展开讨论，有兴趣的读者可按照本书的介绍，参考行政学或者行政管理学的相关书籍。

3.3.3 高速公路经营管理理论

由于高速公路的收费管理、养护管理、信息监控管理、服务管理等项内容都不属于政府部门的行政管理，本书将它们全部归入经营管理的范畴。前述的一般性高速公路行政管理理论，有些同时也是高速公路经营管理理论，例如关于领导科学理论、管理和管理体制决策科学理论等，它们的一般原理既适合高速公路的行政管理，也适用于经营管理。因此，在归纳高速公路经营管理理论时，就不再一一列出了。

(1) 高速公路的养护方针、工作原则和技术经济政策。在交通部制定的《公路科学养护与规范化管理纲要》(1991—2000 年)规定公路的养护方针是："全面规划、协调发展、加强养护、积极改善、科学管理，以法治路，保障畅通。"规定的养护工作原则是：规范化管理、科学养护、全面养护、预防性养护、机械养护，防止中断交通。上述方针原则也完全适用于高速公路。

高速公路养护的技术经济政策要点归纳如下：

① 对高速公路养护要严格准确执行行业标准与规范，做到超前准备、同步完善、协调发展、高效养护，保证高速公路全天候安全畅通；

② 依靠科技进步，采用新工艺、新方法，实施 GBM 工程，即国、省道主干线标准化、美化工程；

③ 抓紧实施高速公路养护体制改革，加速由养护事业型管理向企业化管理的过渡，从而形成向生产经营型单位的转化；

④ 采用公路养护经济责任制，建立健全与经济责任制相配套的管理制度；

⑤ 采用高速公路大修、中修、改建工程以及服务区设施项目的招投标制度和工程合同制度。

(2) 收费概念。高速公路收费主要依据的理论和概念前面已有分析，例如公路的级差效益特性等，这里再补充具体收费操作的一些相关理论：费率标准制定理论和模型；收费制式理论，例如，均一式收费系统；开放式收费系统；封闭式收费系统及混合式收费系统等。这些问题在本书第 6 章有专门论述，这里就不再展开了。

(3) 高速公路信息、监控概念。高速公路系统内部通信专用网络，是为确保系统内部话音、数据、图像信息的准确、及时传输而设置的；而监控系统是利用电子技术和计算机系统，对道路安全、交通状况等进行监视和控制，及时反映和处理突发问题，实现高速公路使用的安全、高速、舒适和方便的目的。

信息监控系统涉及的学科有系统工程理论、交通工程理论。它还需要电子工程、通信工程、计算机工程及电视摄像、录像广播专业技术。本书第 9 章将有专门讨论。

(4) 高速公路服务区概念。高速公路是全封闭体系，隔断了道路使用者与外界的接触，作为高速公路一个组成部分的服务区，为封闭体系内的使用者提供餐饮、住宿、购物、休息、通信、加油、车辆维修等必要服务。鉴于此，服务区涉及的理论概念有：服务区设置的目标和适应性原则、服务区管理模式、服务区业务的开发和经营等。本书第 10 章有专门讨论。

复习思考题

1. 公路具有哪些技术特性和经济特性？
2. 怎样理解公路的本质属性是社会公益性？
3. 高速公路与普通公路相比在技术上有哪些特殊性？
4. 什么是高速公路的级差效益？它对我国实行高速公路收费还贷政策和允许建设经营性高速公路的政策有什么关系？
5. 高速公路运营管理的五项基本职能是什么？高速公路运营管理主要包括哪六个方面的管理活动内容？
6. 什么是交通行政管理？高速公路运营管理中哪些管理活动属于行政管理？为什么？

第4章 高速公路运营管理体制

管理,就是通过计划、组织、领导、控制等手段,协调可支配的人力、物力、财力等各种资源,以期实现其最优配置,从而达到预定目标的过程。管理是一种社会活动。管理活动要顺利有序地进行,必须要界定管理活动的权限,确定管理职能,采用科学的方法;而管理职权的履行,必须有一系列制度规则做保证,同时,还要有一定的人员和设置一定的组织机构,这是管理活动的物质保证。在管理学科中,把由上述诸管理要素组成的综合体,称为管理体制,简要概括起来就是,所谓管理体制就是管理活动中管理职能的界定与管理权限划分的制度体系及由其决定的管理机构的设置形式。

高速公路事业存在着建设和运营两个阶段的过程,这两个阶段的经济活动是截然不同的。因此,高速公路管理也相应划分为高速公路的建设管理和高速公路的运营管理,这两大类管理的管理主体、管理对象、管理内容、管理目的和管理办法都很不相同,甚至两类管理的性质也存在着很大差别。所以,与之相适应的管理体制也很不一样。本章所研究的高速公路管理体制,不包括高速公路建设管理体制,只包括高速公路运营管理体制。

《中华人民共和国公路法》(以下简称《公路法》)第8条规定:"国务院交通主管部门主管全国公路工作。县级以上地方人民政府交通主管部门主管本行政区域内的公路工作;但是,县级以上地方人民政府交通主管部门对国道、省道的管理、监督职责,由省、自治区、直辖市人民政府确定。乡、民族乡、镇人民政府负责本行政区域内的乡道的建设与养护工作。县级以上地方人民政府交通主管部门可以决定由公路管理机构依照本法规定行使公路行政管理职责。"这条规定给出了我国公路管理体制的原则框架。

我国十几年高速公路发展的实践证明,高速公路管理是一个管理主体多元、管理内容广泛、管理程序复杂的领域,其管理职能的界定、管理权限的划分和机构的设置都很特殊,难度很大。而且我国高速公路事业是在完全没有经验的条件下实施的管理领域。而《公路法》关于高速公路的管理规定得十分原则,许多问题都赋予各级地方政府(尤其是省级政府)自行解决,例如,关于对国道、省道(包括高速公路)的管理与监督职责,由省、自治区、直辖市人民政府确定;规定各地县级以上交通主管部门决定公路管理机构并确定其管理职责等。在这样的背景之下,各地就高速公路管理体制的选择真有"八仙过海,各显其能"之势,创建了多种管理体制模式。本章将参考许多专家、学者的科研成果,并认真总结各地的实践经验,对高速公路管理体制的种种问题进行阐述。

4.1 高速公路运营管理体制的作用及其构成要素

4.1.1 高速公路运营管理体制的作用

唯物辩证法的一个重要理论是上层建筑与经济基础之间关系的理论。经济基础决定上层建筑,上层建筑必须要适应经济基础。然而上层建筑并不是被动地适应经济基础,它具有相对独立性,先进的上层建筑是促进新的经济基础形成和推动生产力发展、推动社会进步的强大力量。高速公路管理体制属于上层建筑的范畴。管理体制必定会对高速公路事业的发展产生巨大的影响。我国高速公路相对于世界发达国家起步较晚,高速公路管理及其管理体制仍然处于探索之中,十几年来的经验已经证明,好的管理体制极大地促进了高速公路的发展和高效率的使用,但也有不尽如人意的管理体制,制约了高速公路发展,限制了高速公路功能的充分发挥。总的来说,高速公路管理体制的作用和影响可归纳为下述 4 个方面。

1. 管理体制直接影响高速公路功能和优势的发挥

高速公路是现代化交通设施,具有通行能力强、速度快、服务功能完善、科技含量高的特点;它全封闭、全立交,与一般公路完全不同,必须有科学的管理体制,才能实现其优势和功能的发挥。相反的,如果管理体制不顺,管理水平落后,就会产生政出多门、职责交叉、多头管理、互相扯皮,就会极大地影响高速公路优势的正常发挥,难以实现高速公路快速、高效、安全、畅通的功能,不能达到高速公路资源的充分利用。

2. 管理体制关系到高速公路投资者、建设者、经营者和使用者的合法权益

高速公路是基础设施,是为国民经济发展和社会进步服务的。高速公路从设计、施工,到投入使用的全过程中,有多方法人实体、单位和个人参与,必须有好的建设与经营管理体制,才能保障各方的利益。例如,投资者和设计、施工、监理企业参与建设的高速公路,管理体制应按照国家法律和政策使他们获得合法利益;使用者交费通行高速公路,也应当享受高速公路提供的快速、畅通、安全、舒适、方便的运行条件。我国高速公路都处于政治经济中心的大城市或交通主枢纽之间,穿过经济发达区或人口密集地区,形成交通运输主通道并带动经济形成发达的产业带,如果高速公路管理体制不好,矛盾重重,问题很多,不仅影响这些地区的经济发展进程,从而损害沿线人民群众的利益,也会在广大群众中造成不良影响。总之,好的管理体制,才能保证使高速公路投资者、建设者、经营者、使用者以及沿线人民群众获得合法权益。

3. 管理体制关系到今后高速公路的发展

到 2002 年底,我国高速公路建成 25 130 公里,国家规划到 2020 年建成公路 250 万公里,将建成高速公路 7 万多公里,任重而道远。按照前述上层建筑促进经济基础发展的原理,高速公路的发展必然要求有适应其运营规律和特点的管理体制作保障,为高速公路的更大发展提供资金、技术和效率;相反的,如果管理体制落后,将会产生许多矛盾和问题,形成对高速公路进一步发展的体制性障碍,制约高速公路发展目标的实现。

4. 完善高速公路管理体制会加快我国整体经济体制改革的进程,促进社会主义市场经济的发展

高速公路管理体制是交通行业管理体制的一部分,也是全国经济管理体制的组成环节。当前,我国社会主义市场经济体制基本建立,正在进一步完善;国家行政经济管理体制的改革,正在加紧进行之中,并取得了实质性的进展。作为我国经济管理体制一部分的高速公路管理

体制,理应顺应全国的改革进程,改变落后状态,尽早摆脱计划经济体制下形成的公路管理的惯性和旧的传统公路管理模式,不拖全国经济体制改革的后腿,及时赶上社会主义市场经济体系形成和完善的步伐。

4.1.2 高速公路运营管理体制的构成要素

从前述管理体制的概念中可以看出,管理体制主要是由五种要素构成的,这就是管理职能、管理机构、管理人员、管理规则和运行机制。从这些要素存在的形态看,管理机构和管理人员是实体要素,是管理体制赖以进行的物质形式;而管理职能、管理规则和运行机制是体制的软件,是无形要素,它们维系管理主体的运作,将管理活动作用于管理客体,以求达到预定的管理目的。高速公路管理体制也是由上述五种要素构成的,现分述如下。

1. 高速公路的管理职能

在一般管理学意义上,管理职能指的是管理活动中的决策、计划、组织、协调和控制功能。这些一般职能体现在高速公路管理职能上,又具体化为高速公路建设的各种职能和高速公路运营的各种职能。高速公路的全部管理职能,又可以划分为行政管理职能和经营管理职能两大类。例如,在高速公路建设阶段,政府要对高速公路做出规划决策、立项决策;要对项目的招投标实施行政管理;要对公路征地搬迁制定优惠政策和实施管理等,这些都是行政管理职能。而在建设阶段,施工单位对工程进度、材料采购、成本控制和监理单位对质量所实施的管理则是运营性管理。又例如在高速公路运营阶段,拟订高速公路管理的法律、法规,制定政策,审批收费标准、期限及站点设置,审批收费经营权的转让,审批占路和利用公路设施,保护公路资产,维护交通秩序,处理交通事故,监督检查高速公路养护、服务质量,负责高速公路通信监控等,都属于行政管理职能。而经营机构或企业对高速公路的收费管理,公路养护生产管理,对高速公路服务区及产业开发所进行的管理活动则都属于经营管理职能。

在高速公路管理职能要素方面,核心的问题是职能配置和权限划分。所谓职能配置就是把各种高速公路管理职能在不同的管理主体之间进行分配;权限划分则是在职能配置的基础上界定各主体之间相应的权力范围。有什么样的职能配置、业务分工和管理权力范围的界定,就有什么样的管理体制,职能配置和权限划分是高速公路管理体制得以确定的前提。在职能配置和权限划分过程中,首先要分清行政职能和经营职能的界限,实现政企分开,各司其职;还要注意自上而下的层次性,注意同一层级之间不同管理职能的专业性,不同部门间职能的不合理配置,是当前影响高速公路管理的关键因素。

2. 高速公路的管理机构

高速公路管理机构既包括从事高速公路管理的独立工作单位,也包括各管理单位内部具体从事某一专业管理的工作部门。一方面,由于高速公路管理职能类别多、业务复杂,而且性质不同,既包括行政管理职能,也包括经营管理职能,因此高速公路管理机构的设置主要依据管理职能及对应权限的划分。另一方面,由于高速公路在空间上具有带状性和分布网状性,也由于我国公路按行政层次划分为国道、省道、县乡道路几个行政等级,高速公路的机构设置应当按不同层次来对应设立。高速公路管理机构纵向、横向设置的不同组合,会产生不同的管理机构模式。按照现代管理科学理论，高速公路管理机构设置，应实现纵向上隶属关系与横向上协调配合关系的有机结合，以"直线职能制"为基本设置制度。即从中央到省、区、市按照管理幅度、职能界定分别设置相应管理机构，分级负责高速公路管理的相应事宜；同时，按照不同种类具体的业务管理职能，在每一级公路管理机构中设置相应的专业部门，这样，既能适应高速公路管理专业分工多的特点，又满足公路分级管理的要求。

3. 高速公路的管理人员

事情必是由人来完成的，人是生产力中最具能动性的要素。管理人员在高速公路管理要素中是最活跃的。高速公路管理的效率和水平主要是由管理人员的素质来决定的。高速公路管理人员配备的数量与专业结构，主要取决于每个具体管理机构的职能和权限（包括工作量）的划分。高速公路管理中，既有专业技术性很强的技术、经济业务，也有一般行政事务性工作；作为不同层次的领导机关，还要做组织、领导、协调、指挥工作，因此，高速公路管理人员可以划分为各级领导干部、专业技术人员和一般工作人员三个大的类别。

高速公路管理人员的配备，要从质量、数量与结构等方面综合考虑。各级领导干部数量要按照管理岗位和干部配备组织原则确定；技术人员数量要按"按需配备、定岗定员、一专多能"的原则确定；一般工作人员数量按国家有关法规、劳动定额和工作任务量要求安排。除了满足数量要求外，还必须注意各种管理人员的质量，要符合上岗条件要求。

4. 高速公路管理规则

高速公路管理活动必须遵守一定的准则，这是保证高速公路管理活动规范化、程序化和法制化的必要条件。如前所述，高速公路管理是涉及面广、门类众多、业务复杂的综合体系，为了保障高速公路管理体系高效运转，顺利完成各项管理活动，也相应有一个完整的管理规则体系，这个管理规则体系主要包括四个方面：一是有关的法律、法规和规章；二是政府制定的有关政策；三是行业、专业技术标准与规范；四是各级各类管理机构为本单位或本系统规定的工作章程、作业制度等。

5. 高速公路管理的运行机制

高速公路管理体制是一个由众多实体要素和关系要素构成的有机整体，在其运转过程中，各组成部分之间要发生大量的物质、能量和信息的交换，同时显示出相互之间联系、作用的方式和规律，这就是高速公路管理体制的运行机制。归纳起来，它主要包括6种机制：竞争机制、（合同）约束机制、激励机制、协调机制、反馈机制和监督机制。

（1）竞争机制。指各种管理机构之间、企业之间以及管理人员之间相互比较、彼此竞争、优胜劣汰的机制。社会主义市场经济的原则是以市场在资源配置中起基础性作用，在高速公路的建设与经营中，在大多数环节上，在大多数主体间都不同程度地存在着竞争关系。竞争机制在高速公路资源的优化配置上发挥了重要作用。

（2）约束机制。主要指在高速公路的建设与经营过程中，单位之间、经济实体之间通过签订合同的方式，明确双方的权、责、利，为履行职责所体现的约束机制。例如，在公路建设过程中，业主与承包人之间、业主与监理单位之间以及在征地拆迁和材料供应方面都通过签合同体现互相约束；在高速公路运营过程中，高速公路公司与养护企业之间以及为服务区项目的开发等活动,也都用签合同体现约束机制的作用。

(3) 激励机制。激励机制,也表现为管理办法,主要指在高速公路的建设与经营过程中,通过制定工作目标,规定奖惩办法,根据各类管理主体的实际工作业绩,兑现奖励与惩罚,以刺激管理主体积极性,提高管理效率。

(4) 协调机制。高速公路管理内容丰富、涉及面广,管理主体和客体层面及种类都很多,因此协调管理是十分必要的。高速公路的协调机制表现的方面主要有:纵向上多层面上下级管理机构之间的协调;横向上高速公路管理机构与其他政府部门之间的协调;高速公路管理机构内部诸要素之间的协调。在协调机制中,协调要素之间必须注意就目标一致达成共识,都是为实现预定的管理目标而工作,建立部门相互支持为主导的关系,并形成合力;在上级与下级管理机构之间要在职责分清条件下,权利与责任落实,达到政令畅通运转有序;在管理体制内部诸要素实现有机结合,对管理体制外部社会和经济环境要表现出适应能力强,应付自如。

(5) 反馈机制。高速公路管理体制是一个开放的大系统,它由众多的分系统和更细的子系统构成。按照系统工程理论,建立有效的反馈机制,将管理工作中各种资源信息、工作信息、效果信息及外部作用信息通过各种手段,包括现代化计算机网络手段,及时反映给管理行为主体,由管理主体做出科学灵敏反应并采取正确管理措施,从而实现高速公路管理体制高效率的工作。

(6) 监督机制。主要指高速公路管理体制中,各个管理主体的自我约束和相互督察的关系。例如在高速公路建设过程中,对工程质量的检查、检测及纠正差错的行为关系;有些省市自治区对公路建设项目实施的"廉政合同"所规定的制约关系;在高速公路运营过程中,对收费的监督检查关系等。

以上所述关于高速公路管理体制构成要素的相关内容,可以用图 4-1 展示,其间的相互关系可由图 4-2 显示。

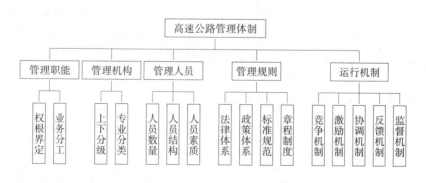

图 4-1 高速公路管理体制构成要素示意图

总之,高速公路管理体制的五大要素有机结合形成一个完整的大系统。各类要素间的相互关系体现在管理活动中各自不同的地位和作用上,体现在他们彼此之间相互联系、相互配合、相互制约的过程中。高速公路管理体制构成要素中,管理职能配置和权责划分是体制设立的基本前提,管理机构是体制存在的物质基础,管理人员是体制运作的动力,管理规则是体制运作的规范依据,运行机制是体制有效运转的保障。

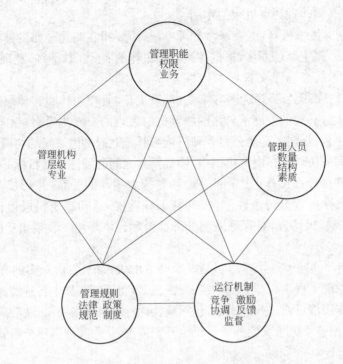

图 4-2 高速公路管理体制要素相互关系示意图

4.2 高速公路运营管理体制

由于多方面原因,我国高速公路运营管理体制要比建设管理体制复杂得多,存在的问题矛盾也多,是正在进行还要继续进行体制改革的领域。本节在阐述高速公路运营管理的主要内容之后,介绍当前我国高速公路管理体制的产生发展过程、体制模式,并对各体制模式运转效果进行评价分析。在此基础上,提出今后高速公路管理体制改革方案。

4.2.1 高速公路运营管理的主要内容

高速公路运营管理的内容主要包括六个类别,分别是路政管理、交通安全管理、收费管理、养护管理、通信监控管理和服务区管理。

路政管理。指高速公路路产路权的保护管理。具体讲就是依照国家有关法律法规,维护高速公路及其设施不受损害和公路财产权的不受侵犯,保证正常使用。例如,对公民、法人和其他组织占用、利用公路及超限运输等事宜受理审批,并进行管理;依法对违章利用、侵占、污染、毁坏高速公路及其设施的行为进行查处;维护高速公路养护等施工作业现场的秩序等。路政管理属政府行政管理性质。

交通安全管理。指制定交通安全管理法律法规,并依法维护高速公路交通秩序,处理交通事故,确保高速公路安全畅通的管理活动。它也属于政府行政管理行为。

收费管理。指依法对高速公路使用者收取有偿通行费的管理活动。其具体内容主要包括收费站点的设置、收费标准和期限的确定、收费人员管理、财务管理和设备管理等。

养护管理。指依照法规规范,对高速公路及其附属设施进行维护的管理活动。主要包括对高速公路及其附属设施进行的日常保养维护,对突发性因素所造成的局部高速公路损害进行及时修复,对影响高速公路交通的路障进行及时清理,确保高速公路处于良好的技术状态。

通信监控监理。其任务主要是维护高速公路通信监控设备随时处于良好状态,保证通信线路全天候畅通和监控设备的不间断运转,及时掌握高速公路上的交通状态和各种信息,保证迅速做出对各种突发事件的应对措施,并为管理者提供决策依据。

服务区管理。其涵盖范围主要包括为使用高速公路的司机和乘车人员提供餐饮、休息、车辆加油、车辆维修以及医疗救助等项服务,也包括对依托高速公路展开的土地开发、广告经营等活动进行管理。使高速公路对社会经济的服务活动达到完善化、系统化,也促进高速公路产业全面、综合发展。

4.2.2 我国高速公路运营管理体制的产生与形成

我国高速公路运营管理体制是随着 1988 年我国第一条高速公路的竣工通车相应产生的,迄今也只有十多年的历史,却形成多种管理体制模式,也存在不少待解决的问题,显示出较为复杂的局面。一般来说,当前我国的高速公路运营管理体制受两方面因素影响较大,一是计划经济时普通公路管理体制的影响,二是 20 年来从计划经济体制向社会主义市场经济制度转制过渡时期,国家经济体制改革出台的政策、法规和措施。前者是说,作为新生事物的高速公路运营管理体制是产生于旧的普通公路管理体制的土壤之中,不可避免地要打上原有制度的烙印,人们事事、时时用长期形成的观念去理解、解决、处理高速公路运营的问题。后者是说,转制时期国家的重大决策,也无不指导、影响着高速公路运营体制的形成。特别是从 20 世纪 80 年代末期,中央政府为发展高速公路采取的一系列重大措施,例如,提高养路费标准、开征车辆购置附加费,允许用贷款和集资方式修建公路,通过收取通行费偿还,允许通过债券、股票为高速公路融资,允许 BOT 方式建设公路等。它们对高速公路建成后的运营及形成相应的运营管理体制,发生了巨大的影响。

在 20 世纪 90 年代初期,当全国各地一段段高速公路建成时,由于未形成网络,各省高速公路管理主要针对局部路段的管理来设立机构,采用一段路设置一个管理局(处),或一段路设置一个公司的形式。在对高速公路的交通安全管理上,有的省由公安部门上高速公路管理,有的省市(如辽宁、四川、陕西、重庆等)采取过或者仍然采取由交通主管部门对包括安全在内的各项管理进行集中统一管理的体制。应该说,交通安全管理是高速公路管理兴起后,在管理体制探索中的一个难点。从新中国成立到 80 年代中期,我国道路交通管理是以交通部门为主的,除一些大城市的交通安全由交通警察负责外,车辆监理和城外公路上的交通安全是由交通部门负责管理的。1986 年 10 月,国务院《关于改革道路交通管理体制的通知》(国发[1986]94 号文)规定,全国城乡道路交通由公安机关负责统一管理,其职责包括交通安全宣传教育、交通指挥、维护交通秩序、处理交通事故和车辆检验、驾驶员考核与发证、路障管理及交通标志、标线等安全设施的设置与管理。交通部门中原负责交通管理的监理机构成建制划归公安部门。

随着高速公路不断竣工需要管理路段的增加,本为一体的六项管理工作,由交通和公安两个部门实施管理产生了一系列的矛盾和问题,形成在高速公路上两个道路交通主管部门体制上的摩擦加剧,直接影响了高速公路使用上高效、快速作用的发挥,道路使用者也颇有意见。为此,国务院于1992年3月颁发了《国务院办公厅关于交通部门在道路上设置检查站及高速公路管理问题的通知》(国办发[1992]16号)重申"根据国务院有关规定,在高速公路管理中,公路及公路的修建、养护和路政、运政管理及稽征等,由交通部门负责"。鉴于我国高速公路管理是一个新生事物,它不同于传统的不收费的普通公路,究竟如何管,尚需进一步探索。为此,该文件规定:"高速公路管理的组织机构形式,由省、自治区、直辖市人民政府根据当地实际情况确定,暂不作全国统一规定"。也就是说,国务院对高速公路运营的管理体制,列为省级人民政府改革探索的领域,通过对各种管理体制模式的改革实践,来优选出适合我国实际,最能发挥高速公路最佳使用效果的运营管理体制。

根据中央政府规定精神,许多省(区、市)在高速公路运营管理方面进行了改革实验,出现了多种高速公路运营管理体制模式及相应的管理机构设置。

4.2.3 当前我国典型高速公路管理体制模式

1. 高速公路运营管理机构

高速公路运营管理机构的设置是随着经营型、收费还贷型等不同性质的高速公路建设项目的发展而逐步形成的,有几种不同类型,现分别归纳如下。

1) 一元、二元和多元管理主体型机构

管理主体一元,就是在省级交通主管部门下面设一个公路局(或沿用原来机构名称,称公路管理局),统一负责一般公路和高速公路的管理。由于高速公路建设不断地引入市场机制,经营性高速公路不断增加,高速公路的经营向企业化发展。这样,在省公路局以外,又设立若干独立的具有企业法人资格的高速公路公司,具体负责资产经营。把与经营相关的收费管理、服务区管理、养护管理、通信监控管理职能从省公路局分出去,而属于行政管理的路政管理、交通安全管理仍由原部门负责。因此,从政府角度出发对高速公路的管理职能,仍然由省公路局履行,从这点上说,这种管理体制仍然是一元主体模式。这样的省市有云南省、上海市、天津市等。

管理主体二元,就是在省级交通部门下设立公路局和高速公路局(有的也称高等级公路管理局)。这两个机构在交通主管部门领导下,分别负责一般公路和高速公路的管理,互相不隶属,称二元管理主体。省高速公路局专管全省高速公路,一般采用纵向直线型管理模式,设管理处、所等。有的省公路局也开始承担高速公路的建设与管理工作,这样又形成这些省份高速公路两家都管的局面,直到20世纪末,我国半数省份采用这种管理机构模式。管理主体多元,就是在省级交通主管部门下设立两个以上管理公路和高速公路的机构。如有的省设有省公路局负责一般公路的管理;又设有高速公路管理局、国际金融组织贷款项目办公室、道路开发中心等称呼的并行机构,无论名称叫什么,其性质和职责是相同的,都是各负责一条或几条高速公路的管理。这些公路管理机构的形成,与投资来源、建设主体及建设方式直接相关,基本上都是由高速公路建设业主转变成为经营管理主体。

2) 政企分开和政企合一型管理机构

政企合一型就是在省交通主管部门下面设立既负责行政管理,又负责经营开发的高速公路管理机构。有的是事业单位性质,有的是企业,有的称高速公路管理局,有的称高速公路公司或集团公司。还有的是一套人员,几块牌子,行使不同职能。内部管理多数以事业单位方式运转,也有的以企业的方式运转。

政企分开型则是在省交通主管部门下面既设立行使高速公路行政管理职责的公路管理机构,同时也设立进行高速公路开发经营的企业。这种体制下,所有公路(包括高速公路)的政府行政职能由公路管理机构负责;而其余职责归由经营开发企业管理。政企分开型的省份在高速公路经营企业数量上,有些是多个具有独立法人资格的企业并存,有的是设立一个企业,负责所有高速公路的经营与开发。

3) 建设管理型和运营管理型机构

建设管理型机构既承担高速公路建设任务,又承担竣工后的运营管理。

运营管理型机构只承担高速公路竣工使用后的运营管理任务。高速公路的建设任务由另外设立的机构承担。

2. 高速公路交通安全管理模式

前已述及,高速公路交通安全管理在当前运营管理体制中是问题最突出的领域,是体制改革中的主要矛盾。下面对现行的高速公路交通安全管理模式专门进行分析。归纳起来,主要分为三种模式,它们都是以交通安全管理职能在部门间的不同配置形成的。

1) 交通部门与公安部门分管模式

这种模式沿用传统普通公路交通安全管理体制,高速公路交通安全管理也由公安部门负责,其余五项职能由交通部门负责。在这种模式下,交通安全管理方式又分为两种类型:一是由公安部门组建专门高速公路交警队伍负责高速公路交通安全,如河北、江苏等省采用此模式;二是高速公路沿线公路交警按属地原则分段管理,广东、辽宁等省采用此种制度。在分管制度下,高速公路交警的经费来源也不尽一致,有的由公安部门自行解决,如北京市。有的从收取的高速公路通行费中拨付,广东、江苏等省采用此方式。

由于高速公路具有许多不同于普通公路的特性,交通流量大、行车速度快、现代化程度高,对管理的协调、迅捷要求也比普通公路高得多。所以,传统的交通部门与公安部门分管模式出现许多不适应之处,主要有以下几方面。

(1) 高速公路作为现代化基础设施,需要用交通工程和系统工程的理论科学实施综合的交通安全管理。因而,统一管理更适合高速公路。而分管体制割裂了交通安全与其他各项管理,尤其是与路政管理的联系,反而削弱了高速公路交通安全的基础。特别是由于这种管理体制的束缚,公路交警难以采取综合措施(包括路政、收费、监控通信等)预防事故,只能被动地进行交通事故处理。而交通部门不能管交通安全,又无法及时获得足够的高速公路交通事故的信息,就难以研究分析其特点和规律,从道路设施、交通流分配、疏导、引导等方面综合采取工程和技术手段进行事故预防,以减少事故发生的可能性。

(2) 管理目标不一致,难以协调。交通部门对高速公路的管理目标是综合目标"安全、效率、服务好、成本低",而公安部门只有一个目标"安全"。表现在具体管理上,经常不好协调。例如,有些地方公安交警一味强调安全,过分随意封闭高速公路,给道路使用者造成不便,也给高速公路管理部门造成很大损失。高速公路的养护作业要求快速、高效,要见缝插针,随机快速维修,而公安交警部门则要求同普通公路一样履行养护作业审批程序,常常贻误时机、延误时间,或者影响交通。

(3) 职责交叉,矛盾很多。例如,在高速公路清障上,公路管理部门和公安交警部门都有职责,重复配置清障车辆,常常发生矛盾。高速公路上的交通事故大多数都并发路产损失,但公路交警只管事故处理,事故处理结束后就将当事车辆和当事人放走,公路部门无法正常履行路产损失的现场勘察、笔录等程序,常常无法对路产损失索赔。

(4) 多头管理,影响效率,加大成本。按现行法律、法规规定,交通与公安两部门都有上路巡查执法权。有的地方(如河南省)参与交通安全管理的有专职的高速公路交警支队,有属地公安交警队伍,条块交叉,多家上路,多头执法,管理效率低、成本高。据统计,我国高速公路上追尾相撞事故占事故总数 85.5%,其中一个重要原因是由于管理环节多,对首发事故现场不能及时处理而造成的。

2) 交通部门与公安部门共管模式

这种模式是交通主管部门与公安部门联合组建高速公路交通管理机构,履行某条高速公路的政府管理职能(路政和交通安全)。机构下设交警支队,负责交通安全;下设路政管理科,负责公路资产保护。但是交警支队仍然由公安部门领导,负责其人事、工资和业务;而其交通工具等装备和活动经费由交通主管部门解决。目前,成渝高速公路四川段就采用这种模式。

这种模型加强了双方的协作配合,在一定程度上提高了处理事故的反应速度和管理效率。但是,这种模式只是在形式上将交通安全纳入高速公路统一管理,存在两个管理主体的本质并未改变,工作仍然按照各自部门职责进行,管理目标上的矛盾依然存在,职责交叉、政出多门、多头上路的问题没有从体制上解决,工作协调好坏,常常取决于两部门领导者之间的关系,难以长期维系。辽宁、河北、陕西等省都曾尝试过类似联合办公的两部门共管模式,都因不尽如人意而取消。

3) 交通主管部门统管模式

这种模式是由交通主管部门组建的高速公路管理机构对路政、交通安全、收费、养护、通信监控和服务实行统一管理。这种体制将交通安全管理纳入整个高速公路管理系统,由一个管理主体实施统一、综合管理,符合高速公路作为现代化基础设施的运营规律,使其管理的统一性、整体性大大加强,交通安全管理不仅没有削弱,反而因管理的整体协调性增强使交通安全管理水平有很大提高。成渝高速公路重庆段,陕西省西临、西宝、临渭高速公路都曾经采用这种模式,证明统管模式是行之有效的。主要表现在以下几个方面。

(1) 实现了管理目标的统一和协调。交通主管部门能采取综合措施,全面处理高速公路上发生的问题,从而充分发挥高速公路现代化基础设施的优势。例如,成渝高速公路重庆段,尽管重庆每年平均有雾日达 100 天,但自 1995 年以来从未因雾而关闭高速公路,他们采取派车引导、定时放行等综合措施保证行车安全,不仅实现了雾天无事故,而且方便了车主,同时高速公路也获得良好经济效益和社会效益。

(2) 采取综合措施,全面加强交通安全管理,保证了行车安全。从交通工程理论知道,交通安全也是系统工程,实现交通安全仅凭交警部门指挥疏导和处理事故单方面的措施是不够的,交通安全是高速公路多个管理系统和管理环节的共同任务。例如成渝高速公路重庆段每到雨天雾天,各管理系统为安全畅通统一部署,统一行动,收费机构向车辆提供交通信息,通过喊话提醒驾乘人员应注意的安全事项;路政和养护机构根据及时获得的资料,针对性地采取措施,整治重点路段,及时清除交通事故隐患;一旦发生事故,各管理机构都立即做出快速反应,各机构人员都及时赶赴现场,按照既定职责,有条不紊地按顺序进行处理,很快保证公路畅通。

(3) 做到了精简机构,提高效率,降低管理成本。这种管理体制可以实现管理资源的综合利用,交通事故与路政案件同步处理,现场勘察与排障救援同步进行,避免了等待、延误和摩擦扯皮,并且做到了机构简化、人员精干。例如实行统管模式的成渝重庆段、陕西西渭、西宝高速公路,综合平均每公里行政执法人员,比实行分管的京津塘、江苏沪宁、广东广深、河南开洛、郑许高速公路少一半;综合平均每公里配备行政执法车辆减少近 2/3,见表 4-1。

表 4-1　高速公路交通安全管理体制不同模式人员、车辆配置情况

管　　理	高速公路路段	里程(公里)	执法人员(人/公里)	执法车辆(辆/公里)
交通部门统管	重庆成渝	114	0.76	0.11
	陕西西渭	57	0.68	0.21
	陕西西宝	155	0.39	0.12
交通部门与公安部门分管	京津塘(北京)	37.6	1.14	0.48
	河南开洛	201.4	1.13	0.31
	河南郑许	93.2	1.04	0.33
	广东广深	122.8	0.95	0.31
	江苏沪宁	248	1.39	0.35
交通部门与公安部门共管	四川成渝	226	0.83	0.14

资料来源:交通部课题《高速公路管理体制研究》总报告,第 36 页。

在管理效果上,从交通事故发生及造成的损失来看,统管体制要好于分管体制。以自然环境等条件相同的成渝高速公路重庆段与四川段比较,统管的重庆段要比共管的四川段好得多。见表 4-2。

表 4-2　成渝高速公路交通事故比较

年　份	重　庆　段			四　川　段		
	行驶里程(百万车公里)	死亡人数(人)	死亡率(人/百万车公里)	行驶里程(百万车公里)	死亡人数(人)	死亡率(人/百万车公里)
1996	327.7	36	0.11	470.1	104	0.22
1997	333.6	27	0.08	474.1	84	0.18

资料来源:交通部课题《高速公路管理体制研究》总报告,第 39 页。

总之,通过对现行三种高速公路交通安全管理模式的分析比较,交通主管部门的统管,从理论上看是符合管理规律的,从效果上看是最好的。

3. 高速公路收费管理模式

经过十几年的实践,我国高速公路收费管理形成了两种模式,即事业收费还贷模式和企业收费经营模式。它们的形成主要源于高速公路投资主体的不同,前者是政府交通主管部门为

投资主体,其中大部分资金是靠向银行借款或发行债券筹集的。后者投资主体是国内外经济组织,他们是以赢利为目的投资高速公路的。

1) 收费还贷管理模式

这种模式组建的收费管理机构为事业单位,具有部分行政职能,实行"自收自支、收支两条线"管理。通行费收入全额上缴上级交通主管部门,养护和管理经费根据年度计划由上级部门审批核拨。有些省的这类事业性质收费管理机构采用了企业化管理方式,形成了"准事业"或"准企业"的收费管理模式。

2) 收费经营管理模式

这种模式的收费管理机构是企业,分为两种情况:一种从高速公路建设开始就由企业负责(例如 BOT 公路项目),竣工后仍由该企业经营;另一种是由政府交通主管部门建设,竣工运营后,有偿将收费权转让给国内外经济组织(企业)。这些高速公路收费管理完全采用企业经营核算方法,经济上独立核算,自负盈亏。而这些高速公路的行政管理则由交通主管部门向经营企业派驻机构或人员来完成。

上述高速公路管理机构是随着我国高速公路的发展过程而形成的。在初期毫无经验的情况下,各地交通主管部门迅速集中管理资源,使高速公路管理尽快运转,为高速公路充分发挥作用做出了巨大贡献。

但是,任何新生事物都不可能没有缺点,需要在以后的发展壮大过程中进一步改进与完善。归纳起来,当前我国高速公路管理主要存在以下不足。

(1) 管理机构在设置上尚未理顺,尤其是应尽快研究解决交通主管部门与公安部门在交通安全管理职责上的关系,确立最适合高速公路特征的管理体制。管理机构的重复设置、设备重复投入、管理成本高的问题亟待解决。另外,高速公路管理分工过细,不利于统一管理。

(2) 政企、事企职能尚未完全理顺,职责关系不清,一些应当由企业经营的如高速公路养护、收费由交通主管部门或公路管理机构承担;一些公路管理机构只管收费而不承担还贷责任;缺少投资风险责任,运行机制僵化,"大锅饭"现象普遍。

(3) 收费站点设置不科学,缺乏统一规划。不同投资主体经营管理的同一条高速公路上,以及省际之间,各自独立设站收费,造成站点过密,影响了高速公路快捷、高效的优势发挥。

(4) 收费制式落后,收费费率制定不科学,缺乏统一标准,各地差别较大。经营管理多元主体的存在,限制了统一先进收费制式(如电子收费)的开发及利用。

以上问题严重制约了高速公路经营管理的进步,是需要通过深化改革解决的。

4.2.4　关于高速公路运营管理体制优化方案的建议

按照交通部的规划,到 2015 年我国要建成国道主干线五纵七横,届时高速公路里程将达到 4 万多公里。因此,建立科学化高速公路管理体制是十分必要的。

根据中央政府的规划和社会主义市场经济体制改革的要求,建立我国科学化高速公路管理体制的基本目标是:通过深化高速公路管理体制改革,逐步建立起与社会主义市场经济体制相衔接,与高速公路运营规律相适应,与高速公路发展要求相符合,职能配置合理、机构设置规范、运行规则健全、人员配备精干、运转高效协调、服务质量一流的科学化高速公路管理体制。

按照上述目标要求,改革一切不符合高速公路发展的弊端,依据统一领导、分级管理、精简高效、政企分开的原则,理顺交通、公安两部门在高速公路管理上的关系,优化管理职能配置,精简管理机构和人员,规范收费与经营管理,建立健全运行规则,改进和提高服务质量,保障高速公路持续、稳定、快速、高效发展。

从上述目标和原则出发,提出下述方案建议。

1. 关于高速公路行政管理机构设置

高速公路管理的重点在省级交通主管部门,对省一级高速公路行政管理机构设置提出两个具体方案。

1) 主体并列方案

这种方案也叫"一省两局"主体二元型方案。即在省交通主管部门下设置两个并列的公路管理机构,一是以管理普通公路为主的省公路局,二是以管理高速公路为主的省高速公路局。两个机构互不隶属,在省级交通主管部门领导下,分工负责两类不同等级公路的管理。

省公路局负责管理一般公路的路政、收费、养护和服务管理;省高速公路局负责高速公路的路政、养护、收费、通信监控、服务管理,根据授权或委托负责高速公路交通安全管理。在机构设置上,省公路局按照上述职能设置相应管理机构,实行直线制或职能制管理。省高速公路局按区域或线路设立管理处、所;授权或委托高速公路局行使交通安全执法职责的,设置高速公路交通综合执法支队、中队。高速公路局实行对所属机构的直线制管理。

在高速公路局与高速公路经营机构的分工上,高速公路局负责经营性高速公路具体的行政管理,可向经营性高速公路派驻行政管理人员,专门执行行政管理;而其他经营性业务管理,则由经营机构自行负责。在管理中要加强联络、协作支持。

两局属行政执法机构,应纳入公务员管理。

2) 单一主体方案

也称"一省一局"主体一元型方案。即在省交通主管部门之下设置一个公路管理机构——省公路局。其主要职责是在省交通主管部门领导下,行使公路路政、收费、养护、通信监控和服务管理。根据委托或授权负责高速公路交通安全管理。

在机构上,省公路局按照高速公路区域和线路设置高速公路管理处、所;授权或委托高速公路交通安全管理的,在公路局和高速公路管理处、所设立高速公路交通综合执法支队、中队,实行一套人马、两块牌子、多项职能。公路局对各处、所实行直线制管理。公路局对普通公路的国、省道实行直线式管理的省份,也可与高速公路管理结合起来,按区域或线路设立管理分局,实行统一管理。省公路局对其余普通公路实行职能制管理,进行业务指导。

省公路局与高速公路经营机构的关系与主体并列方案中高速公路局与经营机构的关系相同。

上述两个方案比较,方案二要优于方案一。方案一的不足之处在于,两个并列的管理主体,不利于高速公路与普通公路网络化管理的协调;同时,要组建两套班子,配备两套人员,增加了管理环节和管理成本。方案二中省公路局对全省所有公路实施统一管理,既能满足高速公路专业化管理的要求,又能体现公路行政管理的集中、统一,有利于精简机构、提高效率和降低管理成本。

2. 关于高速公路交通安全管理体制

据前面的分析,高速公路交通安全管理存在的主要问题是交通、公安两部门职责分工不当,形成两个主体造成的。根据统一管理的思路,提出以下 3 个方案,进行比较分析。

1) 交通部门统一管理方案

由省交通主管部门统一负责高速公路路政、收费、养护、通信监控,服务管理和交通安全管理,也包括高速公路交通安全法规的制定与执行。据此,省级交通主管部门借鉴我国设立铁路、民航、海关、森林、内河水运公安机构或专业警察的作法,设立高速公路交通警察机构。根据高速公路分区域和线路的特点,在省交通主管部门设立公路交警支队,下面分区域和线路设立高速公路交警中队,实行直线制管理。

高速公路交通警察的主要职责是,在省交通主管部门领导下,贯彻执行国家有关高速公路交通安全管理的法律、法规和方针、政策,拟定和执行高速公路交通安全工作计划,维护高速公路交通秩序,组织高速公路安全宣传教育,处理高速公路交通事故。

高速公路交通警察所执行的交通安全管理业务,受省交通主管部门领导,其警务管理受公安部门领导。人员编制由省交通主管部门根据高速公路交通量和安全管理工作量提出意见,报编制部门审核确定。高速公路交通警察属国家公务员编制,其经费按照《警察法》由国家财政负担。

2) 交通部门主导交通安全方案

这种方案将交通安全管理职能由公安部划归交通主管部门,与公路其他行政管理、经济技术管理统一由交通主管部门负责。而交通安全秩序维护和事故处理两项具体职责仍由公安交警执行。据此方案,在交通安全管理上,交通主管部门的主要职责是:拟订交通安全管理法律法规和安全计划,组织交通安全宣传教育,指导交通秩序维护和事故处理,统计分析交通事故并采取相应措施。公安交警的主要职责是:贯彻执行交通安全管理法律、法规,维护交通秩序,处理交通事故。交通安全管理业务受交通主管部门领导,警务及其行政管理受公安部门领导。根据高速公路管理实际和我国现行公安交通警察管理体制,高速公路上的事故处理和秩序维护,可由线路所经区域公安交通警察管理。公安交通警察经费根据《警察法》由国家财政负担。

3) 交通部门综合执法方案

该方案保持普通公路现行管理体制分工不变,即由交通部门管理普通公路路政、收费、养护、通信监控、服务管理,由公安部门管理交通安全。而对高速公路实行"特殊"管理,即由交通部门设立专门针对高速公路的综合执法机构,统一行使交通安全、路政、运政等交通行政执法职能,类似当前重庆市市政高速公路"统一管理、综合执法"的模式。该方案要点如下:

(1) 综合执法机构设立。由省级人民政府根据国务院办公厅国办发[1992]16 号文件规定精神,通过地方立法、授权成立管理机构,从事综合执法工作。

(2) 综合执法机构主要职责。贯彻执行国家有关高速公路路政、交通安全、运政管理的法律、法规和规章,管理高速公路路产、维护高速公路交通秩序,处理交通事故,监督检查高速公路秩序,纠正违章运输等。

(3) 综合执法机构组成。根据高速公路区域和线路的特点,在省级交通主管部门或公路管理机构设置高速公路交通综合执法支队,按区域或线路设立综合执法中队,这两级机构由省交通主管部门或公路管理机构直线制管理。

(4) 综合执法机构人员编制及经费。人员编制由交通主管部门根据高速公路里程和交通量提出方案,报编制部门审核确定,机构人员列入国家公务员系列,参考公务员条件,公开招考择优录用。其经费在"费改税"后由财政从燃油税中核定的公路管理经费解决。

对上述 3 个方案进行比较,分析如下:

方案 1)能够实现统一领导,职能配置合理,管理主体惟一,运行环节少,机构设置精干,符合高速公路运营规律,可实现降低管理成本,提高管理效率,提供良好服务和改善高速公路交通安全管理。

方案 2)特点是高速公路管理由交通主管部门统一负责,这样可加强交通安全管理与其他各项管理的协调,在一定程度上解决两个部门自成体系、政令不一的弊端,但在具体执行中,仍然是两个部门执法,仍需两套机构,两班人马,管理环节多,在一定程度上影响管理效率。

方案 3)特点是由省级地方政府立法确定交通主管部门对高速公路的综合执法地位,其权限是对高速公路实行"特事特管"。该方案能在一定程度上适应高速公路管理整体性、系统性的要求;在具体运作上,可以综合利用管理资源设立一支执法队伍,综合行使高速公路各项执法职能,可以建立精干、高效、成本低、服务好的管理体制。

通过比较,可知方案 1)是最佳方案,铁路、民航、内河水运的经验可资借鉴。在方案 1)暂时不能马上执行情况下,可以将方案 3)在全国推行。

3. 关于高速公路收费管理机构设置

利用集资、贷款或引入国内外经济组织投资建设公路,建成后收费还贷或者收费经营,是我国发展高速公路的一项重要政策。所以,收费管理是我国高速公路的一项重要内容。当前在高速公路收费管理体制与机构上还没有出现突出的矛盾;一些道路使用者反响较大的问题,一是收费站点过多过密,影响高速公路快速高效优势的发挥,二是收费标准过高,给道路运输经营者增加较大负担。此外,收费机构臃肿,人员过多,服务水平不高也是需要解决的问题。

1) 合理设置收费站点

据统计,全国已有收费公路 10 万多公里(包括 2 万多公里高速公路),收费站点 3 千多个。世界银行曾委托英国 TRRL(英国国家道路实验研究院)做过关于停车交费试验,在不等待排队条件下,一辆车从减速、停车、交费、起步、加速到恢复正常行驶速度,油材料消耗成本增加量相当于该车多行驶 0.2 公里。而对于高速公路上发生的以亿万统计的交费次数来说,这是十分巨大的资源浪费。所以,尽可能少地设置收费站点,既是节约资源的需要,也是发挥高速公路快速、高效功能的需要。

当前,我国高速公路收费站点设置存在的主要问题是同一条路上,不同投资主体,相邻行政区各自独立设站,造成过往车辆多次停车交费的问题。因此,采用全封闭收费的高速公路,实行除进出口外,全程不在主线上设站收费;由不同地区、不同投资主体管理、经营的同一条高速公路,实行"联合设站,统一收费,按比例分成"的制度。高速公路尽可能不采用开放式收费制度,必须采用开放式收费的,主线上相邻收费站间距要合理。

2) 合理确定收费标准

该内容在本书第 6 章有专门叙述,这里不再重复。

3) 收费人员的合理配置

要通过体制改革来解决高速公路收费机构过大、收费人员过多的问题。要实行竞争上岗制度,精简、消化、分流多余人员,提高管理效率。加强收费人员的职业道德教育、法制教育和服务意识教育,提高收费人员素质,实现严格管理、文明收费、热情服务。

复习思考题

1. 什么是高速公路运营管理体制，它的作用是什么？
2. 高速公路运营管理体制由哪五个要素构成？对每种要素的内涵予以简要解释。
3. 高速公路的运行机制包括哪些子机制？每种子机制的含义是什么？
4. 高速公路运营管理包括的主要内容是什么？
5. 简要说明我国高速公路运营管理机构的几种类型及其特点。
6. 简要分析我国高速公路交通安全管理的几种模式。
7. 比较高速公路的收费还贷管理模式与经营管理模式的异同。
8. 研究高速公路运营管理体制的优化方案，并选择自己最看好的方案，谈谈理由。

第 5 章 高速公路路政管理

技术、资金密集的高速公路作为国有资产的重要组成部分,具有很强的公用性、服务性,其经营方式多样、社会效益巨大,如何使国家行政管理与之相适应,备受社会关注。高速公路路政管理就是其中一项重要内容。《公路法》已在有关条款中明确规定将安全、畅通、完好作为路政管理的工作目标,并确定了交通主管部门及公路管理机构履行政府管理高速公路资产的职责和义务。

5.1 高速公路路政管理概述

5.1.1 高速公路路政管理的性质与特点

高速公路路政管理是依据国家和地方有关法律、法规,由各级政府交通主管部门、公路管理机构为维护公路管理者、经营者、使用者的合法权益,对高速公路进行的行政管理。管理对象包括人、社会组织、物质资源(路产)、时空资源、路权和信息资源。管理范围主要是高速公路两侧建筑控制区内所有范围。管理职能可概括为:保护路产、维护路权、维持秩序、保护权益。

保护路产、确保畅通是路政管理的中心任务。高速公路的路产主要是指高速公路管理部门依法管理、使用所有有形的和无形的公路财产,包括:公路、公路用地、公路设施、机械设备、料场、科研成果、专利所有权、知识产权等。所谓路权是指交通主管部门及其所属的公路管理机构依据法律赋予,为排除侵权而拥有的行政管理权和民事权益。

高速公路路政管理是属于专业化的国家行政管理,不同于一般的社会活动。高速公路具有技术标准高、使用周期长、建设造价高、道路设施完备、全封闭无横向干扰的特点,这就使得高速公路路政管理有其自身的特点。

1. 社会性

交通运输是人类社会发展的基本条件之一。高速公路作为一项重要的现代化交通运输设施,车速高,流量大。人们生产、生活要使用高速公路,如果建成后不加以有效的保护和管理,就不能发挥其巨大的社会经济效益,这就决定了路政管理的社会性。高速公路的社会性还表现在它的公用性和开放性方面,其使用及维护不仅涉及广大群众利益,还要与沿线工业、农业、邮电、公安、国防等部门发生联系,争取群众和各部门的支持配合,增强社会的爱路护路意识,使广大人民群众自觉遵守高速公路有关管理法规,才能真正做好路政工作。

2. 法制性

高速公路路政管理是代表国家履行管理职能的一种执法活动，是国家行政管理的一部分，属于行政执法的范畴。《公路法》及有关法规，从公路行政管理、社会生活及国民经济发展的全局出发，对有关法律关系、行为规范、法律责任，对保护路产、维护路权、损害公路权益赔偿与处罚都做出了明确的规定。体现了国家意志，由国家强制力保证实施。任何个人和组织如果违反了路政管理法规的规定，都要受到法律制裁。

3. 复杂性

一方面，高速公路本身具有的公用性、开放性和基础性，决定了它与千家万户有密切联系。高速公路与周边的城市建设规划、水利、工农业发展也有着密切的联系，再加上目前我国各部门法规政策还不太协调，尤其交通、公安本身职能交叉，分工不合理，体制不顺，给高速公路路政管理实施带来了诸多阻挠和制约。另一方面，高速公路本身技术含量高、交通工程设施复杂、筹资多渠道、经营方式多样，使高速公路路政工作在管理执行和协调上具有复杂性。这集中表现在执法管理与服务管理的交织，全线管理与属地管理的交织，人、车、路、社会组织等管理对象的交织，高速公路管理内部不同业务的交织，从而形成许多矛盾，增加了路政工作的复杂程度。

4. 特定性

高速公路是一个实行全面的多维管理和昼夜开放连续运营的全封闭系统，管理工作主要在系统内，范围主要集中在建筑控制区内。因此高速公路路政管理是一种全天候、全方位、全区域的路上跟踪管理。

5. 服务性

高速公路路政管理的职责向多元化拓展，除保护路产不受侵犯和维护设施完整外，还应包括行车秩序维持、完善及监督服务区经营、路况信息提供、清理排除路上障碍、参与抢险救护及其他管理职能。也就是说高速公路路政管理的根本在于实现高速公路的安全、完好、畅通。为使用者提供良好的交通服务，真正体现高速公路的社会效益和经济效益。

6. 先进性

由于高速公路具有汽车专用、设施多、科技含量高、流量大、车速高、事故(件)突发率高的特点。一旦出现突发事件，造成的损失巨大。因此路政管理应坚持"预防为主，确保完好、畅通"的方针，重视事前管理。这就要求路政管理必须具有优越的监控通信和信息网络、配备精良的巡逻车辆、清除路障设备及专门的抢险救援装备等，以便于及时提取路面信息，做出快速反应，实施有效对策，为高速公路使用者服务。同时路政工作对人员的业务素质、身体素质也要求比较高。

5.1.2 高速公路路政管理的意义

高速公路属于现代科学技术含量高的交通运输基础设施，要用科学和先进的方法去管理和维护,因而加强和改善路政管理工作就显得十分重要和迫切。可以说,高速公路路政管理工作对高速公路的使用、运营有着重大的经济意义和社会意义。

1. 有利于维护高速公路的系统性和完整性

高速公路及其配套设施:路基、路面、桥涵、隧道、排水和防护构造物、里程标志、地名标志、花草树木、专用房屋、工程设施、交通监控和通信设施、服务设施及公路用地等,都是国家财产,均受国家法律保护。高速公路系统的完整性、完好性对其功能、效益的发挥有着重要的意义。通过路政执法工作,利用行政强制力处理、排除各种侵占破坏路产、侵害路权行为,才能保证耗资巨大的高速公路始终处于完好状态。

2. 有利于保障道路使用质量,改善交通环境

通过加强路政管理,禁止不合条件的车辆进入高速公路,对超限车辆也严格管制,排除人、畜的干扰,迅速清理路障,及时提供路况信息,从而保证使用质量和提高使用效率。加强路政管理,也有利于控制和管理与高速公路交叉、接近的管线和接口,排除违章建筑,使高速公路有一个比较好的交通环境。

3. 有利于维持良好的运营秩序

当前我国高速公路正向公司化特许经营方向发展。加强路政管理,不仅能监督经营者的运营行为,还能维护收费口、出入口、事故现场、养护场地良好的工作秩序,保障高速公路运营活动能顺利进行。给使用者创造良好的运行秩序,提高高速公路声誉;给经营者提供良好的运营环境,有利于吸引更多投资者,缓解资金紧缺的局面,加快高速公路事业的发展。

4. 有利于提高社会效益和经济效益

通过加强路政管理,保护路产、维护路权、维护秩序,使高速公路持续、健康、高速、安全运转,减少事故隐患,节约养护开支,减少了突发损失,从而带来巨大社会效益和经济效益。也有利国家加快积累建设基金,偿还贷款,促进高速公路自身的可持续发展。

5.2 高速公路路政管理体制

5.2.1 公路路政管理体制与《公路法》

公路路政管理体制指的是路政管理权限的确定、机构的设置以及所形成的组织制度和体系。主要包括机构的名称、级别、编制、职能部门设置、领导关系、权限划分、经费等。高速公路路政管理体制是高速公路管理体制的一部分,而高速公路管理又是整个公路管理的一部分。我国传统的公路路政管理中,权限职责不够明确,机构设置五花八门,技术装备水平不高,影响了路政管理工作的权威性和执法效果。《公路法》第五章"路政管理"确定了公路路政管理的法律地位,明确了各级政府交通主管部门及其下属的公路管理机构对路政管理的执法主体地位;

规定了依法保护公路路产的职责,赋予了公路管理机构关于路政执法决定、监督、检查、纠正违章、实施行政处罚的权利。从而开创了依法治路的新局面,这对于指导今后路政管理工作的有效开展具有十分重要的意义。

1. 《公路法》对公路管理机构执法主体资格予以确认

路政管理作为一种执法活动,必须依法行政。而依法行政的首要条件是机构的设置合法有效,它必须是以自己的名义实施国家行政管理的活动并对其行为承担法律责任的组织,即具备行政执法主体资格。我国路政案件多,关系复杂,处理难度大。许多车辆发生交通事故造成路产损失后,未经公路管理部门的调查、勘验,逃之夭夭,给国家和人民造成了巨大损失。解决上述问题,关键在于合理确定一个行政执法主体,即解决公路管理机构的执法主体资格问题,《公路法》的颁布从法律上解决了这一问题。

公路行政是国家政权在公路行政管理过程中的具体体现和有效延伸。公路行政主体是指能以自己名义做出直接影响公路行政相对人权利义务的行政行为,并对自己的行为结果承担法律责任的行政机关或法律法规授权的社会组织。公路行政主体的类型可根据取得的法律依据不同,分为职权性行政主体和授权性行政主体。《公路法》第八条规定:"国务院交通主管部门主管全国公路工作。";"县级以上地方人民政府交通主管部门主管本行政区域内的公路工作;但是,县级以上人民政府交通主管部门对国道、省道的管理、监督职责,由省、自治区、直辖市的人民政府确定。";"乡、民族乡、镇人民政府负责本行政区域内的乡道的建设和养护工作。";"县级以上地方人民政府交通主管部门可以决定由公路管理机构依照本法规定行使公路管理职责"。县级以上地方人民政府交通主管部门属职权性行政主体,在设立时就独立存在并取得行政主体资格,《公路法》在多个条款中关于交通主管部门的行政主体资格的规定都基于此。除第 8 条第 4 款规定外,第 57 条规定公路管理机构可以行使路权职责;第 82 条规定公路管理机构可以行使交通主管部门行使的处罚权和采取相应的措施;在第 66 和第 85 条又作了必要的补充。由此,公路管理机构的行政主体资格由行政授权取得,它具有行政性机构的特征。行政性机构是行政机关根据行政工作需要,在机关内或下设的若干工作机构,它可以是行政性机构,也可以是社会事业单位,处理专门行政事务。行政性机构一般不拥有独立的行政职权与行政职责,通常不具有行政主体资格。但由于专业上、技术上的需要和行政社会事务复杂性等诸多因素,为提高行政效率和维护公共利益与社会秩序,行政性机构在获得法律法规明确授权条件下,以自己的名义独立对外行使某项或者某部分行政职权,并承担相应的法律责任。可以这样分析,公路管理机构行政主体资格的取得,《公路法》第 8 条第 4 款将"决定权"授予"交通主管部门"这一职权性行政主体,意味着交通主管机关既可以决定将公路行政管理职责转移给公路管理机构,也可以不转移这项职责。《公路法》对于公路管理机构的规定是十分独特的。原则上,必须坚持各级交通主管部门主管公路事业,避免多头管理;但我国公路线长面广,交通主管部门不可能都到一线执法,现实中,公路管理机构直接从事养护、路政管理。把一部分公路行政管理职权交由公路管理机构行使,有利于加强现场管理,使养护、路政工作顺利开展。根据立法原则,总则是各分则的指导原则,分则的规定除特别申明外,均服从总则的精神。从宏观上而言,公路管理机构所以取得某些公路行政权,是基于法律许可下的行政授权行为,所以说公路管理机构属于授权性行政主体。我国《公路法》之所以明确规定授权对象、授权范围及相关权利、义务,但又不明确授权(某些条款已明确授权,如第 69 和第 70 条),直接授权由交通主管部门决定,是有其法律、理论和现实依据的。

因此,交通主管部门所享有的路政管理职责是直接由法律规定赋予的,而公路管理机构并非当然的享有路政管理职责,其职责是在《公路法》及其他相关法律法规规定的基础上,取决于交通主管部门的决定,相应的公路管理机构才能享有路政管理职责,成为路政管理主体。《公路法》的这种规定,进一步理顺了路政管理有关关系,从国家法律的高度树立了路政管理机构的权威,使路政管理体制更加成熟和完善。

2. 《公路法》确立了交通主管部门及公路管理机构的权利、责任和义务相统一的原则

由于路政管理的政策性、法律性、技术性较强,《公路法》在总结已有路政管理经验和国外路政管理先进方法基础上,设专章对此予以规定。第五章第43条至第57条,对路政工作做了较全面的规定。第43条:"县级以上地方人民政府交通主管部门应当认真履行职责,依法做好公路保护工作,并努力采用有效的管理方法和先进技术手段,提高公路管理水平,逐步完善公路服务设施,保证公路的完好、安全和畅通",确定了总的职责。以后各条分别对影响公路建设行为的管理、在公路上行驶车辆的管理、公路标志及附属设施管理、建筑控制区管理、交叉道口管理都作了规定。第70条又强调"交通主管部门、公路管理机构负有管理和保护公路的责任……"。这些规定,既赋予了职责,又规定了义务。

3. 《公路法》是加大执法力度,强化路政管理制度的重要法律保障

《公路法》第43条至第57条、第74条至第85条,对因特殊情况需要占用、挖掘、使用公路和公路附属设施、公路用地及公路两侧建筑控制区的同意权和批准权,对造成公路破坏的调查权,对违反本法规定的行为的制止权、处罚权等做出了详细、明确的规定。此外,还增加了一些新规定:超限车辆不得在公路上行驶,需要行驶的,必须经交通主管部门批准,并采取有效的防护措施;车辆的轴载质量应当符合公路工程技术标准的要求;不得在公路用地范围内设置非公路标志;公路监督检查人员可以在公路和建筑控制区、车辆停放所、车辆所属单位监督检查,任何单位和个人不得阻挠,并应当接受检查监督,为其提供方便;对公路控制区的建筑和公路用地内的非公路标志可强制拆除等。上述规定不仅拓展了路政管理的范围和行政执法力度,也为查处违章建筑等管理难题提供了强制性法律手段,为强化路政执法提供了强有力的法律依据。

4. 《公路法》还具体规范了行政主体的执法行为,为加强公路行政执法队伍建设,树立行业文明新风提供了重要保证

近年来,路政管理中,监督检查车辆缺乏统一标志、执法人员无证上岗、不佩戴标志、随意着装、办案程序有缺陷等问题时有发生,极大地损坏了公路行政执法的威信和声誉。对此,《公路法》第71条第3款明确规定:"公路监督检查人员执行公务,应当佩戴标志,持证上岗。"同时,第73条规定:"用于公路监督检查的专用车辆,应设置统一的标志和示警灯",从而以法律规范了行政执法主体的管理行为。另外,《公路法》第72条规定:"交通主管部门、公路管理机构应加强对所属公路监督检查人员的管理和教育,要求公路监督检查人员熟悉国家有关法律和规定,公正廉洁,热情服务,秉公执法,对公路监督检查人员的执法行为应当监督检查,尤其违法行为应当及时纠正,依法处理。"这些规定,不仅是路政管理的基本要求,也是创建交通行业文明新风的法律规范,更是树立公路路政这一"窗口"形象的必然要求和规范。

5.2.2 高速公路路政管理机构和职责

我国传统的公路路政管理机构可分为四个层次:第一,交通主管部门,如省交通厅、地县交通局等;第二,由交通主管部门依法设立的公路管理机构,如省公路管理局、地市公路管理局(总段)、县(市)公路管理段等;第三,由公路管理机构设立具体实施路政管理部门,如省路政处、地市路政大队(科)、县(市)路政队(股)等;第四,由路政管理部门配备的路政人员(包括专职、兼职、义务管理员)。

高速公路路政管理作为全国公路路政管理的重要组成部分,其体制当然要受《公路法》的调整和规范。因为我国高速公路出现较晚,其管理体制既在一定程度上受到传统路政管理体制的影响,同时,由于十几年来高速公路投资、建设的主体多元化,收费还贷和收费经营高速公路的出现,致使高速公路路政管理体制出现很多与传统路政管理体制不同的地方,再加上高速公路不同于一般公路的特点,建立科学合理的路政管理体制十分必要。1992年3月,国务院关于高速公路管理的组织机构形式由各省、自治区、直辖市根据具体情况而定的文件发出后,为各地积极探索高速公路管理体制和形式提供了政策鼓励。但是,由于我国高速公路发展迅速,到2002年底已达2.52万公里,其情况已与1992年大不相同,加上《公路法》的实施,建立全国统一、科学的高速公路管理体制已成为刻不容缓的课题。

高速公路路政管理与一般公路路政管理有其相同之处,但因为我国已建成的2万多公里高速公路全部为收费道路,再加上高速公路在技术上、经济上不同于一般公路的特点,因此,高速公路路政管理又具有其自身的管理特性和特殊要求。根据政企、事企分开,产权清晰,权责分明,管理科学的现代企业制度的要求,高速公路的收费、经营应走公司化路子。按照《公路法》对收费公路路政管理的规定和国务院、交通部对高速公路管理的有关规定精神,省级交通主管部门应实行"一厅一局"管理机构(省交通厅,省公路管理局),即不再专设高速公路管理局,高速公路应纳入整个公路网体系;贯彻"统一管理、分级负责、依法行政"的原则,省级交通主管部门应主管整个辖区的高速公路路政工作,省级公路管理局具体负责全省高速公路路政工作。根据分级管理、分段负责的原则,省范围内实行属地管理、分段管理相结合形式,即由地、市级交通主管部门和公路管理机构,组建高速公路路政机构,负责辖区内高速公路的路政管理。并在上级管理部门的统一规划协调下,组织基层管理机构,即路政派出机构或人员分段负责管理。高速公路的路政管理机构设置不宜过于分散,其具体如何组建,与高速公路的整体性、区域性、经营管理机构的设置等因素有关。不管如何设置,各级路政管理机构应该责任明确、协调一致、统一规划、听从指挥、服务于高速公路的运营。

高速公路路政管理部门的职责是维护高速公路路产、路权,保证公路安全畅通。其主要职责如下:

(1) 负责贯彻执行高速公路路政管理的法律、法规和规章;
(2) 负责管理和保护高速公路路产;
(3) 实施高速公路路政巡逻和监督检查;
(4) 依法管理高速公路两侧的建筑控制区;
(5) 核批在特殊情况下占用高速公路和超限运输,并对其实施情况进行监督检查;

(6) 维护高速公路养护、施工作业现场、征收通行费的工作秩序；
(7) 参与高速公路工程的交工、竣工验收；
(8) 依法查处各种违反路政管理法律、法规、规章的案件；
(9) 行使法律、法规规定的其他职权。

高速公路路政管理的职责，随着我国公路管理体制改革的不断深入，将会有新的变化和内容。比如，高速公路实行多种经营方式，根据法律规定，经营公司经营路产，并负有保持路产完好的义务，负责高速公路的养护和水土保持。如何监督、督促经营公司保证高速公路良好技术状态，这将是路政管理的新问题。

5.2.3 高速公路路政管理的人员、设备

高速公路路政管理机构要切实履行保障公路安全、完好、畅通的责任，就必须从高速公路的本身要求出发，用高素质人员和先进技术设备作为保障。除了《公路法》明确规定的佩戴标志、持证上岗、清正廉洁、文明服务、秉公执法的基本要求外，高速公路路政管理人员必须具备大专毕业以上文化程度，拥有与高速公路有关的科学技术知识，如公路结构、性能、养护、通信、交通工程学、管理学、法学等方面的专业知识。高速公路路政管理人员属国家执法人员，必须持有符合交通部规定的岗位培训考试合格证书。专职路政人员的配备，应根据各地路政业务量大小，管辖路段长度，所处环境的优劣，交通量大小差异而有所不同，由路政管理机构统一规划、配备，一般来说，以 0.4～0.6 人/公里左右为宜。

高速公路路政装备包括巡逻装备、清障设备、移动通信设备、勘察设备、抢险救护装备、各种作业标志等。

1. 巡逻装备

提供全天候昼夜不间断的路政巡逻保证。主要包括优质专用路政巡逻车、指挥旗(灯)、警笛警棍等必需装备。

2. 清障设备

解决高速公路因事故、故障或其他灾害造成的交通阻塞。主要包括不同型号的牵引车、大型或重型吊装车，平板运载车等。

3. 移动通信设备

保证路政公务信息的畅通和指挥系统的正常运转。主要包括车载台、手持台、集群电话或组网通信系统等。

4. 勘察设备

主要用于现场取证和记录。包括照相机、摄像机、附属照明设备及各种量测器具等。

5. 抢险救护设备

通常用于事故现场的抢险和突发事件的处理。主要包括移动式灯光导向车、指向标志、限

速标志、隔离装置、路障事故标志、车道变化标志等。

5.2.4　高速公路路政体制改革

自我国各省陆续建成高速公路后,各地就开始深入探讨如何建立、完善高速公路路政管理体制,以实现高速公路巨大的社会经济效益。从分析高速公路路政管理目标、职权、机构、机制、制度等构成的要素出发,紧密结合我国国情,寻求一套行之有效的管理体制。

1. 高速公路路政体制改革的原因

(1)《公路法》作为公路交通事业主体法律,对路政管理作了明确的规定。但路政管理工作是实践性、操作性极强的行政执法活动,尤其是高速公路有其自身的技术和经济特点,许多事件纠纷是在普通公路上是不曾碰到的。如何处理和解决复杂的实际问题,使权利、责任、义务更加明晰,目前缺乏配套的、操作性强的实施性法规和科学的体制。随着社会物质文明和精神文明的进步,人民群众对高速公路使用质量提出了越来越高的要求。这些情况就要求国家和社会应尽快制定和健全高速公路配套法律法规,理顺高速公路路政管理体制,加强路政管理。

(2) 高速公路管理体制在全国尚没有明确统一的形式,各地交通主管部门还在积极探索。可以说高速公路管理体制必然要有一个探索、改革、成熟的过程,尤其是目前在养护体制加紧改革,高速公路经营方式还没有完善、成熟、稳定的状况下,作为高速公路管理体制重要组成部分的路政管理体制也应有一个改革过程。

(3) 我国目前高速公路路政管理的形式多样,将来高速公路全国成网,必然要求全国集中统一的高速公路路政管理。为了加快高速公路建设步伐,我国正在实行国内外组织及个人投资、建设、经营高速公路的政策使高速公路投资主体多元化,建成后的运营管理也出现相应的复杂情况,如何使旧有路政体制与新的多种运营方式相适应,如何加强高速公路网络的路政管理,需要一个探索、改革的过程。

2. 高速公路路政管理体制改革应坚持的原则

(1) 坚持高速公路管理的"统一管理、分级负责、依法行政"的原则。
(2) 坚持顾全大局、协调一致、保持稳定的原则,充分调动建设、运营、管理各方面的积极性。
(3) 坚持有利于高速公路可持续发展、提高路政效能、确保安全、完好、畅通的原则。这是路政体制改革的出发点和最终目的。

3. 高速公路路政体制改革的探讨

高速公路路政管理的基本要求是"直线指挥、统一调度、合理分工、协调一致",在相当长一段时间内,我国的高速公路建设采取收费经营的运作形式,其中特许经营就是一个发展方向。关于经营性高速公路的路政管理,《公路法》已在第66条明确指出由县级以上人民政府交通主管部门或者公路管理机构的派出机构、人员行使。关键问题在于路政管理由何种形式实现,才能有利于路政管理工作的开展和公路资产保值增值,并把经营企业责、权、利结合起来。

(1) 方案一:交通主管部门主管高速公路的行政管理工作,依法决定由相应的高速公路管理机构行使路政管理职责。高速公路管理机构设立执法队,在高速公路上行使路政管理职责。高速公路经营企业在法律法规规定范围内进行经营活动。或者进一步将企业相关的超限、养护管理等工作由企业负责具体实施,接受执法队的监督检查,但是哪些职能可以放权,哪些必须由执法人员执行更好,仍需要进一步加以探索、研究。

(2) 方案二:执法委派模式。在高速公路管理机构统一规划的基础上,高速公路路政管理机构对经营性高速公路可以派出机构、人员进入企业。依据法律法规,在公司的统一协调、领导下,进行路政管理。派驻人员与公司之间以经济合同形式明确各自的权利与义务。这样可利用企业先进的管理方法和设备,避免在管理上的不均衡和设备的重复购置与浪费,把企业经营行为和路政管理、道路养护、执法监督密切结合,调动企业参与高速公路管理的积极性,减少国家行政执法操作的复杂性,便于统一协调、指挥和管理。

(3) 方案三:行政授权模式。由省级交通主管部门依据国家有关法律、法规规定,根据高速公路运营、管理情况,授予高速公路特许经营公司路政管理权,使其具有对所经营高速公路的行政管理权。

根据《公路法》有关规定,结合现阶段我国公路及有关法律、法规不健全和人民法制观念尚需加强的情况,以及公路经营企业分散,路政亟待加强的形势,方案一是较普遍的选择,尤其适用于经营权有偿转让的高速公路。随着我国法制的健全、政府宏观管理力度的加强,人民群众爱路护路意识的增强,公路经营企业的不断完善,方案二、方案三将可以考虑选择,但还需研究、观察、探索。

5.3 高速公路路政管理的内容和方法

5.3.1 高速公路路政管理内容概述

高速公路路政管理部门依法管理的内容可概括为保护路产、维护路权、维持秩序、保护权益4个方面。

1. 保护路产

路政管理基本内容是保证路产完好,以保障车辆完好畅通。按照《公路法》及交通部的《公路路政管理规定》等法规,对于保护路产具体内容归纳如下:

(1) 依法制止和查处非法占用、挖掘高速公路及毁坏和破坏路基、路面、桥面、桥梁、隧道、涵洞、排水设施、防护构造物、花草林木、苗圃等违法行为;

(2) 依法制止和查处非法在高速公路大中型桥梁周围200米、公路隧道上方和洞口处100米以内,挖掘、采石、取土、倾倒废弃物;

(3) 依法禁止和查处危及高速公路、桥梁、隧道安全的爆破作业,以及其他影响行车安全的活动;

(4) 依法制止和查处损坏、擅自移动、涂改高速公路防护、排水、养护、管理、服务、交通管理、监控、通信、收费、专用构造物、建筑物等设施和设备;

（5）依法禁止和查处在高速公路上及公路用地范围内摆设摊点、堆放物品、倾倒垃圾、设置障碍、挖沟引水、排放污物、污染高速公路环境，影响畅通的行为。

2. 维护路权

路政管理的第二项内容是维护路权不受侵犯。内容是：控制高速公路两侧建筑红线，审理跨越、穿越高速公路的各种管线和渠道，审理各种与高速公路交叉及其他涉及高速公路的路权问题。具体来说，在高速公路用地和所属空间范围内，依法建设下列构造物时，必须符合高速公路工程技术标准要求，事先要经过有关高速公路路政管理部门同意；影响交通安全的，还需征得有关公安机关的同意。具体归纳如下：

（1）高速公路用地范围内，架设、埋设各种管线、电缆等设施；

（2）跨越、穿越高速公路建设跨线桥梁、渡槽或架设各种管线或电缆等构造物；

（3）修建铁路、机场、电站、通信设施、水利工程或进行其他建设，需要占用挖掘高速公路的；

（4）因抢险、防汛需要修堤坝、压缩或者拓宽河床危及高速公路、桥梁、隧道安全的。

在高速公路用地和空间范围内，建设上述项目，致使占用、挖掘、损害高速公路，建设单位应当按照不低于该高速公路原有的技术标准予以修复、改建或视损坏程度给予经济补偿。

3. 维持秩序

维持高速公路工作正常秩序，保障车辆安全通行，这是路政管理工作的主要内容之一。按照《公路法》规定，其具体内容如下。

（1）禁止超限车辆在有限标准的高速公路上行驶。超限主要是指车辆载重超过了高速公路、桥梁的设计荷载标准，还包括车辆的高度、宽度、长度超过高速公路标准规定，若确需在高速公路上行驶的，应按照《公路法》和交通部制定的《超限运输车辆行驶公路管理规定》的规定办理相应手续，采取有效的防护措施，方能按照批准的时间、路线、时速行驶。

（2）禁止机动车制造厂和其他单位利用高速公路作为检验机动车制动性能的试验场地。

（3）努力保护高速公路完好，积极改善公路环境，提高公路使用质量，充分发挥公路的社会效益和经济效益。

4. 保护权益

为了保护高速公路的完好，路政管理机构和从业人员，应当运用路政管理法规，依法检查处理各种侵害公路用地、破坏高速公路和设施的行为。从业人员在高速公路及公路用地范围内从事生产、执行公务时的合法权益受到法律保护。

5.3.2 高速公路路政外业管理

1. 路政巡逻

路政巡逻主要责任包括：管界内路产及标志标线巡查，高速公路建筑红线内的状况巡查，通报路产故障车辆及事故情况，记录并向值班室汇报公路及其相关设施现状，向高速公路用户提供及时帮助,发现、处理临时发生事宜和其他紧急事宜。高密度的路况巡查是现阶段保障高速公路安全畅通的一项重要手段;在还不具备全线严格监控能力的情况下,采取高密度的路况巡查,能有效地发现并及时地赶到事故现场,保护现场,进行紧急救援,使事故损失降到最低程度;而且,还能及时发现事故隐患,积极采取有效措施,防患于未然。据有关部门统计:在高速公路上发生的事故 90% 以上是路政巡查人员首先赶到事故现场,采取了救助和保护措施的。路政巡逻应依照法律法规规定,着装整齐,持证上岗,巡逻工具设施完好安全,分工合理,巡逻速度、密度适中,并将巡逻情况及时汇报、记录备案,以在路政案件纠纷中能有效举出事故当日履行路况巡查义务的相关证据。

2. 紧急突发事故(件)中的路政管理工作

路政人员在事故(件)突然发生时,应做好以下工作。
（1）救援。在现场摆放标志以防连锁反应,撤离、救护司乘人员和伤员,清除隐患和排除道路侵害,抢救贵重物品和司乘人员财产,保护路产。
（2）勘察。有路产损害的,要做好现场勘察,做询问笔录,计算路产损失。
（3）拖带故障车辆。
（4）排除路障。

3. 路上作业及恶劣气候条件下的路政工作

（1）作业现场的秩序维护。在发生大的事故或清障、养护作业时,路政人员应维持好现场的作业秩序,引导车流安全通过,维护从业人员的合法权益。
（2）在恶劣气候条件下,加大巡查密度、疏导车辆,通报路况信息,必要时协助高速公路管理部门和经营部门关闭高速公路或采取控制车辆通行措施,并处理相关的事宜。

4. 许可证核发

高速公路路政管理工作的直接表现形式之一就是许可证的核发。在实际工作中,经常出现需占用、利用高速公路、用地及设施,开挖沟渠,修建上跨、下跨的桥涵、管线和其他设施,设置广告、标志牌,修建临时设施,等等。高速公路路政管理部门要审查和发放许可证,并对其施工过程监督检查,维护公路安全和权益。超限车辆要从高速公路上行驶,必须经路政管理部门审核同意,并限定的时间和线路上行驶。高速公路的花草树木的砍伐也必须经路政管理部门的许可。

5. 路政索赔与处罚

路政处罚是路政管理活动中应用较广的具体行为,它是交通主管部门及其确定的公路管理机构依据法律、法规对违反路政管理法规的当事人给予法律制裁的行政行为。它属于行政执法的范畴。《公路法》在第五章路政管理和第八章法律责任中对路政管理的执行和处罚做了明确的规定,使路政管理工作真正能有法可依,增强了路政执法的操作性和权威性。对于造成高速公路路产损失的,要依法追究其赔偿责任(索赔项目可参考表 5-1)。高速公路技术等级高,对其造成破坏的危害性特别大,因此在高速公路路政管理中应当贯彻从重从严处罚原则。

表 5-1 高速公路路产索赔项目分类表

公路用地	挖掘公路用地、占用公路用地、在公路用地范围取土、挖沙、开荒、采石、放牧
路　　面	损坏路面、占用路面、污染路面、挖掘路面、挖掘土路肩、散落脏物、试刹车
桥　　涵	损坏桥头端柱、损坏护栏柱、损坏锥坡、损坏护轮带、损坏挡墙、桥面、损坏照明设施、超载过桥、堵塞和挖掘河道
排水设施	损坏缘石、损坏汇水、泄水槽、损坏泄水井
交通工程设施	损坏里程碑、界桩、防撞护栏、防眩设施、限速板、情报板、紧急电话及损坏高速公路标志
绿　　化	损坏树木、草坪、花卉、景区设施
收费设施	损坏收费亭和收费设备
其他设施	损坏封闭隔离栅、围栅、通信监控设施、服务区设施、广告牌等

路政管理视其情节及违法结果，依法处罚，主要处罚的形式有：警告、恢复原状、返还原物、赔偿损失、罚款、暂扣行车执照、扣留营运证、治安管理处罚等，对于构成犯罪的，移交司法机关追究刑事责任。路政处罚应贯彻处罚与教育并重、预防为主的方针。

路政处罚和索赔要依法定程序进行：立案、调查取证、听取当事人陈述和申辩或听证、制作并送达《公路赔（补）偿通知书》、收取公路赔（补）偿费、出具收费凭证、结案。在当事人对处罚决定不服而发生行政复议或行政诉讼的路政案件中，高速公路路政机关要不定期参与路政复议，应对路政诉讼。

5.3.3　高速公路路政管理内业基础工作

高速公路路政管理内业工作是高速公路工作得以顺利开展的基础，科学规范的内业工作可以极大地提高路政管理的效率和质量。高速公路路政内业工作比一般公路内业工作具有更高更严的要求，一般来说内业工作内容有下述 3 个方面。

1. 值班室内业管理

高速公路路政值班室的管理集中在信息管理和服务上，主要有：巡逻管理，及时了解路况、发布信息，紧急事件中的统一协调、指挥，以及其他路政管理业务。路政管理内业人员应利用高速公路先进通信监控系统，做好信息采集、处理、分析服务工作，使路政工作更有主动性和针对性。

2. 路政档案、装备、经费、票据管理

路政档案是路政管理机构在路政管理活动中形成的。包括作为原始记录保存起来的以备查考的文字、图表、声像及其他各种方式和载体的文字资料。在经营方式和主体多样化的高速公路上，如何维护国家对高速公路的权益，确保国家对高速公路运营的有效管理监督，路政档案是重要的依据。主要有：路产档案、路政处理档案、路政处罚档案、路政复议档案、路政诉讼档案、路政审批档案、违法建筑档案、路政人员档案等。

路政的装备经费是路政管理活动的必要条件，对装备经费进行科学合理的管理，有利于提高设备利用质量，节约经费，减轻国家负担。对路政管理票据的统一严格管理，可防范违法违

纪事件发生。

3. 路政管理制度的建立完善和路政人员培训

路政管理制度是路政机构正常运转的守则和规范,它是提高路政业务管理水平的保证。一般有以下内容:岗位责任制度、主要工作制度、主要管理办法、操作程序或规范、考核奖惩标准等。路政管理制度的完善需要路政执法人员和领导干部在实践中发现新问题,分析新情况并加以修订。

高速公路路政管理对其执法工作人员提出了更高要求。因此,高速公路路政管理机构应定期对工作人员进行培训,主要内容有:政治时事培训、政策法规培训、业务知识培训、基本技能培训、执法培训等。

5.3.4 高速公路路政管理方法

高速公路路政管理方法是指为达到路政管理目标,高速公路路政管理机构所采用的各种方式、手段、技术措施的总称,它是管理活动的主体作用于客体的桥梁。一般的管理方法有定量管理法、系统管理法和心理行为管理法。在高速公路管理中,由于管理对象的特点和条件的不同,路政管理方法也应有新的内容和行之有效的形式。根据科学化、法制化的要求,路政管理方法主要有 4 种手段:法律管理手段、行政管理手段、经济管理手段、技术管理手段。

1. 法律管理手段

法律管理手段是通过实施各种法律、法规、规章等,调整路政管理中所发生的各种社会关系、保证公路事业发展的管理方法。法律手段具有权威性、强制性、普遍性。它是行政手段和经济手段顺利运行的保证。运用法律手段必须注意宣传教育和执法措施问题。因为法律手段有其局限性,它只能在有限的范围之内(合法与非法)调整和控制人们的活动,在法律手段作用范围之外,还有大量的各种关系和管理工作去做。在路政管理中,依法治路并不能代替其他手段,并且法律手段运用不当,还会产生相反的结果。在高速公路上,路政管理部门特别是监督检查人员应尽量减少到路上扣证、扣车,应大量地通过法制宣传教育方式达到管理目的;对于运输鲜活、紧急特殊物资的车辆,应在采取补救措施之后,采用先放行,事后处理的办法,总之不能滥用法律所赋予的权力。

2. 行政管理手段

高速公路路政管理是通过法律、法规及上级主管部门的授权行使的行政管理行为。主要通过国家赋予的行政命令权、管理权、处罚权和强制权来进行监督、检查,制约与高速公路发生关系的社会组织和个人。行政手段具有权威性、强制性、一致性、科学性,运用行政管理手段应注意职权范围和使用效果。

3. 经济管理手段

经济管理手段是遵循经济规律,通过经济手段,调节和制约国家、集体、个人之间的关系,保障高速公路正常运营秩序,使其发挥更大的社会效益。在实际操作中,经济手段是对损坏路产、侵犯路权行为的具体补偿形式,它主要通过收取路产损失费、占用费、补偿费及罚款等行为来完成。对经济手段的应用要按照规定的程序进行,并对其实施情况进行监督。

4. 技术管理手段

高速公路路政管理是维护路产、维护路权的动态管理。法律规定了路政管理的目标是保障公路安全、完好、畅通。要达到高速公路路政管理目标,必须适应高速公路技术密集的特性,加强路政现代化装备,提高管理人员科学技术水平,这就体现了高速公路路政管理的技术手段。

高速公路路政管理中,法律管理手段、行政管理手段、经济管理手段、技术管理手段这四种手段是相辅相成的、相互渗透的,只有综合应用才能达到最佳效果。在实施中应注意加强法制宣传,用标语、广播、传单等形式,号召人民群众爱路护路,特别是疏通和沿线群众的关系,搞好群众共建攻关的动员;加大执法查处力度,力求处理一案,教育一片;做好出入口的管理和控制,严禁违规、隐患车辆进入高速公路行驶;加强路政装备的改善,提高反应速度和处理效率,加大路政人员的培训力度;加强和相关部门的沟通协调,特别是和公安交警协调一致,联合治理,确保安全、畅通。从而真正提高路政管理效率和质量,发挥高速公路的效益。

复习思考题

1. 简述高速公路路政管理的特点与性质。
2. 如何确立高速公路路政的职责?
3. 路政处罚的形式有哪些?
4. 正确阐述高速公路路政管理内容。
5. 为达到路政管理目标,高速公路路政管理机构应采用哪些方法?
6. 你怎样认识高速公路路政体制改革?

第6章 高速公路收费管理

6.1 高速公路收费管理概论

6.1.1 引言

1. 收费公路的产生与发展

在西方国家公路发展史上,收费制发挥着重要的作用。根据历史记载,在大约公元前1950年,就曾经出现过一条由亚述人建造的、从叙利亚通往巴比伦的收费公路。中世纪收费制逐渐在欧洲流行起来,并被广泛地用于为桥梁建设筹措资金。在英国,从1281年开始对通过伦敦桥的车辆、行人和船只收费;500年后不列颠国会通过了一项法律,允许各郡建收费亭征收费用用于公路养护。1706年收费信托机构开始建立,负责收费公路的筹资、建设维护与经营。英国的工业革命使得收费制得到较快的发展。到1820年为止,英国已拥有32 000公里的收费公路,年收入超过125万英镑。然而由于铁路运输的较快发展以及对长途货物运输量强有力的竞争,使得经营收费公路无利可图。到19世纪中叶,地方政府逐渐替代了信托机构来行使公路建设与养护的职能。在美国,第一条由私人建造的收费公路于1794年在宾夕法尼亚建成并投入使用。公路全长100公里,建造成本465 000美元。19世纪的澳大利亚具有与英国相类似的公路收费制度。在澳大利亚新南威尔士州、维多利亚州、塔斯马尼亚州等地区陆续建造了一些收费公路和收费桥梁。与英国不同的是,私人经营收费公路并不成功,于是各级政府逐步替代了私人企业来建造与维护公路和桥梁。由于铁路运输对长途交通量的吸引、收费成本上升等诸多因素,收费制在澳大利亚从1860—1890年缓慢地衰退;塔斯马尼亚州甚至于1880年宣告废除了公路收费制。惟独在维多利亚州是个例外。到1870年为止,维多利亚州共建成收费亭123座,年收入90 680英镑。

公路建设资金的相对短缺是导致公路(桥梁)收费制度在20世纪又得以重新发展的根本原因。在欧洲,到20世纪90年代初期,已有近20 000公里收费公路投入运营,其中法国拥有约6 000公里收费高速公路;意大利拥有5 870公里收费公路。奥地利、法国、意大利、西班牙、葡萄牙、南斯拉夫六国的欧洲收费公路地区协会的成立有效地促进了成员国收费公路的发展及公路标准的提高。英国从20世纪90年代初期开始重新认识到收费制在筹措公路建设资金方面的重要性,收费公路和桥梁开始发展。目前,英国已开始拥有数条由私人建造并经营的收费公路。到1980年初,美国拥有私人建造的收费公路超过3 700公里,此外还拥有一些收费桥梁和隧道。1995年9月美国弗吉尼亚州政府采取BOT方式建成了杜勒斯国际机场至里斯堡收费高速公路,全长25.4公里,总投资3.24亿美元,经营期42.5年。经营期间不得提高收费标准,经营期满后,高速公路无偿移交州政府。到1999年1月,美国收费高速公路7 588公里;其中州际高速公路2 770公里,约占州际高速公路总里程(1997年底为7.46万公里)的3.71%。据国际路联(IRF)统计,到1995年底,全世界高速公路共有19.3万公里;其中收费高速公路约占25%。据了解,目前对所有高速公路均收取车辆通行费的国家和地区有中国、新加坡、泰国、马来西亚等;部分高速公路收取车辆通行费的国家和地区有美国、加拿大、法国、意大利、英国、澳大利亚、日本、韩国、中国台湾省等;所有高速公路均不收取车辆通行费的国家和地区有德国、比利时、丹麦、挪威、卢森堡、荷兰、中国香港特别行政区等。

台湾省是我国最早建设高速公路的地区。我国第一条收费高速公路台湾省基隆到高雄高速公路全长373.4公里,每公里平均造价为300万美元;1968年动工建设;1978年10月建成通车。该路全线设10个收费站,采取人工收费、计算机辅助计算的半自动化收费管理系统。

1984年由土耳其总理奥扎尔倡导的BOT融资方式对发展中国家利用外资修建收费公路产生了重要的影响。马来西亚以BOT方式修建的全长772公里、贯穿马来西亚半岛的南北高速公路,就是一个成功的范例。事实上,由于高等级公路投资巨大,所以采用BOT方式的不仅仅是发展中国家,且不少发达国家如美国、英国、澳大利亚、法国、意大利等也不同程度地利用BOT修建高等级公路。法国的高速公路由1960年的120公里发展到1991年的7 000公里,收费制已成为国际上公路建设、特别是高等级公路建设的重要走向。

2. 我国公路(桥梁)通行收费制度的产生与发展

我国的公路(桥梁)通行收费制度是在不断深化公路管理体制改革的新形势下产生与发展起来的。为了解决公路交通设施严重滞后于交通需求的问题,广东省顺德市容奇镇公路桥等一批基础设施建设,突破了公路建设靠国家投资的传统体制,率先进行贷款建桥、收费还贷的改革尝试,并于1984年开始对过往车辆实行收费制度。国家充分肯定了这一改革尝试,并于1984年12月在国务院第54次常务会议上将"贷款修路,收费还贷"作为促进公路事业发展的四项优惠政策之一。1987年10月13日国务院发布的《中华人民共和国管理条例》第一次明确规定,公路主管部门对利用集资、贷款修建的高速公路、一级公路、二级公路和大型的公路桥梁、隧道、轮渡码头,可以向过往车辆收取通行费,用于偿还集资和贷款。1988年1月5日,交通部、财政部、国家物价局联合发布了《贷款修建高等级公路大型桥梁、隧道收取车辆通行费规定》,使我国高等级收费公路的建设和使用有了法规依据。这部法规明确了公路收费的目的,收费公路的范围和条件,收费项目的审批,费率制定原则和收费标准、收费的期限等内容。根据上述《规定》,利用贷款新建、改建的高速公路、里程在10公里以上的一级公路及里程在20公里以上的二级公路;300米以上的大型独立桥梁和500米以上的大型独立隧道,报经省级人民政府批准,可对过往的车辆收取通行费。1994年7月18日,交通部、财政部、国家计委联合颁布的《关于在公路上设置通行收费站(点)的规定》又把收费条件进一步规范为封闭(包括部分封闭)型的汽车专用公路;平原微丘超过40公里和山岭重丘区超过20公里的一般二级公路;长度超过300米的公路桥梁和长度超过500米的公路隧道。1997年7月3日发布的《公路法》又进一步规定:由县级以上地方人民政府交通主管部门利用贷款或者向企业、个人集资建成的公路;由国内外经济组织依法受让收费还贷公路收费权的公路;由国内外经济组织依法投资建成的公路,符合国务院交通主管部门规定的技术等级和规模,可以依法收取车辆通行费。实行公路收费制度，扩大公路建设的资金来源，调动了全国各地建路筑桥的积极性，加快了公路设施的发展步伐。到1998年底为止，我国共拥有收费公路95 209公里，其中收费还贷公路约8万公里。到2000年底为止，我国所建成的约16 000公里的高速公路全部实行了收费制。

探讨收费公路的性质和收费的理论依据具有十分重大的意义。一方面涉及公路融投资管理体制及其改革问题，另一方面也将对我国收费高速公路的发展前景产生重要影响。

6.1.2 对公路（桥梁）收费制度的理论认识

要对公路收费经营行为实行有效规范，首先必须明确实行公路车辆通行费收费制度的理论依据。现代经济学中的公共经济学理论对公路（桥梁）收费制度具有重要的影响。根据这一理论，各种消费物品可以划分为私人物品和公共物品。私人物品具有消费上的排他性，而公共物品则具有共享性。生产公共物品的部门或项目具有不可忽视的外部效益。除非做出某种制度上或技术上的安排，否则市场竞争将不会导致有限资源的最优配置。这意味着，公共物品不能由个体生产供给；只有由政府来承担生产与提供公共物品的义务，才有助于实现公共物品的最优配置。1970年第二届诺贝尔经济学奖获得者、美国著名经济学家保罗·安东尼·萨缪尔森在其所著的《经济学》（第14版）一书中将公路网络视为"不适合私人生产的公共物品"，"因为这些物品的好处在居民中间分散得太广，以致没有一个企业或消费者具有提供它们的积极性"。由于公路具有明显的外部经济效果，并且公路养护费用在交通量变动时保持相对稳定，所以除非交通量饱和，不收取公路车辆通行费不仅不会导致公路资源的过度消费，而且有助于最有效率地向全社会提供公路效用。根据这一理论，公路作为公益性基础设施，由政府负责规划、建造、养护与管理，才有助于最优配置，发挥最优的经济效益与社会效益。有助于证明这一理论的事实是，西方国家在经历了19世纪的公路国有化进程以后，至今为止尚无充分的证据证明曾出现过公路所有权交易事项。即使在推行私有化最为彻底的英国，公路仍属于国有基础设施。所谓的私有公路实质上是经国家特许由私人建造和经营的公路。当特许经营期终了，公路产权将交还国家。这里公路社会公益性的基本特征发挥了重要的作用。

公共物品具有共享性，并非意味着人们可以免费使用。生产用之于民的公共物品所需的开支，毕竟还需取之于民。根据现代经济理论，建造与经营公益性基础设施所需的费用，应当以征税或收费的形式收取，由全体公益性基础设施的使用者或受益者共同负担。服务于全社会的公共基础设施以及为社会全体公民提供劳务所需的费用，应当由社会全体公民共同负担；为某一特定对象服务所需的费用，应当由特定的使用者或受益对象承担，而不应转嫁到他人头上。在实践上，国家经营的公共交通基础设施（例如城市公共汽车、轮渡、地铁等）所需的开支，一般靠票款收入来补偿是远远不够的。但从使用交通基础设施比不使用交通基础设施需支付更多费用这一事实来看，"谁受益，谁负担"这一公平原则得到了较好的贯彻实施。如果承认公路是公益性基础设施的话，则由政府按照公平原则配置公路资源就成为公路建设事业发展的理想选择。根据"谁受益，谁负担"的征费原则，按耗用燃料的一定比率征收公路资金较为合理。因此，世界上的大多数国家均采取通过征收燃油税来筹措公路资金的制度。我国也正在进行将公路养路费、公路货运附加费、公路客运附加费和公路运输管理费纳入燃油税的"费改税"改革。如果政府以征税形式筹措的公路资金能够满足公路网建设与维护的需要，就没有理由再让公路用户为使用公路交纳公路(桥梁)车辆通行费。

公路建设资金的相对短缺是导致公路(桥梁)收费制度在20世纪又得以重新发展的根本原因。在西方国家,政府和公路管理部门关注收费制发展的原因,除了重视发展私有经济以外,主要在于试图吸引私人资金投入公共项目以减少政府借款的压力。吸引私人资金的主要形式是实行公路特许经营制度,将公路的建造权和建成后一段时期内的经营权有偿转让给私人财团,允许他们通过经营收费收回投资并获取合法利润。经营期满后,经营权交还国家。所以,实施公路(桥梁)收费制度和大力发展收费公路的主要目的在于解决或缓解公路建设资金相对短缺的问题,也有助于通过在公路的建设和管理上引入市场竞争机制来提高稀缺资源的利用效率。

实施公路(桥梁)收费制度意味着通行费收入来自特定公路和桥梁的使用者,这符合"谁受益,谁负担"的公平原则。但是这些公路和桥梁的使用者却因此要双重付费:除了支付一般公路或桥梁使用者必须支付的费用(燃油税或养路费等)以外,还必须支付超额费用(公路车辆通行费)。为了有利于公路车辆收费制度的健康发展,有必要对公路(桥梁)收费制度做出科学的解释。由于实行公路车辆通行费制度的根本原因是公路建设资金的相对短缺,所以公路使用者面临的选择是以支付公路车辆通行费为代价来换取增加运输量、降低运行成本、缩短运行距离、减少交通拥挤和节约运行时间等道路使用效益,还是以忍受交通不便为代价,来换取在公路上免费通行的权利?如果车辆通行费征收贯彻了"支付的意愿"这一原则,那么收费公路(桥梁)与不收费公路(桥梁)相比,应具有明显的级差效益优势。从维护公路使用者合法权益的角度出发,收费费率应以收费公路的级差效益为上限;为了维护公路经营者的合法权益,收费标准应以车辆对道路的占用与破坏程度为下限,并保证贷款本息或投资本息按期收回。但不同使用者对公路级差效益的理解和体会是不同的。如果要使收取车辆通行费行为真正反映公路使用者"支付的意愿",在对新建或改建的高等级公路实施收费制的同时,有必要设置不收费的辅道或其他平行的线路设施供使用者选择。这样的公路属于竞争性公路,对于竞争性的收费公路,国家除了根据维护公路使用者合法权益的需要确定其收费上限以外,应当允许经营者拥有定价自主权,根据不同车型的需求弹性来确定分车型收费标准,以促使其收入最大化或利润最大化。作为所在地区惟一通道、别无选择的公路(桥梁),属于垄断性公路(桥梁)。如果垄断性公路由私人投资修建并实行收费经营,私人财团为追求利润有可能使车辆通行费偏高,从而影响了公路用户的利益,这将导致公路的社会经济效益下降。在这种情况下,政府有必要强化对私人财团收费行为的有效监控。如果收费公路都具有明显的级差效益,如果公路车辆通行费率以收费公路的级差效益为上限,那么实施公路(桥梁)收费制度只会使公路使用者受益,而不会使其蒙受经济损失。这进一步说明了低等级公路为什么不应实施收费制。原因并不在于低等级公路具有公共物品特性而高等级公路具有准公共物品特性,或低等级公路是公共物品而高等级公路是商品。相比较之下,除了道路质量和通过能力以外,两者之间并不存在本质性的差别。重要的原因在于道路的级差效益。由于低等级公路一般不具有明显的级差效益,所以实施收费制的结果或者将导致交通量减少,或者将增加公路使用者的负担,对提高道路使用效益是无益的。因此,不具有级差效益的公路,不宜实施收费制。随着地区公路网的发展和道路质量的普遍提高,高等级公路级差效益逐渐减弱,收费赖以实施的条件将逐步消失,因而收费应当是有期限的。将贷款本息已基本收回的收费还贷公路的收费权再有偿转让给国内外经济组织实行较长时期收费经营的做法实质上是在侵犯公路用户的合法权益。从这一意义来看,征收公路车辆通行费只是一种公路融资的权宜之计,不应当作为公路融资的长远发展方向。

目前我国正在建立与发展社会主义市场经济体制。在市场经济条件下,应主要通过市场来配置有限的经济资源,以求最大限度地提高有限资源的使用效率。目前我国的公路基础设施还滞后于国民经济发展的需要,即公路资源属于稀缺资源。那么,是否有必要以收费为手段来合理配置有限的公路资源,以求提高现有公路的使用效率?按照现代经济学的基本观点,如果公路属于稀缺资源,那么通过征收公路车辆通行费来合理地配置公路资源,确实可以发挥提高公路网整体效益的作用。问题在于,公路是否属于稀缺资源?从我国的公路网整体布局来看,无论数量或质量均满足不了国民经济发展的需要,呈现出其稀缺性;但就某条特定的公路、特别是新建或扩建的高速公路而言,其设计通过能力一般均大于建成后若干年内的实际交通量。这意味着这些公路资源并不稀缺,而是相对闲置;根据现代经济理论,闲置资源的机会成本为零,那么在不收费的条件下其资源的利用效率最高。所以,合理配置有限的经济资源并不应当作为实行公路车辆通行费制度的理论依据和原因;要想尽可能地减少公路通行费制度对提高公路使用效益的不利影响,应根据公路级差效益理论有效地控制和规范公路收费行为。

6.1.3 收费公路的分类

由于收费目的不同,收费公路可划分为收费控制公路、收费还贷公路和收费经营公路3种类型。

1. 收费还贷公路

如果某公路是靠贷款修建的,那么收费目的是为了在规定期限内(贷款偿还期)筹措足够的资金以用于偿还贷款本息。贷款本金、贷款利息、还贷期限以及预期该公路未来的交通量对收费标准确定都具有重要的影响。为了维护公路使用者的合法权益,贷款修建的一般应为高等级公路并具有明显的级差效益。级差效益越大,公路用户对收费的敏感性越小,因而收费对交通量的影响也就越小。由于修建公路所需的贷款一般由政府出面筹措或政府担保并指定某事业单位进行,因而贷款收费实质上是政府行为。在实施收费制度时需注意以下问题:①非贷款修建的公路(即使是高等级公路)不应实行收费制;②贷款修建的、但不具有明显级差效益的公路也不应实行收费制;③所收取的通行费收入补偿收费公路所需的养护与收费管理开支后的余额只能用于偿还贷款本息,一般不应当用于其他公路的建设与改造,更不应用于非公路项目。这是实行公平负担原则的需要。因此贷款收费的时间应严格局限于贷款偿还期以内。一旦还清全部贷款本息,应立即停止收费。

2. 收费经营公路

经营性收费公路是指由国家特许某法人组织负责建造和经营、以获利为目的的收费公路,也反映了经国家特许将某已建成公路一定时期内的经营权有偿转让给某法人组织负责经营,以获利为目的的收费公路。在西方国家,早在20世纪30年代到40年代就曾经进行过实行公路特许经营制度的尝试(例如于1940年在美国宾夕法尼亚州建成并投入使用的收费公路)。近年来由于受货币主义学派和供给学派经济思想的影响,主张企业经营私有化,另一方面由于经济不景气,财政资金供求矛盾突出,使利用私人财团资金、组建私营公路股份公司来设计、建造、维护与管理公路成为公路事业发展的重要走向之一。由于具有公益性资产的性质,西方经济学家一般不主张公路由私人经营或实行收费制,因为私营企业以获利为目的,在存在着市场缺陷的情况下,不适当的收费将影响公路网作用的充分发挥。这意味着,在西方国家公路由私人经营并实行收费制仅是权宜之计,而不是长远的发展方向。为了维护公路使用者的合法权益,提高公路网的使用效益,政府有义务通过制定有关的法规来有效地规范公路经营企业的收费经营行为。中国公路收费经营实践是从 90 年代初开始进行的。1992 年 6 月广东省高速公路发展股份有限公司和 1992 年 8 月江苏宁沪高速公路股份有限公司的成立,标志着中国在收费经营方面已经开始进行积极的尝试和探索。到 2000 年底为止,已有广东省高速公路发展股份有限公司、安徽皖通高速公路股份有限公司、江苏宁沪高速公路股份有限公司、海南高速公路股份有限公司等 14 家公司成功地在深圳、上海和香港上市募股筹资约 191 亿元人民币,其中宁沪公司的筹资额达 40.7 亿元人民币;西临高速公路、武黄高速公路分别以 3 亿元人民币和 5.8 亿元人民币的价格成功地进行了收费权转让,标志着中国的公路收费制度已开始与国际惯例接轨并正在逐渐走向成熟。

应当指出,经营性公路并非是商品化公路。《公路法》中所界定的经营性公路是指:国内外经济组织依法取得的利用贷款或集资修建的收费公路收费权的公路;国内外经济组织依法投资建成的公路。两者的共同之处在于都是国内外经济组织受让收费权并通过依法成立公路经营企业来从事收费经营活动;差异在于前者以购买方式取得收费权,而后者是通过投资建设公路来取得收费权的。国内外经济组织投资建设公路是为了取得该公路有期限的收费权,而不是其所有权,所以不构成该公路的投资主体;收费权价值取决于收费期限内预计的经济效益,与该公路的价值无关。因此,对公路实行收费经营并非意味着公路就是商品。

3. 收费控制公路

实行公路车辆通行费制度的一个重要目的,是试图通过收费来有效地控制公路的交通量,以求最大限度地提高现有道路的使用效益。以控制交通量为目的的收费公路,应当是超负荷使用的公路。支持控制收费行为的经济理论,应当是现代经济学中的边际效益理论。根据现代经济学的基本原理,当生产某种物品所产生的边际效益大于其边际成本时,应增加产品数量;反之,应减少产品的数量;当边际效益等于边际成本时,可产生最高的资源利用效率和最大的社会经济效益。这时的资源配置达到了最优配置。根据这一理论,当某条路处于饱和状态时,增加交通量将导致交通拥挤,时间延误,经济成本增加。这时需要对过往的车辆征收通行费,所确定的收费标准应当使得边际车辆包括通行费在内的总付费等于其边际成本,这有利于获得最大的道路使用效益。英国伦敦、爱丁堡等交通十分拥挤的城市考虑采取道路收费制的主要目的就是为了控制交通量对有限公路的需求,以减缓拥挤状态。据《中国交通报》1998 年 11 月 11 日报道,荷兰计划在其主要城市阿姆斯特丹、海牙、鹿特丹和乌得勒支四周设立总共 110 个自动收费站,也是为了通过向进城的机动车收取一定费用的方式,劝阻驾车者尽量减少不必要的进城交通,以减少在荷兰城市四周道路上时有发生的阻车现象以及因车辆过多而造成的城市空气污染。

理论研究结果表明,对于未达到饱和的公路,不应当实行以控制为主要目的的收费制度。显然,控制收费与公路筹资无关,属于典型的政府行为。

《公路法》对收费公路的规范是：①由县级以上地方人民政府交通主管部门利用贷款或者向企业、个人集资建成的公路；②由国内外经济组织依法受让前项收费公路收费权的公路；③由国内外经济组织依法投资建成的公路。可以认为，第一类收费公路属于贷款收费公路；第二、三类收费公路属于特许经营收费公路。目前，贷款已成为中国高等级公路建设的主要资金来源，通过将收费公路收费权有偿转让取得的资金，或通过公路上市公司直接在国内外资本市场融通的资金，已成为高等级公路建设资金的重要补充。收费制推动着中国高等级公路建设事业的快速发展。

到目前为止，除了台湾省以外，我国尚未实行以控制交通量为主要目的的公路收费制度。

6.1.4　高速公路收费方式

目前我国采取的公路车辆通行收费方式主要有下述两种。

1. 开放收费方式

开放收费方式是根据需要在收费公路上的不同位置设多处主线收费站；而不是在各个立交匝道的出入口处设收费站。这样，车辆可以不受控制地自由出入收费公路，收费公路对外呈现"开放"状态。采用开放收费方式，一般分车型确定每车次收费标准；车辆每经过一次主线收费站缴一次费。我国有些高速公路（例如新疆吐乌大高速公路）通过设置若干主线收费站实行开放式收费。

2. 封闭收费方式

封闭收费方式是在收费公路主线起止点以及所有的立交匝道出入口设置收费站；除收费公路主线起止点以外的主线上不再设任何收费站。这样，可控制所有收费公路的进出口，使收费公路对外呈现"封闭"状态。车辆则可以在收费公路内部自由通行；使用收费公路只需交一次费。采用封闭收费方式，一般分车型确定车公里收费标准。目前，我国绝大多数高速公路均采取封闭收费方式，即在入口处领取通行券；在出口处交款。

除此以外，在我国的公路通行费收费实践中，有些地区（例如河南省）或路段对大吨位货车还采取了按核定吨位收费的方式；有些道路（例如山西省石太高速公路）还采取按车轴数或者轴重来收费的方式。

6.1.5　高速公路收费管理系统

1. 人工收费管理系统

人工收费系统是指对进入高速公路网络的车辆发给通行卡以及出口处验卡收费等程序，全部由手工操作完成的收费管理系统。在收费管理过程中还可以辅以人工稽查和监督以及各种规章制度，以达到强化管理的目的。我国高速公路的收费管理系统，不少属于人工收费管理系统。

2. 半自动收费管理系统

半自动收费管理系统是指由人工完成收费和找零工作,由计算机或人工完成车型判别,由计算机完成计算费额、打印票据、数据积累汇总等工作所形成的收费管理系统。半自动收费系统是在人工收费管理系统基础上发展起来的、向全自动收费管理系统发展过程的一个阶段性产物。1995年以来,我国越来越多的高速公路开始采用半自动收费管理系统。

3. 全自动收费管理系统

全自动收费管理系统是指利用微波技术的不停车电子收费系统。道路两旁的信标装置通过与安装在车辆上的类似电话磁卡的装置发生数据交换,来完成对行驶车辆的收费工作。目前我国一些地区如广东等省市正在积极研究和探讨全自动收费管理技术,相信在不远的将来,这种高度自动化、高效率、能杜绝目前各种不良现象的现代化收费系统将在我国高速公路收费管理上发挥更重要的作用。

6.1.6 我国收费公路的发展方向

目前,我国实行收费制的公路大多数是利用贷款修建的收费还贷公路。今后"贷款修路,收费还贷"仍将是公路事业发展,特别是高速公路发展的重要模式之一。但随着社会主义市场经济的不断发展和完善,"收费经营"模式必将在我国高速公路发展中发挥越来越重要的作用,成为高速公路建设与使用的重要走向之一。到2000年底,我国已有宁沪高速公路股份有限公司等14家公路上市公司;还有福建发展高速公路股份有限公司等非上市公路有限责任公司经营着约20 000公里的收费公路,在收费经营方面进行了积极的尝试与探索,标志着我国的公路收费制度正在开始与国际接轨并逐渐走向成熟。

与公路融资有关的收费是贷款收费和经营收费。贷款建路的优势是显而易见的。到2000年底为止中国已建成的1.6万公里高速公路,主要是靠贷款修建的。可以这样认为,没有"贷款修路,收费还贷"的政策,就没有高速公路发展的今天。今后贷款修路仍将在中国高速公路建设事业发展中发挥着重要的作用。但是与收费经营相比,贷款修路的主要缺陷在于并没有在实质上减少政府部门还贷的压力。向财政借款投资修路、通过征收通行费还贷的方式及其他国外金融机构借款修路所导致的汇率变动风险,最终还得由国家承担。相比较之下,通过组建公路经营企业实行收费经营具有下列的优势:①公路股份有限公司可以通过发行股票将社会资金永久性地转变为公路资本,用于发展中国公路事业特别是高等级公路建设事业;②通过公路经营权的有偿转让,国家可以有效地将建设和经营公路的风险转嫁给经营者;③由于贷款本息的偿还以及贷款风险完全由公司承担,国家只是作为公司的所有者以其出资额或所持股份对公司承担有限责任,那么国家投入公路建设的资金将发挥乘数效应。这意味着收费经营应当作为公路建设事业、特别是高速公路建设事业的重要取向。

BOT方式以及将建成公路的收费权有偿转让是收费经营制度的两种主要形式。如果我们承认公路不是商品,公路所有权不能转移,则"有偿转让公路收费权"、"旧路作价入股,组建法人公司"、"以地换路"、"组建中外合资公司"或"组建中外合作公司"等不同的公路产权制度改革的尝试,其实质内容应当是一致的:各投资主体以不同的出资形式投资组建公路经营企业；公路经营企业以投资形式取得某公路一定时期内的特许收费经营权。那么收费经营制度实质上就是特许经营制度；有效的特许经营制度的实施取决于公路经营企业的规范化；而"经营收费是永久性的(持续经营)还是有期限的"、"公路经营公司取得的公路资产是固定资产还是无形资产("特许经营权"或"特许收费权")"、"公路产权交易是指所有权交易还是经营权交易"等一系列问题的研究结果将形成对公路经营企业经营行为规范的理论基础，并将对公路经营企业收费经营和发展产生实质性的影响。

我国公路收费的理论研究和实践探索还刚刚起步，由于理论研究的相对滞后使实践还带有一定的盲目性，这就对加快理论探讨提出了更高、更紧迫的要求。收费公路发展的前景是光明的，但要使其结合中国国情健康地发展与不断完善，还任重而道远。

6.2 高速公路道路使用效益分析

公路建设项目的经济效益一般是指项目对整个国民经济所做的贡献。与此不同，在收费研究中所涉及的道路使用效益，只反映道路使用者所获得的效益，或者叫做道路"级差效益"。道路使用效益是通过与其他运输方式的比较形成的，所以又可称之为道路级差效益；由于道路使用效益或级差效益的高低在很大程度上制约着收费标准的制定，所以科学地界定与合理地衡量道路级差效益就成为收费管理的一项重要内容。

道路使用效益一般包括运行成本降低的效益、运输里程缩短的效益、运输时间节约的效益、运输生产效率提高的效益、减少行车事故的效益、减少拥挤的效益、提高运输质量的效益等。其中，公路用户体会较深刻且容易计量的效益有运行成本降低的效益、运输里程缩短的效益和运行时间节约的效益。在进行高速公路道路使用效益分析时，将主要侧重于这三方面效益的界定与衡量。

6.2.1 运行成本降低的效益分析

人们通常习惯按下列公式来衡量运行成本降低的效益：

效益值＝正常周转量×(旧路单位成本－新路单位成本)

这种衡量方式存在以下弊端：首先，单位成本的计量单位是千人公里或千吨公里，影响单位成本高低的因素不仅有车辆运行过程中的耗费，管理水平的高低也至关重要。管理因素不应影响运行成本降低效益的衡量。其次，在现行管理体制上公路运输企业所提供的运输成本资料已无法直接作为衡量运行成本降低效益的依据。受道路水平影响较大的轮胎费、车辆大修费、车辆折旧费等很难通过运输成本数据的变动来体现其降低的效益。第三，车辆通行费是按车公里确定收费标准的，而单位成本则是运输运行成本在周转量上平均化，所以无法直接根据成本的降低来作为判断收费标准是否合理的依据。

应科学分析影响车辆运行成本的因素，并在确定各因素变动对车辆运行成本影响程度的基础上进一步合理地衡量运行成本降低的效益。

车辆的运行速度对运行成本中的燃料成本高低有重要的影响。影响车辆运行速度的主要是道路的技术等级。由于不同技术等级的公路在设计上对路面平整度、坡度、转弯半径等有不同的要求,可以认为,公路的技术等级越高,车速也将越快,因此可用运行成本与均匀车速关系的数学模式来进一步科学地分析车速和公路技术等级变动对车辆运行成本的影响。

路面条件影响着车辆运行时需克服的摩擦阻力从而进一步制约着运行成本的高低。受路面条件影响的运行成本有燃料成本、轮胎成本、维修成本、折旧成本等。其中,燃料成本、保养小修成本等受路面条件影响较为显著;而中大修成本和折旧成本等受路面条件的影响在短期内难以体现出来,这使得实行短期单车承包或租赁经营责任制的司机难以理解或体会这些成本降低的效益。由于高等级公路一般具有较优良的路面条件(水泥或沥青混凝土路面)所以高等级公路对降低运行成本一般具有双重的影响。

运行成本降低的效益可按下列公式测算:

$$B_1 = \sum AC_0 L_1 G$$

式中 B_1——运行成本降低的效益(元);

AC_0——对于新建公路项目,指无此项目时,通过平行竞争公路某成本项目的平均车公里成本;对于扩改建公路项目,指公路未扩改建条件下某成本项目的平均车公里成本(元/车公里);

L_1——车辆在收费公路上的行驶里程(公里);

G——车辆在收费公路上行驶所导致的某成本项目降低的百分比。

可采用抽样调查、技术测定、专家评价等方法来分别测定由于公路等级、路面条件等变动对车辆运行成本中相关成本项目高低的影响。需注意的是要测定的不是某一车型的运行成本,而是某类车型的平均运行成本,所以测定车辆运行成本的工作需在根据收费的特定要求将车辆科学分类的基础上进行。例如,重庆渝长高速公路在收费时将客货车综合划分为小型、中型、大型和特型四类,那么需在此基础上分别确定各类车型的平均车公里运行成本以及提高道路等级对各类车型平均运行成本中各有关成本项目的影响程度。

在具体工作中,人们更倾向于分析提高道路等级对平均运行成本的影响而不是运行成本中各有关成本项目的影响。除了收集后者的有关数据难度更大以外,专家们认为公路使用者对运行成本变动的总体印象也许比对某一成本项目变动的印象更接近于事实。世界有关国家统计资料表明,高速公路上车辆的运行成本,一般可比普通公路降低30%左右;来自我国沈大高速公路的有关数据表明,与其平行的国道202线相比,高速公路的客货运输成本1993年分别降低40.4%和32.8%;来自沪宁高速公路工程可行性研究报告中的有关数据表明,由于车速提高等综合因素的影响,高速公路可获得运行成本降低37.5%的效益。所以按平均降低运行成本30%来估计高速公路降低运行成本的效益,具有较强的现实性与合理性。

6.2.2 运输里程缩短的效益分析

高等级公路的路线设计一般对道路坡度、转弯半径等有特殊的要求,以适应车辆行驶需要。因此,相对于旧路而言,高等级公路往往可以在一定程度上缩短公路里程。例如,沈大高速公路比原线缩短了46.1公里;沪宁高速公路(江苏段)比国道312线缩短了27公里;成渝高速公路比原线缩短了98公里;等等。缩短运输里程可为车主带来可观的成本降低的效益。一般来说,因缩短行驶里程使车主获得的效益可借助下列公式测算:

$$B_2 = AC_0 \Delta L$$

式中 B_2——运输里程缩短的效益;

AC_0——某车型在平行竞争公路或原有公路上运行的平均车公里成本;

ΔL——公路缩短里程长度(公里)。

6.2.3 运行时间节约的效益分析

运行时间节约的效益是公路建设项目级差效益的重要组成部分。在社会主义市场经济条件下,追求时间节约的效益是高等级收费公路得以较快发展的原因之一。我国目前已建成的沈大高速公路、沪宁高速公路、成渝高速公路等均具有可观的运行时间节约的效益;正确地评价运行时间节约的效益对收费标准的制定具有重要的影响。

在公路建设项目国民经济评价中,运行时间节约的效益由货运时间节约的效益和客运时间节约的效益构成。与此不同,在分析影响收费标准的公路级差效益构成中,只能考虑司机和旅客运行时间节约的效益。缩短货物在途时间确实对货主有利,但目前尚不具备开展快捷货运业务的主客观条件,因而还无法因提前完成货运业务而要求货主多付费。所以,货车司机能体会到的只是自身因运行时间节约所获得的效益。

运行时间节约能使客车司机和每一名旅客获益。按照我国现行有关规定,车辆通行费可由乘客分担,那么可以认为,载客能力越强,客车所可能获得的运行时间节约的效益也就越高,允许收费标准变动的空间也就越大。所以,如果客车单独分类,可根据其级差效益确定较高的收费系数。

在我国现行收费实践中,绝大多数收费公路实行将客货车综合分类的作法。由于货车只考虑运行时间节约对司机的影响,按照稳健原则,这一作法同样适用于客车。虽然,这样做将低估客车所获得的时间节约效益,但在现行单位时间价值不高的情况下,并不会对收费标准的确定产生实质性影响。在具体工作中,可根据对单位时间价值额的估计适当提高客车的类别。例如,重庆渝长高速公路在收费时将客车分为小型、中型、大型和特型四类,分别与较高吨位的货车类别衔接,就是充分考虑上述影响后的分类结果。

运行时间节约的效益一般可用下列公式反映:

$$B_3 = T_n V$$
$$T_n = L_0/S_0 - L_1/S_1$$

式中 B_3——运行时间节约的效益(元);

T_n——全程节约时间(小时);

V——单位时间价值(元/小时);

L_0——平行竞争公路或原有公路的里程(公里);

S_0——平行竞争公路或原有公路的车辆平均行驶速度(公里/小时);

L_1——收费公路通车里程(公里);

S_1——收费公路车辆平均行驶速度(公里/小时)。

要确定运行时间节约的效益,最大的难度在于确定单位时间价值。在实践中,一般可采取以下3种方法来确定单位时间价值。

1. 生产法

持"生产法"观点的人们认为,公路使用者可以利用节约出来的在途时间从事新的运输生产活动包括联系客货源,组织运输,在原有运输工具不增加的前提下通过增加营运次数来增加利润,提高运输劳动生产率。那么,单位时间价值取决于平均单车公里净利、全程节约时间、在收费公路上的运行速度及时间利用系数。

2. 产值法

持"产值法"观点的人们认为,公路使用者可以利用节约出来的在途时间从事新的运输生产活动也可能从事其他获利性经营活动或创收活动,所以单位时间价值应当更多地受该地区人均国民收入或者国民生产总值的影响而不是仅仅受某种经营活动的影响。

3. 费用法

采用"费用法"的理论依据是时间节约的效益取决于旅客或司机为节约在途时间支付货币的意愿。一般说来,采用费用法单位时间价值可按照下列公式推算:

$$V=\Delta E/\Delta T$$

式中　V——单位时间价值;
　　　ΔE——费用增量;
　　　ΔT——时间增量。

例如,乘相同的客车,从南京到上海走沪宁高速公路需付款 54 元,在途时间 3 小时;走国道 312 需付款 36 元,在途时间 6 小时,那么每小时价值应为 6 元[(54−36)÷(6−3)]。

高等级公路具有明显的运行时间节约的效益,这是无可置疑的。但要将此效益货币量化,并取得令众人信服的评价结果,却并非易事。由于不同的公路使用者具有不同的时间利用效率,利用节约的运行时间从事的是获利高低不等的不同经营或创收活动,人们为增加休闲时间支付货币的意愿也存在较大的差异,所以量化有较大的难度,也难以完全避免判断上的主观随意性。所以,正确、客观地理解和处理运行时间节约的效益是非常必要的。

6.2.4　道路级差效益分析

道路级差效益构成中最主要的是运行成本降低的效益、运输里程缩短的效益和运行时间节约的效益。除此以外,公路使用者还能获得其他效益,如减少货损的效益、降低事故发生的效益、减少交通拥挤的效益等。有的效益已在上述三种道路使用级差效益中得以体现,如减少交通拥挤所获得的效益已在减少营运成本和节约在途时间、增加营运次数的效益中得以反映;而有的道路使用效益如减少货损、降低事故发生的效益是与各收费公路的具体情况相关的,再加之其计算指标中一些因素难以准确量化,为便于道路使用级差效益的测定,本文对这些因素不再加以更进一步的分析,只是在制定收费道路的费率时加以综合考虑。

道路级差效益的衡量可借助于下列公式进行:

$$B=B_1+B_2+B_3$$

如果收费公路的平行竞争公路或原有公路也征收车辆通行费,那么级差效益的公式可改写如下：

$$B=B_1+B_2+B_3+F$$

式中　F——平行竞争公路或原有公路全程征收的车辆通行费(元)。

6.2.5　案例分析

重庆渝长高速公路由上桥到童家院子段和童家院子至长寿段两部分构成，全长85.53公里，总投资37.6亿元。其中，贷款筹资19.8亿元；交通部补助7亿元；其余部分由重庆市交通局自筹。在全长85.53公里的公路中，上童段按六车道设计，童长段四车道。全线设3个主线收费站，7个匝道收费站，建成后实行全封闭收费。

重庆渝长高速公路的道路级差效益可作如下分析。

1. 运行成本降低的效益

在对渝长高速公路进行级差效益分析时按40%的降低率来估计运行成本降低的效益。有关数据计算如表6-1所示。

表6-1　渝长高速公路运行成本降低效益计算

车型	旧路成本（元/车公里）	成本降低率	运行成本降低效益		车型	旧路成本（元/车公里）	成本降低率	运行成本降低效益	
			元/车公里	元/全程				元/车公里	元/全程
小型	0.95	40%	0.38	32.30	大型	2.75	40%	1.10	93.50
中型	1.75	40%	0.70	59.50	特型	3.40	40%	1.36	115.60

在该公路各项级差效益构成中，运行成本降低的效益是最主要的组成部分。

2. 运输里程缩短的效益

与原有道路相比，新建的渝长高速公路在缩短运输里程方面的作用是有限的，全程里程缩短仅5公里。渝长公路运输里程缩短的效益如表6-2所示。

表6-2　渝长公路运输里程缩短效益计算表

车型	旧路成本（元/车公里）	全程里程缩短（公里）	运输里程缩短的效益		车型	旧路成本（元/车公里）	全程里程缩短（公里）	运输里程缩短的效益	
			元/全程	效益合计(元)				元/全程	效益合计(元)
小型	0.95	5	0.06	4.75	大型	2.75	5	0.16	13.75
中型	1.75	5	0.10	8.75	特型	3.40	5	0.20	17

与运行成本降低的效益比较，运输里程缩短的效益较低，因而对收费标准高低的影响也是有限的。

3. 运行时间节约的效益

渝长高速公路评价运行时间节约的效益时采用产值法，这是因为产值法所确定的效益值较为客观，较为稳健，容易为社会各界所接受。1998年重庆地区人均国民生产总值按3 650元人民币估算，如果平均每人每天工作8小时，那么每小时价值为1.25元。渝长公路运行时间节约的效益如表 6-3 所示。

表 6-3 渝长公路运行时间节约效益计算表

车型	定员人数(人/车)	全程节约时间(小时)	单位时间价值(元/小时)	运行时间的效益(元)
小型	1	2	1.25	2.5
中型	1	2	1.25	2.5
大型	1.5	2	1.25	3.75
特型	2	2	1.25	5

根据上述分析,渝长公路分车型的级差效益如表 6-4 所示。

表 6-4 渝长公路级差效益计算表

车型	运行成本降低的效益(元)	里程缩短的效益(元)	时间节约的效益(元)	平行路费率(元)	总效益(元)	平均效益(元/车公里)
小型	32.30	4.75	2.50	17.00	80.80	0.95
中型	59.50	8.75	2.50	25.00	132.00	1.55
大型	93.50	13.75	3.75	30.00	188.50	2.22
特型	115.60	17.00	5.00	35.00	229.60	2.70

道路级差效益对收费标准的确定具有重要的影响。因此,要科学地制定公路的车辆通行费收费标准,就应当重视对收费公路级差效益的研究。

6.3 收费公路分车型收费标准的确定及其调整

如何确定收费公路的收费标准以及应在什么条件下进行收费调整是我国公路收费制度的一个关键问题;进行收费标准确定和收费标准调整的研究,有利于规范公路收费行为并促使收费公路的建设与经营管理事业健康发展。

6.3.1 收费还贷模式和经营收费模式的建立

1. 收费还贷模式的建立

在交通部为国务院起草的《收费公路管理条例》(送审稿)(以下简称为《条例》)中,将收费公路划分为收费还贷公路和收费经营公路。其中县级以上地方人民政府交通主管部门利用贷款或向企业、个人集资建成的收费公路为收费还贷公路。设置收费还贷公路应当具备下列技术等级和规模之一:

(1) 高速公路 10 公里以上;
(2) 新建连续里程 20 公里以上或改建连续里程 40 公里以上的一级公路;
(3) 新建连续里程 40 公里以上或改建连续里程 80 公里以上的二级公路;
(4) 500 米以上独立桥梁、隧道。

对于以贷款形式修建的高等级公路,根据《条例》中的规定:"还贷收费公路的收费期限,原则上以还清贷款和集资的本息为限。收费期间利用贷款提高原路段技术等级和规模,需延长收费期限的,应报原审批机关批准。收费还贷公路的收费期最长不得超过 15 年。"这说明贷款修建的公路,其收费的主要目的是为了偿还贷款和集资本息,而不是为了获得利润。因此,对收费还贷公路而言,其回收的是建设成本中的贷款额和集资额而不是全部建设成本,那么还贷收费公路所确定的通行费收费标准应该能够保证在规定期限内偿清全部贷款和集资本息。

根据上述要求,收费还贷公路的一般数学模式可表述如下式:

$$\sum_{t=0}^{n} \text{NCF}_t (1+i)^{-t} - D = 0$$

式中　　n——贷款或集资偿还期(年);
　　NCF——年还贷收入(元);
　　　　i——贷款或集资平均年利率(%);
　　　　t——计息期数
　　　　D——贷款或集资本金(元)。

收费还贷公路收取的车辆通行费,其性质属于行政性交通规费,而不是收费单位的营业收入。根据现行有关规定,为还贷收取的车辆通行费减去应缴纳的营业税金及附加和公路养护与收费管理费用以后的余额,形成用于还贷的收入;用还贷收入偿清全部贷款或集资本息所需的时间,就是实际的贷款或集资偿还期。所确定的收费标准应保证实际贷款偿还期低于或等于规定的贷款偿还期。收费标准与还贷收入之间的关系为:

$$\text{NCF} = FQL(1-T) - C$$

式中　　F——某车型的收费标准(元/车公里);
　　　　Q——某车型的收费交通量(辆次/年);
　　　　L——收费公路全长(公里);
　　　　T——营业税金及附加(%);
　　　　C——平均每年公路养护与收费管理费用(元)。

可以看出,要保证贷款本息如期偿还,科学合理地确定收费标准是关键。如果说收费公路的级差效益界定了分车型收费标准上限的话,在其他因素既定条件下,上述公式则界定了分车型收费标准的下限。

2. 经营收费模式的建立

根据《条例》中的规定,国内外经济组织依法有偿受让收费还贷公路收费权或投资建成的收费公路以及经批准上市的收费公路为收费经营公路。国内外经济组织投资建设收费经营公路,应当具备下列技术等级和规模之一:

(1) 高速公路 10 公里以上;
(2) 新建连续里程 20 公里以上或改建连续里程 40 公里以上的一级公路;
(3) 500 米以上独立桥梁、隧道。

收费还贷公路转让收费权,应具备下列技术等级和规模之一:

(1) 连续里程 40 公里以上的高速公路;
(2) 连续里程 60 公里以上的一级公路;
(3) 500 米以上、4 车道以上的独立桥梁、隧道;

(4) 1 000米以上独立桥梁、隧道。

目前国际上现有的经营性公路,基本上属于采用特许权融资方式修建并授权公路经营企业收费经营的高等级公路。公路经营企业收费的目的在于收回投资并获得预期的利润。这种做法的最重要特点是公路经营企业只能在特许期限内收费经营,特许期终了时需将公路经营权交还国家。根据国家有关规定,收费经营公路的收费期限,按照收回投资并有合理回报的原则确定,最长不得超过30年。因此,在特许经营期间回收全部投资并实现预期投资收益率的要求,就成为制约特许经营收费公路收费标准理论模型确定的关键因素。

一般来说,特许经营收费公路收费的数学模式可采用下列形式加以反映:

$$\sum_{t=0}^{n} \text{NCF}_t \cdot (1+K)^{-t} - I = 0$$

式中　n——特许经营期(年);
　　　K——投资收益率(%);
　　　t——计息期数;
　　　I——投资现值(元);
　　　NCF——年投资回收额(元)。

公路经营企业收取的通行费收入其性质属于营业收入。年营业收入为年交通量与标准费率的乘积。营业收入补偿不包括利息费用和投资摊销费用在内的公路日常养护与管理费用后,再减去应缴纳的营业税以后的余额,形成投资回收额(含所得税)。收费费率与投资回收额之间的关系为:

$$\text{NCF} = fQ(1-T) - C$$

式中　f——平均标准费率(元/辆次);
　　　Q——平均交通量(辆次);
　　　T——营业税率(%);
　　　C——平均每年公路养护、管理费用(元)。

同时,特许经营收费公路的投资额因收费权取得的形式不同而有所不同,如果收费公路是以公路经营企业直接投资并对其进行收费,那么收费公路的投资额为公路项目建设成本;如果公路经营企业是以转让收费权形式取得其收费权的,那么收费公路的投资额应为其取得公路收费权时所交纳的金额。收费权转让的成交价格,是以收费公路的资产评估价值为依据综合其他因素加以确定的。所以,对于收费权取得的不同形式,投资额的含义是有所不同的。

关于各收费车型收费标准的确定,亦同收费还贷公路一样,在确定标准收费车型收费费率后,再根据各收费车型交通量折算标准收费交通量的折算系数分别求得。

在研究分车型收费标准时还需注意以下两点:①分车型收费标准之间的相互对照形成了以小型车为基数的收费系数,那么,不仅在分车型收费系数确定的前提下可以把对分车型收费标准的研究简化为对小型车收费标准的研究,而且还可以借助于收费系数将分车型收费交通量换算成以小型车为基数的标准收费交通量,以简化收费还贷的数学模式;②渝长公路建成后与旧路平行,这意味着渝长公路属于竞争性收费公路,竞争性公路收费标准的高低会影响其交通量。所以,要科学合理地确定收费标准,除了依据道路级差效益理论和受贷款偿还期约束以外,还必须重视对收费的需求弹性的研究。

6.3.2 车型分类

在进行车型分类时应注意考虑下述影响因素。

1. 各车型所占用的道路空间、载重量和总重量

各车型所占用的道路空间在一定程度上影响着道路的通过能力;各车型的载重量和总重量在一定程度上决定着车辆的轴负荷以及对道路的磨损与破坏程度。征收车辆通行费应以各车型对道路的占用和破坏为下限,因而车辆对道路的占用和破坏应当在一定程度上决定着车型的分类。

2. 各车型的道路使用效益

收取车辆通行费应以各车型使用高速公路所获得的道路级差效益为上限。各类车型之间应具有明显的道路使用效益差异,并且应当以此为依据来确定分类别的收费标准。

3. 车型识别能力和识别手段

各车型应当容易识别,具有较强的收费上的可操作性。一般来说,车型分类越细,收费越合理;但车型分类越细,识别越困难。所以,较细的车型分类适用于电脑识别、自动收费的管理模式;而对人工识别、人工收费的管理模式而言,车型分类宜粗。

4. 各车型在民用车辆保有量中的分布情况

为了便于识别并做到合理收费,应根据各类车型的分布情况来决定车型的分类。例如,如果4~5吨之间的货车数量较多,且4吨货车与5吨货车在道路使用效益与车辆对道路的占用和破坏程度差别不大,就不应在4吨和5吨之间分类;如果车型比较多地集中在4~5吨、8~10吨之间,那么按5吨和10吨为标志进行车型分类则较为科学并且可操作性较强。

例如,根据1999年6月24日8时至1999年6月25日8时的交通量调查表明,渝长高速公路所在区域的车辆结构具有以下特征:①民用客货车大致相同,其中客车占47%;货车占53%。②车型构成中2~5吨货车、5~15吨货车、20座以下客车以及35座以上客车占有较大的比重,分别为33%,37%,23%和25%,这较好地显示出以2吨和5吨货车及20座和35座客车为分类标志的车型结构特征。

5. 相关地区的车型分类实践

相关省、市、自治区所进行的收费车型分类实践为高速公路的车型分类研究提供了有益的借鉴作用。综合观察江苏、陕西、四川、吉林、浙江、广东、新疆、河南、福建等省区有关车型分类收费的规定和操作可以初步得出以下分析结论:①大多数省、市将收费车型分为四类或五类;②高速公路收费车型分类细一些,一级、二级公路收费车型分类粗一些;③封闭式收费车型分类细些,开放式收费车型分类粗一些;④收费车型分类呈现随收费手段自动化程度的提高而细化的趋势。有关地区高速公路收费车型的分类情况如表6-5、表6-6所示。

表 6-5　有关高速公路车型分类情况比较分析表（一）

类别	沪杭甬高速公路	成渝高速公路（四川段和重庆段）	广深高速公路　深圳高速公路
一	20 座（含 20 座）以下客车、2 吨（含 2 吨）以下货车	10 座（含 10 座）以下轿车、吉普车、面包车、旅行车、1 吨（含 1 吨）以下小货车	小轿车、吉普车、的士、摩托车
二	20 座以上 40 座（含 40 座）以下客车、2 吨以上 5 吨（含 5 吨）以下货车	11 座至 30 座（含 30 座）客车；1 吨以上至 3 吨（含 3 吨）货车	面包车、小型货车、轻型货车
三	40 座以上客车（含 32 座以上卧铺车）、5 吨以上 10 吨（含 10 吨）以下货车	31 座至 50 座（含 50 座）客车；3 吨以上至 5 吨（含 5 吨）货车；30 卧以下卧铺车；国际标准集装箱车	小型客车、中型客车、大型普通客车、中型货车
四	10 吨以上 20 吨（含 20 吨）以下货车	50 座以上客车、5 吨以上至 10 吨（含 10 吨）货车；30 卧以上卧铺车	集装箱车、大型豪华客车、大型货车、重型拖（挂）车、20 英尺集装箱车
五	20 吨以上 50 吨（含 50 吨）以下货车	10 吨以上至 15 吨（含 15 吨）货车	双层大客车、重型货车、重型拖（挂）车、40 尺集装箱车
六		15 吨以上至 25 吨（含 25 吨）货车	

表 6-6　有关高速公路车型分类情况比较分析表（二）

车型	沪宁高速公路	吉林省高速公路	河南省高速公路
一类	载客汽车：1～6 座	2.5 吨以下（含 2.5 吨）货车、7 座以下（含 7 座）客车	2 吨以下（不含 2 吨）货车、10 座以下（不含 10 座）客车
二类	载客汽车：7～12 座；载货汽车：最高达 2 吨	2.5 吨以上 7 吨以下（含 7 吨）货车、7 座以上 28 座以下（含 28 座）客车	2 吨～5 吨（不含 5 吨）货车、10 座～30 座（不含 30 座）客车
三类	载客汽车：21～50 座；载货汽车 2～5 吨	7 吨以上 14 吨以下（含 14 吨）货车、28 座以上客车	5～8 吨（不含 8 吨）货车、30 座以上客车
四类	载客汽车：超过 50 吨；载货汽车：5～10 吨	14 吨以上货车	8 吨～20 吨（不含 20 吨）货车
五类	载货汽车：10～20 吨		20 吨～40 吨（不含 40 吨）货车
六类	载货汽车：超过 20 吨		40 吨以上货车

此外，陕西省西临高速公路、西宝高速公路、西铜高速公路和临渭高速公路等收费车型的划分情况为：一类车型：货车 2.5 吨以下；客车 19 座以下。二类车型：货车 2.5～8 吨；客车 20～49 座。三类车型：货车 8～12 吨；客车 50 座以上。四类车型：12 吨以上。

6.3.3　分车型收费系数的确定

分车型收费标准之间的比例关系，形成分车型收费系数。在确定分车型收费系数时应注重考虑下述影响因素。

1. 分车型的道路级差效益

在正常情况下，为了维护公路使用者的合法权益，调动公路使用者付费上路的积极性而不是限制车辆使用收费公路，那么分车型收费费率应以其级差效益为理论上限。

2. 分车型交通量的收费弹性

根据陕西省的西临高速公路、辽宁省沈大高速公路、江苏省沪宁高速公路（江苏段）和广东省广深高速公路等所提供的数据进行的收费弹性初步研究结果表明，在道路级差效益范围内，小型车交通量基本上不受费率高低的影响，具有较小的收费弹性；中型车收费费率高低对交通量有一定影响，但收费弹性不大可能高于1；大型和特型车收费费率高低对交通量有较大影响，具有较大的收费弹性。从收费弹性的分布来看，小型车可根据需要在级差效益范围内确定较高的收费标准；分车型收费级差不应过大。

3. 各车型对道路的占用与磨损

相比较而言，特型车辆在运行过程中所占用的空间和对道路的破坏应引起人们特别关注。与小型车相比，国产重型车辆一般运行速度较低，难以获得时间节约的效益；此外，特型车辆一般车身较长，车体较大，占用较大的运行空间，对道路的相对破坏或磨损程度也较大，因此收费标准也应相对高一些。针对我国国情，高速公路一般较适合于中、小型车辆运行；在已建成使用的沪宁高速公路、广深高速公路等交通量构成中，中、小型车交通量均占75％以上，充分说明了这一事实。

4. 相关地区的分车型收费系数

有关省市分车型收费系数情况如表6-7所示。

表6-7 有关省市或道路收费系数分析表

车型分类	高速公路分车型收费系数									
	沪杭甬	福建	成渝	江西	广深	新疆	沪宁	吉林	西临	平均
小型	1.00	1.00	1.00	1.00	1.00	1.00	1.00	1.00	1.00	1.00
中型	2.00	2.00	2.00	2.27	2.00	1.50	1.50	1.20	1.50	1.77
大型	3.00	3.00	4.00	3.12	3.00	2.00	2.00	1.60	2.00	2.64
特型	4.00	4.00	7.00	4.24	4.00	4.00	2.50	4.80	2.50	4.12

6.3.4 分车型收费标准的确定

在确定分车型收费系数的基础上，确定分车型收费标准的主要工作就转向小型车的收费标准上。在确定小型车收费标准时，应主要考虑下述因素。

1. 收费标准应以其级差效益为上限

在分车型道路级差效益和收费系数已确定的基础上，这里以重庆渝长高速公路为例来分析级差效益对小型车收费标准选择的影响。

表 6-8 反映了级差效益对小型车以及其他车型收费标准确定的影响。

表 6-8　渝长高速公路小型车收费标准选择分析表

车　型	小　型	中　型	大　型	特　型
道路级差效益(元/车公里)	0.67	1.13	1.66	2.03
收费系数	1.00	1.5	2	4
小型车收费上限(元/车公里)	0.67	0.75	0.83	0.51

根据以上分析,如果不允许分车型收费标准超过其级差效益,那么小型收费标准应以每车公里 0.50 元为上限。

2. 道路级差效益应由公路使用者适度分享

如果按小型车每公里 0.50 元确定收费标准,则分车型级差效益用户负担系数分别为:小型车 75.15%,中型车 66.58%,大型车 60.24%,特型车 98.49%。小型车使用汽车专用公路具有明显的经济效益,用户负担系数高一些不会影响其交通量;中、大型车的用户负担系数低一些,有助于调动车主使用汽车专用公路的积极性,保证该类车型交通量的稳定增长;特型车按用户负担 98.49% 收费的主要原因是该类车型耗用较多的公路资源,因而不必鼓励这类车型行驶汽车专用公路。由于这类车型交通量所占比重较低,所以收费较高不会对通行费总收入造成不利影响。因此,0.50 元的收费标准具有其合理性。

3. 充分考虑本地区国民经济发展水平和对车辆通行费的承受能力

根据国家有关规定,制定收费标准时应考虑车主的经济承受能力。严格地说,如果收费标准控制在级差效益以内,收费不会使公路使用者增加任何经济负担。问题在于人们对道路级差效益的认识有一个过程。此外,经济发展水平又决定着单位时间价值,即人们支付货币以换取休闲时间的意愿。所以,在制定收费标准时考虑公路使用者的承受能力有一定的合理性。重庆位于我国西部地区,经济发展和消费水平与东南部地区相比有一定差距,货车车主和旅客对车辆通行费的承受能力相对有限,所以收费标准应适当偏低一些为好。但由于小客车具有较强的承受高收费标准的能力和较高的道路级差效益,并且全国收费标准调整的普遍趋势是提高小型车的收费标准,降低大型车、特型车的收费标准,所以 0.50 元的收费标准通过必要的宣传应当可以为重庆地区的公路用户所接受。

4. 充分参考相关省市或者相关高速公路的收费标准

一些省级人民政府在审核批准高速公路收费标准时提出了"与相关省市高速公路收费标准相适应"的要求,这意味着相邻地区高速公路的收费标准有可能对本地区高速公路收费标准的确定产生影响。

表 6-9 和表 6-10 反映了我国部分省市或者高速公路 2000 年底实行的收费标准。

表 6-9 有关高速公路分车型收费标准比较分析表(一)

车型	分车型收费标准(元/车公里)								
	沪杭甬	成渝	广深	沈大	沪宁	吉林	广州环城	江西	西临
一类	0.45	0.32	0.60	0.25	0.40	0.25	0.70	0.33	0.50
二类	0.80	0.64	1.20	0.30	0.60	0.30	1.35	0.75	0.75
三类	1.20	1.28	1.80	0.35	0.80	0.40	2.25	1.05	1.00
四类	1.60	2.40	2.40	1.00	1.00	1.20	3.20	1.40	1.25
五类	2.00	4.00	3.00	2.00	1.20				
六类		5.00		4.00	1.60				

表 6-10 有关高速公路分车型收费标准比较分析表(二)

车型	分车型收费标准(元/车公里)								
	河南	泉厦	新疆	渝长	长沙绕城	京津塘	西宝	临渭	深圳
一类	0.28	0.45	0.20	0.50	0.30	0.25	0.26	0.41	0.60
二类	0.35	0.90	0.30	1.00	0.60	0.35	0.45	0.68	1.20
三类	0.46	1.35	0.40	1.50	0.90	0.45	0.64	0.81	1.80
四类	0.74	1.80	0.80	2.00	1.20	0.60	0.96	1.08	2.40
五类	0.93	2.25			1.50				3.60
六类	2.00				1.80				

根据表 6-9、表 6-10 分析,全国高速公路收费标准呈现的规律可总结为:①东部地区高于西部地区;②南部地区高于北部地区;③经济发达地区高于经济不发达地区;④山区高于平原;⑤收费标准与投资额有关,一般来说,投资额越大,要求收费标准越高;⑥收费标准呈逐年上调趋势。

5. 充分考虑用车辆通行费收入按期还本付息或获得所需投资收益率的需要

如果高速公路收费的目的是为了偿还贷款,则收费标准应当保证按时足额地偿还贷款本息;如果收费的目的是为了收回投资和取得合理回报,收费标准应当保证公路经营企业收回投资并有合理回报。一般来说,由于高速公路投资具有效益滞后的特点,所以近期回报一般不太理想。

重庆渝长高速公路平均每公里投资 4 396 万元人民币,相对于投资回报的要求,较高的平均投资使得重庆渝长高速公路的收费标准应比除广东以外的其他地区高速公路的收费标准较高一些。根据对该高速公路收费还贷经济分析和收费经营经济分析的结果显示,要保证按期偿还贷款本息或在特许经营期内收回投资并获得合理回报,0.50 元的收费标准也许是最低限度。

根据以上要求,渝长高速公路采取了每小型车公里 0.50 元的收费标准。按照其车型分类以及收费系数的确定情况,分车型收费标准为小型车 0.50 元、大型车 1.00 元和特型车 2.00 元。

6.3.5 收费标准的调整

收费标准的调整是收费还贷实践的一项重要工作。将收费标准调整纳入收费方案的整体研究工作中有助于合理收费并按规定用途使用车辆通行费收入,避免收费标准调整中的盲目性和主观随意性。

收费还贷公路收费标准调整的目的是为了确保按期偿还贷款与集资本息。一般来说,如果收费还贷公路的车辆通行费征收能够保证按期偿还贷款本息,则没有理由变动收费标准。影响按期还本付息的因素一般有以下 4 个方面:

(1) 由于交通量低于预测数所引起的车辆通行费收入的减少;

(2) 由于物价上升所引起的收费费用和公路养护费用的上升;

(3) 汇率变动和利率变动所引起的世行贷款本息余额的增加;

(4) 国家有关政策变动(例如按车辆通行费收入的一定比例征收营业税)使可用于还贷的收入减少。

当发生了以上情况变动时,应考虑进行收费标准的调整。具体做法建议如下:

(1) 国家有关政策的变动属于可预计、可控制的主观因素。当国家政策变动时,应及时根据还贷收入减少百分比调整收费标准。

(2) 交通量变动、物价变动和汇率、利率变动属于不可预计、不可控制的客观因素,根据有关规定,最好根据其影响定期调整收费标准,调整收费标准的时间间隔一般为 2 年。

(3) 在收费标准调整之前,根据间隔期内的实际交通量与预计交通量之间的差异对实际汇率、利率与预计汇率、利率之间的差异以及还贷的具体要求,确定由于汇率、利率提高所需增加的收入占预计收入的百分比。

这样,收费还贷公路收费标准调整的计算公式可表述如下:

通行费收费标准调整(%)=实际物价上涨率(%)+收入减少%/(1-收费减少%)
　　　　　　　　　　　+汇率、利率变动影响的金额/预计总收入×100%

例如,如果重庆渝长高速公路 2000 年 4 月建成通车后,由于某些原因,使 2000 年、2001 年、2002 年 3 年的交通量比预计同期交通量平均低 10%;预计 2002 年平均汇率为 1 美元折合 8.80 元人民币,人民币贬值 4.76%;2000 年、2001 年和 2002 年的物价上涨率分别是 4%、6% 和 5%;那么,通行费标准的调整如下:

实际物价上涨率(%)=(1+4%)×(1+6%)×(1+5%)-100%=15.75%

收费标准调整(%)=15.75%+10%×(1-10%)+4.76%=29.51%

那么基本费率将调整为 0.66 元,分车型收费标准将分别为小型车 0.66 元、中型车 1.00 元、大型车 1.32 元、特型车 2.64 元。

事实上,收费标准调整公式中的实际物价上涨率应改写为:物价上涨所引起的公路养护与收费管理费用的增长×公路养护与收费管理费用占通行费收入总额的百分比。由于相关数据难以获取或所取得的数据难以保证客观真实,因而用实际物价上涨率近似地替代。

收费经营公路收费标准调整的目的是为了维护投资者的合法权益,在一定程度上保证投资者可以获得所需的投资收益率。一般来说,公路经营企业投资者的投资行为属于风险投资,应与国家共享收益,共担风险。因此,除了物价变动原因可允许公路经营企业调整收费标准以外,国家没有义务为经营者担保交通量,也不应当将实际交通量低于预计交通量作为调整收费标准的主要理由。因此,公路经营企业只有可能根据物价的可能上升来对收费标准作必要的调整。

这样,收费经营公路收费标准调整的计算公式可表述如下:

通行费收费标准调整(%)=实际物价上涨率(%)×(1+其他各种因素变动对收费标准影响的%)

收费调整是一项重要且严肃的工作。要尽量避免在收费调整中相互攀比,凭主观意志办事,更不能把不合理挪用的公路通行费以调高收费标准的形式转嫁到公路用户身上。在公路收费事业上,公路用户永远是上帝。只有维护好公路用户的合法权益,才能保证公路收费事业健康发展。

复习思考题

1. 如何从理论上认识公路收费制度?
2. 收费公路类型有哪些?其各自的目的是什么?
3. 影响车型分类的因素有哪些?
4. 分车型的收费标准如何确定?
5. 你怎样认识收费标准的调整?
6. 试述我国收费公路的发展方向。

第 7 章 高速公路交通安全管理

7.1 概　　述

7.1.1 高速公路交通安全管理的含义

交通安全管理是高速公路管理的主要内容之一。自从我国发展高速公路以来，由于缺乏经验，各地多将普通公路交通安全管理的模式照搬到高速公路上去，旧的管理方法在很多地方不适应高速公路的特性，带来了许多弊端。因而，结合我国的具体情况和高速公路特点，尽快建立一套适合我国国情的高速公路交通安全管理体系，就显得十分必要。关于我国高速公路交通安全管理中存在的问题，尤其是体制上存在的问题以及今后的改革在本书第 4 章已集中进行了讨论，本章不再重复叙述。现仅就高速公路交通安全管理的概念、管理内容、管理办法等作简要介绍。

1. 高速公路交通安全管理的概念

高速公路交通安全管理，是指政府通过制订和实施相关的政策法规，规范高速公路上的交通行为，维护高速公路的交通秩序，保障高速公路的交通安全和畅通的行政执法管理活动的总称。

国内外大量的实践已经证明，只有科学地应用高速公路一系列现代化的管理系统，集中、统一、高效地进行交通安全管理，才能充分发挥高速公路快速、方便、舒适、安全、经济的效益。只有认识到高速公路行车速度高、通行能力大、设备完善的特性，建立一套不同于一般公路的法规体系，成立集中、统一、高效的管理机构，进行现代化的交通安全管理，才能体现高速公路的特色，充分发挥高速公路作为现代化交通设施的巨大潜力。

2. 高速公路交通安全管理的性质

高速公路交通安全管理既有行政管理的性质，又有技术管理的性质。

（1）高速公路交通安全管理是一种专业化的行政管理。行政管理是管理的一种，它是指国家根据宪法和有关法律，通过行政机关对国家事务进行管理的组织活动，是国家行政权的运用和实施。高速公路交通安全管理是一种专业化的行政管理，它以人、车、路、环境为管理对象，以实现高速公路安全、畅通为目标，研究高速公路交通安全管理活动规律，探求有效地提高管理效率的途径、方法，从而建立科学的高速公路交通安全管理体系，提高管理效能。

（2）高速公路交通安全管理是一种科技含量高的技术管理。高速公路交通安全管理的技术管理性质,包含两层含义:第一,是对与交通安全相关的技术性因素的管理,如驾驶员培训质量的检查、车辆的技术检验、道路安全设施的技术监督与检查等;第二,是指高速公路交通安全管理具有技术密集型管理的特点。以监控、通信等系统为代表的信息跟踪系统体现了高速公路交通安全管理的智能化方向,它们是适应高速公路管理特点而产生的,同时,也是高速公路交通安全管理区别于普通公路安全管理的关键之一。

3. 高速公路交通安全管理的特点

作为一门专业化的行政管理,高速公路交通安全管理除具有普通行政管理的一般规律外,还具有广泛性、全时性、复杂性、先进性等特点。

(1) 广泛性。衣食住行是人类最基本的生活内容,"行"即交通。人类的生产和生活离不开交通,因此,高速公路交通安全管理涉及千家万户,与人民群众有着密切联系。另外,高速公路影响面广,与工业、农业、邮电、通信、商业、环保等部门有着千丝万缕的联系。综上所述,我们说高速公路交通安全管理具有广泛性。

(2) 全时性。高速公路作为一个全封闭的系统,除特殊情况外,实行昼夜开放连续运营,因此,管理机关必须对高速公路实施全天候、全方位的交通安全管理,以便及时排除各种隐患,确保高速公路安全、高效地营运。

(3) 复杂性。高速公路交通安全管理的复杂性主要表现在:一是高速公路交通安全管理涉及法律、法规、管理体制等诸多方面,它们之间相辅相成,存在着调整—适应—不适应—调整的动态协调过程;二是高速公路交通安全管理内容广泛,涉及面广,公安、交通等部门在工作职责上有交叉,各部门的法规和政策又不配套。因此,各部门之间也存在着复杂的协调、平衡和配合等问题。

(4) 先进性。高速公路作为一种先进运输生产力的代表,对安全管理提出了更高的要求。只有在先进的理论指导下,综合运用法规、现代管理科学以及先进的工程技术等一系列手段,协调系统内各管理要素的关系,使系统达到整体最优,才能适应新的运输生产力发展要求。

4. 高速公路交通安全管理的意义

(1) 有效的交通安全管理,能创造良好的高速公路交通秩序,既有利于收费任务的顺利完成,又有利于维护公路交通部门的良好形象,对公路交通的发展有着重要意义。

(2) 有效的交通安全管理,使运输工具的效能得以充分发挥,高速公路的利用率得以提高,投资环境明显改善,对国家经济效益和社会效益的提高有着深远的意义。

(3) 高速公路交通安全管理通过各种有效措施,确保行车安全,最大限度地减少人员和财产损失,保障了国家和人民的合法权益。

(4) 高速公路交通安全管理对打击犯罪,维护社会治安,保障精神文明和物质文明建设的顺利进行也有着重要的意义。

7.1.2 我国高速公路的安全现状

高速公路由于采取了一系列确保行车安全的措施,行车事故大大减少。据统计各国高速公路的交通事故率和死亡率平均分别只有普通公路的 1/3 和 1/2。日本一般公路上每亿车公里交通事故为 195 起,而在高速公路上只有 27 起;美国 1980 年在一般公路上交通事故死亡人数为 51 153 人,平均每亿车公里死亡 2.1 人,而高速公路的死亡人数为 4 643 人,平均每亿车公里仅 1 人,减少了一半。而我国高速公路交通事故频繁,事故率大大高于日本、美国等发达国家。

7.1.3 高速公路安全管理发展方向——智能交通系统 ITS

近半个世纪以来,交通拥挤、道路堵塞、交通事故频繁、环境污染严重等问题正威胁着人类的生活和社会的进步。

早在 20 世纪 50 年代到 60 年代,欧美经济发达国家已认识到交通对区域与城市社会经济发展的重要作用,进行了大规模区域运输网(特别是高等级公路网)及城市道路网络建设;从 20 世纪 70 年代开始,经济发达国家在强化交通基础设施建设的同时,进一步提出了交通需求的管理技术;至 80 年代,经济发达国家经过 30 年左右时间的建设,已经建成了完善的综合交通运输体系,但交通需求的继续增长,使得交通堵塞等现象仍很严重,这些国家将主要精力放在交通系统的现代化管理上。目前,无论是发达国家还是发展中国家,都毫无例外地遭受着不断恶化的交通状况的困扰。即使是社会经济和科学技术高度发达的国家,也只能宣称很好地解决了衣、食、住问题,而对行却没有找到根本性的解决方法。经过多年的研究、分析和探索,交通运输领域的专家和学者们提出了解决问题的最佳途径——智能运输系统(Intelligent Transportation System,ITS)。

智能运输系统是目前世界交通运输领域研究的前沿课题,它是在当代科学技术充分发展进步的背景下产生的。根据美国交通工程学会(1991 年)在其出版的《交通工程手册》中的定义,智能运输系统(ITS)是将先进的检测、通信及计算机技术综合应用于汽车和道路而形成的道路交通运输系统。ITS 的研究目标是使车辆和道路的功能智能化,提高运输效率、保障交通安全、缓解交通拥挤、改善行车安全、减少环境污染等。ITS 的概念一经提出,便成为当时国际学术活动的热门课题,各发达国家都以极大的热情投入到 ITS 的研究和实践中。其中的原因概括地说是因为 ITS 可以大幅度地提高现有公路网络的通行能力和安全性,代表着道路交通科学的发展方向,可以根本改变现有道路交通的技术面貌,使道路交通科学技术实现新的突破和更大的发展,同时可以减少交通拥挤和交通事故,提高劳动生产效率,强化国际间的竞争力,并增加未来的新产业。

利用高科技、计算机技术、通信技术等手段改进通信、收费、监控等机电设施的系统工程来发展智能高速公路,其目的是解决交通阻塞,提高行车安全和服务质量,体现出现代化高速公路的特色,道路交通运输系统现代化——智能运输系统(ITS)的具体内容有下述 3 个方面。

1. 信息设备

智能公路体系的灵魂是信息设备,采用设于高速公路上的车辆检测器,每当车辆通过它时,可将信息输入中心电脑。它可能将交通阻塞减少一半,交通事故率可望降低 80%。当交通拥挤时,中心电脑即指示高速公路延长红灯时间,同时还可以用电子显示牌向司机显示交通阻塞情况(程度、范围及采用哪条行车路线),此外中心电脑也可启动路旁闪光装置,通知司机收听当时当地交通电台广播,以便因地制宜地选择行车路线。

此外还可使用在路旁的红外线发射站,自动向司机报告前方交通运行状况(德国),或使用超高频无线电信号报告公路交通情况,此信号能在汽车安装的荧光屏上清楚地显示出来(美国)。

汽车信号接收系统可将交通情况图、行车路线和车辆本身所处位置显示在屏幕上。如果将行车线路输入电脑,此系统还会为汽车自动导航(日本)。

为疏导繁忙交通,除发展全国性数字传送广播和地区交通情况广播外,还可在公路旁埋设感应线路,驾驶员需要时可随时呼叫(欧盟)。

此外在每部汽车里还安装有一种独立工作的车距报警器,如车辆距离到很小时,后车会自动降低速度,保持与前车安全距离,以避免车距过近而发生追尾事故;有的还采用卫星来指挥远距离客货运输(日本)。

2. 智能车辆与高速公路系统(IVHS)

利用无线电技术,对汽车行驶状态及道路状态等信息进行交换和处理,使车辆可以在无人操作的情况下自动安全行驶,其主要方向是智能汽车,它有三根天线,即收音机、全球定位系统、行车监督系统,还有雷达和摄像机。当乘坐人员进入车内,在一个微型发射机的键盘上输入密码,车子就开始进入工作。

车距前后检测使用雷达控制,侧面控制由一台瞄准摄像机来保证。

红外视屏在有雾状态下可使路况清晰可见,一旦出现路障时车辆可绕道而行,即使有事故发生,车子前面与侧面的安全气囊即时起动,可保证乘坐人员安全无恙。

3. 自控系统

自动化车辆导向系统的总称(AVG),它可协助驾驶员识别险情,无人驾驶车辆驶过路面时,从交通信号灯接收指令,通过电子装置连接,模仿前车行驶,既不会发生交通阻塞,又不会发生交通事故。目前日本丰田、日产等公司正在开发利用自动化车辆导向技术,荷兰TNO一研究所人员已开发出一种装有车道控制装置、险情控制装置和导向系统等最新技术的小汽车。

7.2 高速公路交通安全管理

高速公路的交通安全管理不仅关系到高速公路的正常运行,也影响到人民的生命财产、生活和工作。世界各国统计资料表明:因为高速公路全封闭、分道行驶、有完善的设施,有严密的现代化交通控制管理,因而事故率比一般公路低得多。但一旦发生事故,往往是恶性事故,一次事故殃及的车辆数多、伤亡率高,且处理事故中又往往造成交通阻塞,为此要高度重视交通安全管理,尽力杜绝高速公路的交通事故。一旦发生交通事故,应尽快排除,使之对高速公路行车影响减到最小。

7.2.1 交通事故的定义分类

1. 定义

关于道路交通事故的定义目前国内和国际有不同的说法,美国国家安全委员会对交通事故的定义为：交通事故是在道路上所发生的、意料不到的或危险的事件。日本对交通事故的定义为：在车辆的行驶中引起人员伤亡或物的损坏。我国上海辞书出版社出版的《法学词典》中对交通事故做了如下定义："交通事故通常指人、车在城镇街道、公路上造成人身伤亡或公私财产损失的事故"。交通事故发生的原因是多样的，一般有违反交通规则和操作规程造成的；有因为驾驶员疏忽大意造成的；也有个别的是有人蓄意破坏造成的。但由于不能抗拒（如自然事故）或者不能预见（如突然发生的事故）的原因，或者不属上述范围而在车站、码头、广场、海堤、工厂矿区、建筑工地、田间等处发生类似的事故，不能以道路交通事故论处。

交通事故一般是指"车辆在道路上因过错或者意外造成的人身伤亡或者财产损失的事件"（《中华人民共和国道路交通安全法》第八章）。

伤——医生证明需要休息一天以上者，或有骨折，或有皮肉裂伤需缝合者，或脑震荡者。

亡——主要因交通事故造成的事故后七天内死亡者。

物损——直接经济损失20元以上者（大城市）或50元以上者（在公路上）。

从上述意义可以看出，构成交通事故必须具备下述5个要素。

1）人、车辆

车辆包括各种机动车和非机动车。这是交通事故的前提条件，即当事双方中，至少有一方使用车辆，如无车辆则不认为是交通事故。人是指参与交通的自然人。

2）在特定道路上

这是道路交通事故的特征，是指事故发生的地点在国家交通法规明确规定的"公路、城镇街道和胡同（里巷），以及公共广场、公共停车场提供车辆、行人通行的地方。"厂矿、企业、机关、学校、住宅区内不具有公共使用性质的道路不在此范围。

3）通行过程中

这是指车辆不是静止而是在行驶中。确切地讲，至少有一方车辆及与交通事故有关的因素处于交通单元间相对运动状态。如车与路、车与人、车与车相对运动。

4）具有违法性质

这是指当事人的行为具有违反交通法规规定的主观过错；也包括没有主观过错，但按照法律规定应当承担责任的行为。因为人力所无法抗拒的原因，如地震、台风、山崩、洪水、雪崩、泥石流等原因造成的事故，自杀或利用交通工具进行其他犯罪，以及精神病患者在发作期行为不能自控而发生的事故，均不属于交通事故。

5）损害后果

既要有以上特定条件，又要有人、畜伤亡或车、物损失的后果，没有后果不能称为交通事故。

2. 分类

交通事故一般有下述3种分类方法。

1）按后果严重程度分类

根据事故造成的后果，按照1985年1月1日开始执行的国家统计标准将交通事故分为以下几种。

（1）轻微事故。是指一次交通事故造成轻伤1~2人；或直接经济损失机动车事故损失折款在200元以下，非机动车事故损失折款在50元以下的。

(2) 一般事故。是指一次交通事故造成重伤1~2人；或轻伤3人或3人以上者；或直接经济损失机动车事故损失折款200元以上至5 000元，非机动车损失折款在50元以上的。

(3) 重大事故。是指一次交通事故造成死亡1~2人；或重伤3~10人；或直接经济损失折款5 000元以上至10 000元；或虽未造成人员伤亡，但危及首长、外宾、知名人士的安全，政治影响很坏的。

(4) 特大事故。是指一次交通事故造成死亡3人或3人以上；或重伤11人以上；或死亡1人，同时重伤8人以上；或死亡2人，同时重伤5人以上；或者直接经济损失折款在10 000元以上。

所谓死亡，是指因道路交通事故而当场死亡或七天内抢救无效死亡的。

所谓重伤主要是指下列情况：

① 经医生诊断成为残废者，或可能成为残废者；

② 伤势严重，需要进行较大手术方能挽救生命的；

③ 人身要害部位严重烧伤、烫伤；或非要害部位，但烧伤、烫伤面积占全身1/3的；

④ 严重骨折，如胸骨、肋骨、脊椎骨、锁骨、肩胛骨、腕骨、腿骨和脚骨等骨折，以及严重脑震荡等；

⑤ 眼部严重受伤有失明可能的；

⑥ 手部受伤，如大拇指折断一节；中指、食指、无名指、小指任何一只轧断为两节或任何两指各轧断一节；局部肌腱受伤甚剧，引起机能障碍，有不能自由屈伸、有残废可能的；

⑦ 脚部受伤，如脚趾断三只以上；局部肌腱受伤甚剧，引起机能障碍，有不能行走自如，有残废可能的；

⑧ 内部伤害、内脏损伤，或内出血、腹膜伤害；

⑨ 不属上述范围的伤害，但经医生诊断认为受伤较重的，可据实际情况参考上述各条确定。

所谓轻伤，是指经医务人员诊断，需要休息一天以上，且不构成重伤者。

所谓直接经济损失，是指修复损失车辆的材料费用，物品、货物、牲畜损失的折价费用。

2) 按产生原因分类

任何交通事故的发生都有其必备的原因，因此从原因上交通事故可分成两大类。

(1) 主观原因：包括违反规定、疏忽大意、操作不当等，这是主观故意或过失造成是当事人本身内在的因素。

(2) 客观原因：道路条件的不利因素，如线形、路面状况、气候、水文、环境等。

3) 按交通工具分类

(1) 机动车事故：指在事故当事方中机动车负主要责任的事故。

(2) 非机动车事故：指畜力车、三轮车、自行车等非机动车负主要责任的事故。

(3) 行人事故：指行人负主要责任的事故。

4) 按事故发生现象分类

(1) 连环追尾事故：这是高速公路上最常见的一类事故。经常听到关于数十辆车，甚至上百辆汽车相撞的特大交通事故，这些事故几乎都是由追尾造成的。京津塘高速公路、沪宁高速公路、京石高速公路、沈大高速公路等都发生过此类交通事故。这类交通事故虽然在高速公路事故发生总数中所占的比例不大，但一般都是恶性交通事故，损失巨大，影响很坏。

(2) 违章停车交通事故：这类交通事故在我国高速公路上的发生率也很高。如 1997 年 1 月 24 日晚 18 时，苏州金诚塑料制品有限公司的驾驶员驾驶客货两用车在超车道上停车，未设任何警告标志并下车走动，被后面一快速驶来的汽车撞出几米远，当场死亡。这类事故约占高速公路交通事故总数的 12.9%，但其损失一般都比较大。

(3) 车况不良交通事故：这类事故主要表现为以下几种。①刹车失灵，②灯光不全，③油料耗尽，④转向器、刮雨器等其他部件失灵或损失引发的交通事故。如 1995 年 10 月 17 日 8 时 50 分，在莘松高速公路新桥收费口处，一辆大货车突然刹车失灵，驾驶员为避免撞击公路管理人员，导致车辆撞击收费亭，车辆、设施严重损坏，一人重伤，直接经济损失达 5 万元。这类事故在我国高速公路上时有发生，我国至今还有很多老式的大货车，这些大货车在高速公路上行驶很难保证不出问题。

(4) 爆胎事故：这也是高速公路最常见的事故之一，约占高速公路事故发生总数的 14.15%。1994 年 11 月 21 日 19 时 10 分，在莘松高速公路下行 7 公里处，一辆小型客车由西向东行驶，突然轮胎爆裂，车辆撞向中央隔离护栏，2 乘客从车内飞出，当场死亡，车辆及公路设施严重损坏，直接经济损失 5 万余元。

(5) 行人、非机动车违章造成交通事故：这类交通事故在高速公路交通事故中占有相当的比例，而且这类事故通常都为重大交通事故或是重大交通事故的诱因。在我国一些地区，人们的思想观念还没有完全转变过来，横穿高速公路的现象还常有发生。例如 1997 年 4 月 6 日 19 时 20 分，沪嘉高速公路上行 22 公里+750 米处，一行人突然横穿高速公路，致使一辆机动车躲避不当，车辆撞击公路护栏导致轻伤 3 人，损坏机动车一辆，直接物损达 29 852 元。1997 年 6 月 22 日 22 时 30 分，一行人横穿高速公路，上海市某单位驾驶员因躲避不及，方向失控，撞击公路护栏，造成车辆严重损坏，直接物损 2 900 余元。

(6) 失火事故：通常情况下，汽车在行驶过程中突然起火是难以预见的。但如果不注意作好预防措施，若发生在高速公路上，其结果可能是灾难性的。如 1997 年 2 月 13 日 6 时 10 分许，广东省广深高速公路 17 公里+800 米处，一辆大客车突然起火，造成 40 人死亡、18 人受伤的特大交通事故。这类事故在高速公路交通事故中所占比例不高，但由于高速公路本身的特点，难以组织扑救，其损失同普通道路相比一般要大得多。

(7) 操作不当引发交通事故：据不完全统计，这类事故约占高速公路事故发生总数的 25.71%，而且驾龄不超过三年的年轻驾驶员占这类交通事故总数的 90% 以上。高速公路上车速较快，许多年轻驾驶员由于缺乏驾驶经验，很容易在高速公路上将方向盘打得过大而发生与公路护栏相撞的事故，加上年轻驾驶员遇突发事件反应不及更加大了这类事故的发生率。如 1995 年 4 月 27 日 24 时，某实习驾驶员驾驶一辆大型货车沿莘松高速公路由东向西行驶，当行至莘松高速公路上行 5.9 公里处时，发现前方因故障停驶的车辆后未能采取任何有效措施，导致甲车追尾撞击乙车，造成甲车两名乘客当即死亡，1 人重伤，直接经济损失 73 302.49 元。

7.2.2 高速公路交通事故的特点

世界各国的统计资料表明，高速公路是安全度最高的公路，《法国高速公路》一书中认为"高速公路四倍安全于一般公路"。这是因为高速公路宽阔、平直、分道行驶、全封闭、有完善的交通安全和交通控制设施，但高速公路又具有车流量大、行车速度高的特点，因而如行驶途中任一车辆由于故意、非故意造成车辆碰撞停行,均将酿成重大交通事故,且事故殃及车辆数多,死亡率高。这是高速公路上发生交通事故的一个重要特点。

在事故类型中,撞车事故所占比例大,这是高速公路事故的另一特点。据日本1985年高速公路事故统计,汽车相互撞车占总事故的48.3%,单独撞车占47.2%,可见撞车比例之大。另外从一些统计资料看,高速公路事故从车型原因上也有一定特点。按车型,大卡车事故比例占30.97%,大客车占7.31%,拖挂车占4.17%,小汽车占37.1%,小货车占18.0%,其他2.45%;按事故原因,车间距离过小占29.09%,驾驶不当占25.71%,其他占12.99%。

法国资料则认为:事故的首要原因是疲劳和瞌睡,占26%;对气象条件考虑不足占13%;充气不当引起轮胎破裂占10%;速度过快占7%。当对气象条件考虑不足、安全距离又不足,速度过快时危险性更大,占超速事故的27%。另外夜间车辆风险比日间高两倍。从分析上看饮酒似乎不是重要原因,因驾驶员在上高速公路前普遍避免喝酒,服务区又禁止售酒。

我国有的省对50起事故分析,因疲劳驾驶占18%,爆胎占24%,制动失灵占22%,这和我国目前在高速公路上行驶车辆的技术状态不高有关。

另外,高速公路上汽车速度高,下雨天容易产生高速水膜滑行(也称水漂)现象,这时车辆不是跟路面接触,而是托在水膜上滑行,轮胎的摩擦力几乎为零,刹车失控、方向盘不灵,极易发生事故,这也是高速公路交通事故显著的特点之一。另外雾天能见度低、雪天路面有冰雪,均使高速公路较一般公路容易发生事故。

同普通道路相比,高速公路交通事故主要有下述几个特点。

1. 高速公路发生重、特大恶性交通事故的概率较大、所占比例高

高速公路上由于汽车行驶速度快,汽车运行时动量大,因而冲击力强,一旦发生事故往往危害性大,后果严重。这种危害性和后果往往会超过普通公路上同类交通事故的几倍、十几倍、几十倍、上百倍。如1979年日本东名高速公路日本板隧道内发生一起车辆连环相撞事故,同时并发大火,结果造成7人死亡,173辆车辆烧毁。又如1996年11月24日,沪宁高速公路刚通车不久,南京至上海方向140公里处发生多辆车追尾相撞的群车交通事故,造成10人死亡,11人受伤,44辆车受损,其中6辆车报废的特大交通事故。无论国内国外,高速公路所发生的恶性交通事故已并不少见,造成的损失往往相当惊人。据统计,在高速公路发生的交通事故中,轻微的交通事故所占比例微乎其微,直接物损在1万元以上的事故占了事故总数的70%~80%。

2. 单车事故所占比例很大

据不完全统计,高速公路上车对车事故占事故总数的51.2%,单车事故占事故总数的47.8%,还有1%属其他原因;而一般道路上单车事故仅占事故总数的5%,是高速公路单车事故的1/10。以上海的情况为例,1997年第二季度上海三条高速公路共发生交通事故41起,其中有22起为单车事故,占事故总数的53.7%。

3. 意外事故所占比例较大

同普通道路相比,高速公路通常情况下车速很快,遇意外情况更容易发生事故,而且发生的事故往往会造成很大的损失。在一般道路上,如遇机械故障、轮胎损坏、突然失火、抛锚等情况时,由于车速不快,且周围容易找到求助的人员,一般不会造成太大损失。而在高速公路上情况则完全不同,遇以上情况时,一般都不可避免地会导致发生交通事故。以上海市1997年第二季度的统计结果为例,在此期间发生的41起事故中,因意外而发生交通事故的计12起,占事故发生总数的29.2%,直接物品损失达数十万元。

4. 事故驾驶员中新驾驶员所占比例大

新驾驶员在高速公路上发生事故的比重很大。新驾驶员由于缺乏行车经验和在高速公路上应急情况的处理经验,因此在高速公路上很容易因采取措施不当而发生交通事故。仍以上海市1997年第二季度高速公路交通事故的统计结果为例,52名事故驾驶员中,驾龄不超过3年的就有29名,占事故驾驶员总数的55.7%。

7.2.3 高速公路事故处理

1. 事故监视及排除

高速公路事故监视是迅速排除高速公路交通事故、减少事故对交通流影响的基础。

根据目前我国的经济实力及道路建设情况,在近期内采用闭路电视、救援装置和紧急电话、驾驶员互助系统、公安和公路巡逻车监视事故更为经济有效,而且完全可以利用现有公路监视系统。

一旦事故被监视到,那么交通事故迅速排除便成为保证交通的关键。排除高速公路的交通事故,应由负责交通事故的公安交通管理部门负责,但更需要一支有许多机构配合默契的管理队伍,即既包括高速公路管理者、交通公安,也包括医疗、消防、救援者的有机配合。

当监控中心得知发生交通事故后,应立即通知路政、养护、公安交通管理部门及和事故有关的医疗、消防、救援单位。各方均应及时赶到现场,组成临时事故排除指挥组。交通公安管理部门负责勘察现场、疏导交通、依法处理事故;路政部门负责勘察路产损失、排除路障和清理事故现场、依法索赔路产损失;养护部门负责迅速恢复被破坏的交通构造物及设施,医疗、消防、救援部门按和高速公路管理部门签订的服务合同,及时抢救人员、灭火救援或为需救援车辆提供服务;监控室应及时发出各种控制交通的信号。总之事故排除是一个统一的系统工作,各部门一定要各司其职、紧密配合、协调工作。事故现场勘察处理完毕后,要迅速解除紧急状况下的交通管制,恢复正常交通。

2. 交通事故勘察及原因分析

事故原因分析的基础工作是勘察和调查。现场勘察的目的是收集痕迹、物证及其相互之间的相关因素;查明发生事故的主客观原因,为研究事故的原因和规律提供可靠的依据,判明当事各方发生事故过程中主要情节和违章因素。

现场勘察的主要内容是绘制现场图、摄影、取证和询问、访问及其他现场调查。现场图包括平、立、剖面图、立体图和示意图,是法律证据;现场摄影是事故佐证;询问、访问和其他现场调查是获取必要的补充证据材料的方法。

事故勘察和调查后应进行事故分析,分析可根据勘察资料从下述3种原因进行分析。

1) 车辆及其行驶状况导致的事故

此类事故所占比例较少,但后果极为严重。

(1) 事故与原因的联系:因轮胎花纹严重磨损,制动构件不灵,致使紧急刹车而产生跑偏或侧滑;转向机构不灵,制动器失控,加减速运输构件不适应,零部件断裂,引起撞车、翻车、燃烧;违反交通规则侵占对向道路行驶,违章超车、超速、超重、超宽等违章运行造成交通事故。

(2) 轮胎痕迹与事故分析:轮胎印迹是车轮留在地面上的,是车辆运动过程中的真实记录和反应,是不可缺少的物证和分析事故原因的主要依据之一。利用胎迹可鉴别车型、轮距和轴距,根据其宽度变化可以分析出车辆回转运动过程,根据印迹曲线分析肇事车辆的偏移和侧滑;根据制动印迹的转折判断冲击点位置;根据拖印距离确定肇事车的速度等。

(3) 车体痕迹与事故的分析:从车体凹陷、塌陷与孔洞痕迹判断接触部位和车辆的行驶方向。

(4) 路面痕迹与事故的分析:路面的撞击痕迹可以作为判断车辆行驶方向及其当时速度的根据。

(5) 散落物与事故的分析:事故发生后产生的散落物,如玻璃片、零部件、装载物、润滑油、冷却水、血迹等与车体及其接触点的位置和方位、距离,可判断事故发生时车辆运行情况。

2) 公路条件的原因导致的事故

(1) 路面状况:路面粗糙度不够,则使轮胎与路面之间的附着系数降低,制动距离增加,将会造成事故。

(2) 其他公路条件:如公路构造物有损坏未及时修复,护栏、护墙损坏后未及时进行修复,公路因自然条件形成瓶颈路段等。

3) 驾驶员心理特点导致的事故

(1) 接收信息特征:交通安全管理信息一般有突显信息、先兆信息、微弱信息和潜伏信息等种类。不同的驾驶员对上述信息敏感程度和接收程度不一,有少数驾驶员对微弱信息和潜伏信息不易察觉。

(2) 视觉反应特征:因刺激频繁或不足、情绪高涨和低落、年龄大小、疲劳状况、车辆速度、酒精和药物作用、高等级公路行车环境等原因均会对驾驶员的视敏度、视野、色觉反应产生不同的影响,致使某一些属性下降,发生判断错误而导致车祸。

(3) 安全感:取决于高速公路交通安全条件,此条件差,安全感差,安全性降低;反之,条件好,安全感高,安全性提高。

总之,驾驶员作为高速公路的使用者,其意志、欲望、感情、情绪、疲劳、疾病、酒精、药物等,均可影响操作特征,对保证行车安全有着极密切的关系,分析事故中应作为一个重要因素来分析。

7.3 高速公路交通安全的影响因素

7.3.1 驾驶员的因素

在高速公路交通事故中,尽管有其他因素的影响,但人的因素无疑是最主要的。根据日本交通事故分析结果,在与事故有关系的人、车、路(公路、通行环境)三类要素中,人的因素明显占很大比例,而路和车作为事故的诱因则各占 34% 和 12%。这个调查结果说明,进一步加强对驾驶人员的安全教育是极为重要的。

在我国,驾驶员人员存在的主要问题仍是素质问题,其主要表现为下述 3 个方面。

1. 法制观念淡薄

目前,我国多数省市高速公路均制定了管理规定。1995 年 3 月公安部颁布实施的《高速公路交通管理办法》,对进入高速公路车辆的速度、运行车道、行车间距、临时停靠、系安全带、设置临时安全标志等也作了严格的规定。但在实际执行中部分驾驶员仍置若罔闻,强行超速、随意占道、违章超车、任意超载,从而造成不应有的事故。特别是超速行驶已成为高速公路上较普遍的现象。京津塘高速公路车种分析显示:1996 年小型车的比例已从 1991 年的 80% 下降到了 57%,但小型车的事故却占了 64%,其中多数原因是由于超速行驶造成的。曾有一辆进口赛车在京津塘高速公路上以每小时 230 公里的速度行驶,最终酿成事故。

2. 缺乏高速公路行驶经验

高速公路一般限速在 110～120 公里/小时,很多驾驶员缺乏在这个速度下行车转向或紧急制动的体验,常因递接饮料、调整音响、急刹车等使汽车失去控制。此外,能见度较差的雨雾天气、易于结冰的桥面、路面偶存的雨后积水等都会给缺乏高速行车经验的驾驶员造成威胁。几年来,京津塘高速公路天津段的单车自身事故一直占交通事故总数的 40%～45% 左右,其中一半以上是由于驾驶员操作不当造成的。

3. 不适应高速公路管理环境

很多驾驶员习惯于将一般公路的行车观念套用于高速公路,特别是停靠故障车常不按规定设置警告标志(现行警告标志设计过小、不醒目、质量轻、稳定性差)或于车后摆放石块、树枝等,极易造成严重后果。更值得指出的是,相当一部分驾驶员对高速公路标志、标线的含义不清楚,不能适应依靠标志牌、可变信息板进行无人管理的环境。在随机调查中,竟有 80% 的驾驶员对高速公路的行车规定不能全面了解,有一部分人甚至说不清服务区有何功用。面对这样的状况,在高速公路上建立良好的行车秩序对于管理部门来说,的确是一件较为困难的事情。

高速公路全封闭、全立交、路况良好、路面环境变化较小、车辆行驶起来不需要采取太多措施,驾驶员的警惕性下降,安全意识淡薄,故而疲劳驾驶、酒后开车、随意在路肩上停车、超载、连续违章超车、车距太近、不系安全带等现象时有发生,并不断引发恶性事故。

7.3.2 道路与环境的因素

道路的因素包括高速公路的通行环境、道路的构造、管理状况等,这些因素直接关系着高速公路通行车辆的安全。因此需要讨论的话题很多,诸如解决夜间局部照明、增加路侧无障距离、改进防撞护栏设计、降低路基坡度、拓宽通行车道等。

道路与环境的各种因素可分为下述 6 点。

1. 高速公路线形设计

高速公路的线形设计与高速公路事故的联系在近年来逐渐被人们所深入认识，这是由于多年来缺乏将某个特殊地点的设计与事故数据联系起来的翔实资料，缺少跨专业的系统分析所致。随着高速公路行车速度的提高，驾驶员的视觉感受与高速公路线形间的关系，正在成为保证交通安全的一个新的课题。目前我国很多高速公路存在的"百慕大"路段极可能与线形设计有关。

京津塘高速公路 54～56 公里处历来为事故多发地段。运营初期，交通事故不断出现，甚至包括管理部门的路巡用车，于是传闻与该地段通过一片坟地有关。后经专家分析，称该路段为大半径曲线向小半径曲线过度的"S"弯道，由于京津塘高速公路的弯道设计半径大多在 5 000 米以上，驾驶员在曲线半径很大的弯道上行驶时往往会误认为是直线，当进入较小曲线半径的"S"弯之拐点时，才发现前边仍是弯道，此时驾驶员紧急转向的反应时间至少需要 3 秒钟，当车速超过 150 公里/小时时，弯道的预留长度不够，车辆就会冲出路缘发生事故。这个实例较典型地提出了驾驶员视觉感受与线形设计的理论实践问题。

在运用视觉原理进行线形设计方面，我国现行的《公路路线设计规范》仅提供设计的原则，尚无定量参考的数据资料，缺少实践与科研的依据，因而较难分析与考查事故多发地段的线形质量。近年来，有专家提出结合视觉问题进行包括时间(t)在内的 x,y,z 四维方程组合的立体线形设计。其要点是将平面线形与纵面线形的变曲点设在同一点上，以消除不安全感，使其空间的变曲点从各个方面看都在同一个位置，通过连续曲线组成立体线形，形成清晰的透视状态。

大量的交通事故统计资料说明，高速公路的线形设计与安全性密切相关。如何在高速公路线形设计中既确保安全性高，也确保安全感高，还需进行深入的研究与探讨。

2. 路面状况

高速公路的路面在建成初期一般都符合要求，也不会对交通安全产生任何不利影响。这方面需要做的主要工作是对交通事故、原油污染等原因造成的路面破坏，以及由于路基下沉或路面施工质量不高所造成的路面破坏及时进行修补，使路面平整度、摩擦系数等技术指标符合要求，以免影响交通安全。这就要求公路部门在发现路面破坏后，应立即向养护部门发出维修通知单，以便养护部门及时修补，避免影响交通安全。

3. 路肩情况

因一般的高速公路路肩宽度有限，如有故障车在路肩停靠则很可能会占用行车道，这就给交通安全留下极大的隐患。而事实上拓宽路肩的难度又很大，我们认为目前最实用的办法就是要根据条件在一些地带建停车带。这样，来不及拖走的事故车就可暂时停放在停车带内，以避免事故的发生。

4. 中央隔离带的绿化防眩

高速公路的车辆在夜间开灯行驶时，对面的车辆灯光易影响驾驶员的视线，影响交通安全。解决这个问题可采取两种办法：一是在中央隔离带建一条永久性的隔离墙；二是栽植灌木等进行防眩。事实上第二种措施较为可取,因为植灌木在解决防眩问题的同时美化了行车环境,造价也低。济青高速公路的中央隔离带内已完成了灌木栽植工作,有效解决了防眩问题,提高了夜间行车的安全性。

5. 安全标志和标线

合理地设置道路安全标志,有助于提高驾驶人员的注意力,引导驾驶员采取正确的措施,避免事故的发生。济青高速公路开通以后,根据不同路段的特点,每年都定期和不定期对道路情况进行调查,根据需要设置许多不同的警示性和引导性安全标志牌,另外还建造了部分可变情报板,以显示不同的信息,对行车安全很有帮助。特别是在济青高速公路某些事故多发地段,设置的标志牌有效地起到了避免事故发生的作用。冰、雪、雾、雨等特殊天气条件下,有必要设置一定数量的临时性安全标志,以警示驾驶员谨慎驾驶。高速公路上的标线经过一定时间以后,反光效果就会减弱,影响行车安全。针对这个问题,高速公路管理部门要加强维护,对效果不好的要及时进行重涂,增加行车的安全性。另外,在济青路济南路段约 50 公里的范围内,行车道与路肩之间的标线还试验由一种反光道钉代替。这种反光道钉在夜间的反光很强,并且如果驾驶员疲劳驾驶,车轮一旦驶上反光道钉,产生的震动会将驾驶员震醒。

6. 恶劣天气因素

冰、雪、雾恶劣天气条件下事故发生率高,并且很容易由一起事故引发另外一起或一连串的事故。路面上有冰、雪时,摩擦力小;雾天、雨天、夜晚,能见度低,这都是事故发生的原因所在。恶劣天气因素客观上属于不可抗力,只能通过人为的防范措施来避免或减少交通事故。

针对这个问题,首先采取的办法还是在收费口设立警示牌(如"大雾慢行"、"雨天路滑,请慢行"等)、分发宣传品等措施以提高驾驶员的注意力。其次,在遇到冰、雪天气时,要采取及时往路面上撒融雪剂或盐等措施,以加速冰、雪的融化速度,或出动人员车辆对路面冰、雪进行清扫和铲除。在能见度低的天气情况下,应多出动巡逻车并开启警示灯进行巡逻,或进行喊话,以对驾驶员起到警示或提示作用。在恶劣天气条件下,一旦发现事故发生时,要尽可能快地把事故车清走;来不及清走的,要开启闪光灯或采取其他措施搞好现场保护,避免引发二次事故。

下面摘录济青高速公路对采集的各种异常天气(雾、雪、雨、冰雹、大风、结冰等)进行定性分析后提出的控制方案,供大家借鉴参考。

1) 雾

轻雾——能见度在 100 米以内时,范围较大,影响车辆的正常运行,造成交通不畅,有轻微事故发生或造成单车道阻塞。此种情况列入一号控制方案。大雾,能见度在 50 米以内时,范围较广,影响车辆的行驶,路面阻塞严重时有事故发生或造成单幅车道阻塞。此种情况列入二号控制方案。特大雾,能见度在 10 米以内,严重影响交通,事故频繁发生,造成道路严重阻塞或车辆不能上路行驶,必须绕道行驶。此种情况列入三号控制方案。

2) 雪

小雪——雪厚小于 1 厘米,能见度在 100 米以内,范围较大,影响车辆的正常运行,造成交通不畅,路面较滑,需减速行驶,有轻微事故发生或造成单车道阻塞。此种情况列入一号控制方案。中雪,雪厚大于 1 厘米,小于 3 厘米,能见度在 50 米以内,范围较广,影响车辆的行驶,路面阻塞严重时有事故发生或造成单幅车道阻塞。此种情况列入二号控制方案。大雪,雪厚在3厘米以上,能见度在20米以内,严重影响交通安全,事故频繁发生,造成道路严重阻塞或车辆不能上路行驶,必须绕道行驶。此种情况列入三号控制方案。

3) 雨

小雨、中雨——降水量在每日20毫米以下,能见度在100米以内时,基本不影响交通,但由于路面比较湿滑,车辆需减速慢行,有轻微事故发生或造成单车道阻塞。此种情况列入一号控制方案。大雨,降水量在每日20～50毫米,能见度在50米以内,影响车辆的行驶,路面阻塞严重时有事故发生或造成单幅车道阻塞。此种情况列入二号控制方案。暴雨和急雨,降水量在每日50毫米以上,能见度在20米以内,路面积水,或造成路基塌陷,严重影响交通安全,事故频繁发生,造成道路严重阻塞或车辆不能上路行驶,必须绕道行驶。此种情况列入三号控制方案。

4) 冰雹

冰雹直径小于2毫米,冰雹范围较小,基本不影响交通,有轻微事故发生或造成单车道阻塞。此种情况列入一号控制方案。冰雹直径2～4毫米,影响车辆行驶,路面阻塞严重,时有事故发生或造成单幅车道阻塞。此种情况列入二号控制方案。冰雹直径在4毫米以上时,严重影响车辆交通安全,事故频繁发生,造成道路严重阻塞或车辆不能上路行驶,必须绕道行驶。此种情况列入三号控制方案。

5) 风

当出现1级至6级风力在10.8米/秒以下的侧向风,基本不影响交通,有轻微事故发生或造成单车道阻塞。此种情况列入一号控制方案。当出现6级以上、10级以下、风力在10.8米/秒以上的侧向风时,影响车辆行驶,路面阻塞严重,时有事故发生或造成单幅车道阻塞。此种情况列入二号控制方案。当出现10级风以上或台风、飓风时,严重影响车辆交通安全,事故频繁发生,造成道路严重阻塞或车辆不能上路行驶,必须绕道行驶。此种情况列入三号控制方案。

6) 路面结冰

出现结冰范围较小,路面结冰小于30%,有轻微事故发生或造成单车道阻塞,此种情况列入一号控制方案。出现结冰范围较大,路面结冰小于50%,影响车辆行驶,路面阻塞严重,时有事故发生或造成单幅车道阻塞,此种情况列入二号控制方案。出现结冰范围较大,路面结冰大于50%,严重影响车辆交通安全,事故频繁发生,造成道路严重阻塞或车辆不能上路行驶,必须绕道行驶,此种情况列入三号控制方案。

上述一、二、三号控制方案,操作程序如下述。

(1) 一号控制方案(图7-2)。

① 情况汇报。把出现交通不畅的具体位置及引发原因在5分钟内报告监控分中心主任,并上报监控总中心备案,同时征求领导的意见和指示。

② 调度。向路政、养护及相应的收费站通报出现异常情况的路段和路况,以便尽快赶到现场,并请郊区协助维持正常的交通秩序;路政人员应在情况异常路段增加巡逻次数,并用车载广播提醒驾驶人员注

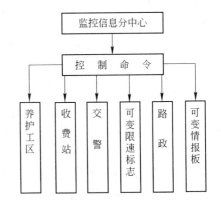

图7-2 一号控制方案

意安全,车速不得超过60公里/小时,车距不能小于100米,严禁随便停车。对故障车辆及时清障,如有伤员,应及时救护;养护人员应采取相应措施确保路面路况良好,并在异常情况路段区域内每隔2公里设立警示牌或临时限速标志;请示总中心,在情况异常路段前方的可变限速标志上显示限速60公里/小时,并在相应的可变情报板上打出提示驾驶员注意情况异常路段、谨慎驾驶的信息;辖段内的收费站应在入口处设立警示牌提示驾驶员情况异常的路段和限速驾驶;当需封闭单车道时,首先应向临近分中心负责人和上级领导请示汇报,征得同意后,由分管处领导通知养护实施,并上报监控处。封闭单车道时,应在情况异常路段前方1公里被封闭车道上设立安全标志、导向标志和限速标志,并在与被封车道相邻车道的交界处,间隔20米放置锥形标。如在夜间封闭单车道时,需在被封车道前1公里处增设频闪灯或其他安全警示灯。

(2) 二号控制方案(图7-3)。

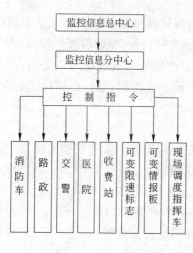

图7-3 二号控制方案

① 情况汇报。当辖区内路面阻塞严重,造成单幅车道阻塞,或事故频繁,路况恶劣,车流极其缓慢时,监控值班员应在5分钟内分别向监控分中心负责人、管理处领导及监控处领导汇报,征求请示领导意见和指示。

② 调度。向路政、养护及各收费站通报阻塞路段位置及阻塞情况同时请交警上路进行支援;路政、养护等部门应在接到通知后,尽快赶到现场,不得拖延时间;路政人员到达现场后,应做好以下工作:立即抢救伤亡人员,把伤员及时送到附近有抢救能力的医院;根据实际情况,在情况异常路段前1公里设置30公里/小时限速标志牌,车辆间距不得小于150米;及时清障。

根据情况需封闭单幅车道时,应向处领导和监控处汇报请示,征求同意后,由养护人员负责实施。如情况异常路段路况特别恶劣,为安全起见,此时单幅车道封闭后,不再占用另一幅车道的超车道。可向管理处和监控处领导请示,征得同意后,被封的车道的封闭点应选在被封路段前的收费站出口处,并在封闭点设立禁行标志,在出口道2公里处设标示牌,提示驾驶员前面路段异常,由前方路口出站绕行。在1公里处设30公里/小时限速标志,做好出口维护工作,争取在12小时内畅通。交警部门应协同路政及时处理事故,疏散车辆疏通道路,指挥交通。收费站应在入口处设立提示驾驶员安全驾驶的安全牌向驾驶员通报所经路段的路况,并在征得管理处领导的同意下,关闭一入口车道,控制上车间隔时间大于3分钟;请示监控总中心,在与异常路段相对应的可变限速标志和可变情报板上,打出限速30公里/小时行驶和X公里处单幅车道关闭,请在Y站下路绕行的信息。

(3) 三号控制方案(图7-4)。

① 情况汇报。某一路段严重阻塞、车辆无法通行时,监控值班人员应在5分钟内向监控分中心负责人、管理处领导及监控处值班领导汇报,并请领导指示。

② 调度程序。辖内某一路段双向车道都发生严重阻塞时,应关闭阻塞路段区间的双向四车道。征得管理处领导同意后,由养护人员实施车道关闭工作,设置提示驾驶员由此出口下路的引导牌,并设好相应的安全标志。在出口前方2公里处,也应设立前方2公里处车道关闭的信息提示牌,并设限速30公里/小时行驶的限速标志。路政人员应做好如下工作:对封闭路段

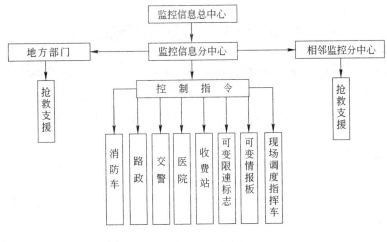

图 7-4 三号控制方案

内发生的事故及时处理,抢救伤员,清理事故车辆,做好清障工作。在封闭路段两端的收费站出口处与交警共同指挥车辆绕行。

养护人员应及时展开对封闭路段的抢通工作,需要相邻管理处的支援时,应及时向管理处领导请示。交警应及时到场处理事故指挥交通,确保交通安全。关闭路段内的收费站应在接到管理处领导的指示后,关闭上车道。被关闭路段外的各收费站应向上路驾驶员通报关闭路段情况,并指明绕行路线,关闭路段两端的收费站应对因关闭车道而被迫绕行的驾驶员指明绕行路线,耐心解释;阻塞路段关闭后,上报监控总中心,总中心应在相应的可变情报板上打出前方该路段关闭的有关信息,提示驾驶员注意。

7. 运行管理因素

提供快捷、通畅、舒适、安全的行车环境,是高速公路管理部门的责任。高速公路能否实施有效的管理,对于减少交通事故,保证通行安全起着举足轻重的作用。

京津塘高速公路针对事故特点采取了下述一系列措施,对减少事故起到了积极作用。

(1) 加强高速公路周期性养护维修。几年来,管理部门先后修补路面沉陷、桥涵顶部跳车等 100 余处,计 61 611 平方米,做到路面无坑槽,桥涵无跳车。

(2) 在事故频发地段增设永久性提示标志、限速标志、确认车距标志;在恶劣气候条件下增设临时性警示标志及限速标志;在匝道及加速车道相接处增设相关标志。

(3) 雪后及时清除积雪,目前天津段 100 公里可保证在雪后 24 小时内清理出一个车道,在桥头引道、桥面撒布盐砂溶雪防滑。

(4) 加强路巡,及时拖带路旁故障车辆,消除事故隐患;对事故车辆的救援建立一整套快速反应机制,添置救援设备,减少人员伤亡。

采取以上措施后,京津塘高速公路天津段的万车事故率及死亡数有较明显的下降。

另外,运营管理中还应加强事故档案管理,以提高事故资料的分析利用率,特别注意道路施工现场及事故现场的安全防护措施,以有效避免由于施工现场引发事故或事故现场引发二次事故。

7.4 高速公路交通安全管理对策

道路交通系统是由道路使用者(包括驾驶员和行人)、车辆、道路(包括环境)三者共同组成的,它们是交通安全的三要素。因此,提出高速公路交通安全的总体对策就必须从人、车、路这三个方面进行综合的考虑。针对我国高速公路发展的实际情况,提出下述总体对策。

7.4.1 建立统一的管理体制

高速公路交通安全是整个社会系统管理的难题,它需要社会各个行业、部门及其相关的人员共同遵守有关交通安全方面的法规。高速公路需要统一管理的体制,逐步完善交通管理法规,加大高速公路运营管理的力度。由于我国高速公路运营管理的体制不顺,影响了交通安全的协调和管理。针对高速公路运营管理的特点,必须建立收费管理、养护管理、路政管理、效能安全管理和服务一体的统一管理体制,以提高高速公路的管理水平。高速公路管理水平是保证高速公路行车安全、舒适、快速、畅通的先决条件。高速公路的运营管理包括两方面,一是道路、桥梁及其附属设施、标志标线等安全设施和交通监控、通信照明、计算机收费等路产设施的维护管理;二是高速公路管理手段及配套的管理法规、规章制度和管理措施。我国在高速公路管理方面,虽然吸取了国外高速公路交通管理的理论、经验,但在实际管理中的经验不足,管理力度不够、管理体制不顺,主要存在以下问题。

(1) 高速公路目前交通管理部门与公安部门管理分属不同部门,公安部门了解的交通信息,特别是道路交通安全设施损失不能及时抢修,拖延了交通疏导时机,造成交通事故发生。

(2) 高速公路的管理法规尚未健全,特别是对高速公路行车知识的宣传不够广泛。交通监控系统没有发挥作用,交通管理的手段相对滞后。

(3) 对高速公路的养护、维修不及时,施工现场交通安全的监督管理不严;不按交通部有关养护施工现场交通管制规定设置安全标志和设施。

(4) 高速公路交通安全标志、标线不完善,没有及时在交通事故频发地段增设警示标志、限速标志;在特殊路段、恶劣气候条件下坑洼、积水路面缺少临时性警示标志;中央分隔带防眩设施不齐,夜晚驾驶受到眩光影响。

7.4.2 培养管理人才、建立交通控制系统

高速公路管理是一门系统性较强、综合性的科学,它与一般公路管理的观念、理论、方式有许多不同之处,需要高素质、高技能的管理人才,以适应现代化管理的需要。高速公路建立了先进完善的现代化设施,其中交通控制系统是高速公路交通管理的重要手段。它适应高速公路路况交通巡逻、监视、疏通、通信的需要,在恶劣气候及道路阻塞情况下,及时通过交通监控系统的诱导标志的信息,引导驾驶员安全驾驶,疏导交通。

(1) 建立、健全交通情报系统,增设可变情报板用来提示雨、雪、雾等天气的路况。

(2) 增设雷达测速设备警告并处罚超速行驶行为。

(3) 完善急救设施。与发达国家相比,我国高速公路交通事故较为严重,为减少事故发生时的人员伤亡和财产损失,保障交通畅通,应健全急救设施,高速公路全线两侧均应按规定的间隔设置紧急电话。

7.4.3 加强道路养护,改善道路条件

新建高速公路在规划、设计、建设各个阶段都应严格执行有关的公路工程标准、规范;已建成的高速公路,应加强道路养护,对其中影响行车安全的路段应采取工程措施改善道路条件。

新建高速公路在规划、设计、建设各个阶段都应充分考虑交通安全这一因素,对之加以足够的重视,严格执行国家有关的公路工程标准、规范,这是保障高速公路行车安全的必要条件。

由于各种原因,我国已建成的高速公路中,部分路段的一些指标未达到《公路工程技术标准》的要求,从而对交通安全构成了威胁。国内对沈大高速公路事故规律进行了研究,发现部分事故多发路段的道路纵坡较大且有些路段已接近极限纵坡,但未设置爬坡车道;几处立体交叉匝道的超高横坡未达到技术标准,经常在这些匝道上发生翻车、撞击固定物及坠车等事故;整条公路上、下行行车道抗滑能力均低于养护标准。这进一步说明了严格执行标准的必要性。

技术标准的制定和选用对安全有重要的影响。新中国成立以来,先后七次编制和修订《公路工程技术标准》,其采用的技术指标逐渐提高。譬如:最新的《公路工程技术标准》(JTJ 001—97),与编号为 JTJ 001—88 的标准相比,在路线的设计上,过去的标准主要考虑汽车运动学和力学上的要求,即保证汽车行驶的安全和舒适,而新标准则更多考虑了道路的使用主体——人(主要指驾驶员)对公路线形的视觉和心理上的要求。新《标准》规定:"线形设计……应考虑车辆行驶的安全舒适性及驾驶人员的视觉和心理反应,引导驾驶人员的视线";经过近几年的使用情况,各省市的反馈意见一致认为原《标准》中对高速公路和一级公路的路肩规定过窄,经过调查研究和专家讨论新《标准》对公路路肩进行了较大的修改,提高了路肩的宽度。

专家们在研究中发现,技术标准的制定越来越强调人的自然性。承认人与自动化调节的机器不同,没有绝对可靠的程序化的反应系统。对驾驶员而言,需要直观地根据眼前出现的各种复杂情况迅速做出判断,其神经处于高度紧张状态,可能会犯错误,出事故。因此,各国现行的标准都充分考虑了这样的情况:驾驶员因失误而导致肇事,如何通过改进设计最大限度地使后果减至最小。新型护栏的运用、易折柱的使用、路缘带的设置等其实都是基于这种思想的指导而采取的措施。

解决交通安全问题需要从各个方面综合治理,加强对高速公路使用者,尤其是高速公路车辆驾驶员的安全教育,提高交通法规意识;提高车辆安全性能,保障车辆行驶安全;提高高速公路道路管理服务水平,加强管理力度,完善道路安全设施和行车条件等都是重要的环节。

复习思考题

1. 高速公路交通安全管理的含义是什么?
2. 简要阐述高速公路交通事故的特点。
3. 交通事故是如何定义的? 并简要说明其是如何分类的。
4. 试分析影响高速公路交通事故的因素。
5. 你认为应采取哪些政策措施保证高速公路的安全管理?

第 8 章 高速公路的养护管理

高速公路的养护管理是高速公路综合管理的重要组成部分，是保障公路畅通必不可少的重要手段。

8.1 概 述

8.1.1 高速公路养护管理的基本要求

为确保高速公路大交通量，快速、安全、舒适、畅通，高速公路管理部门应对高速公路及其附属设施进行经常性、及时性、周期性和预防性养护与维修，保证高速公路正常使用功能。同时，高速公路管理机构应会同有关部门迅速排除交通阻塞。

高速公路养护管理应符合下列要求：
(1) 除不可抗拒的自然灾害外，在任何情况下应保持畅通；
(2) 通过通信、监控等系统，及时掌握高速公路的信息，做出预测，并采取必要的预防性措施；
(3) 为确保高速公路及其附属设施迅速得到养护与维修，应以机械化养护为主；
(4) 在高速公路上和高速公路用地范围内，作业人员必须着标志服，夜间为反光标志服；作业机械必须按标准涂以橘黄色，且按标准安装黄色示警灯。

8.1.2 高速公路养护作业要点

(1) 根据高速公路的特点，高速公路养护工作划分为维修保养、专项工程和大修工程三类。具体工作内容见表 8-1。
① 维修保养。
为保持高速公路及其附属设施的正常使用功能，而安排的经常性保养和修补其轻微损坏部分的作业。
② 专项工程。
对高速公路及其附属设施的一般性磨损和局部损坏，进行修理、加固、更新和完善的作业。
③ 大修工程。
高速公路及其附属设施已达到其服务周期，必须进行应急性、预防性、周期性的综合修理，使之全面恢复原设计的状态；由于水毁、地震、交通事故、风暴、冰雪等造成的高速公路及其附属设施的重大损坏时及时进行修复，保证其正常使用的作业。

表 8-1 高速公路养护工程分类

内容 项目	维修保养内容	专项工程内容	大修工程内容
路基	1. 整修路肩、边坡、修剪路肩杂草,清除挡墙、护坡、护栏、集水井和泄水槽内的杂物 2. 疏通边沟和修理路缘石 3. 小段开挖、铺砌边沟 4. 清除路基塌方、填补缺口 5. 局部整修挡墙、护坡、泄水槽 6. 加固路肩	1. 全面修理挡墙、护坡、泄水槽,铺砌边沟和路缘石 2. 清除大塌方、处治大面积翻浆 3. 整段增设边沟、截水沟 4. 局部软土地基处理	1. 拆除、重建或增建较大的挡土墙、护坡等防护工程 2. 重大水毁路基的恢复 3. 整段软土地基处理
路面	1. 清除路面上的一切杂物 2. 排除积水、积雪、积冰,铺防滑、防冻材料 3. 水泥混凝土路面接缝的正常养护 4. 处理沥青路面和水泥混凝土路面的局部、轻微病害 5. 日常巡视和定期检查	1. 处理路面严重病害 2. 沥青路面整段罩面 3. 处理桥头跳车	1. 周期性或预防性的整段路面改善工程 2. 黑色路面整段加铺面层 3. 水泥混凝土路面板整段更换或改善 4. 重大自然灾害造成的路面损坏的修复
桥涵、隧道及交叉工程	1. 清除污泥、积雪、杂物,保持结构物的整洁 2. 清除立交桥下和隧道通道中的污泥杂物 3. 伸缩缝清理修整、泄水槽疏通、部分栏杆油漆 4. 局部更换的栏杆、扶手等小构件 5. 局部修理泄水槽、伸缩缝、支座和桥面 6. 维修防护工程 7. 涵洞整修及清淤 8. 疏通排水系统 9. 日常巡视和定期检查	1. 更换伸缩缝及支座 2. 桥墩、桥台及隧道衬砌局部修理 3. 桥梁河床铺底及调治构造物的修复 4. 排水设施整段修理或更新 5. 承载能力检测 6. 金属构件全面除锈、油漆	1. 增建小型立体交叉或通道 2. 整段改善大、中桥梁 3. 隧道衬砌全面改善
绿化	路树花草的抚育管理和补植	1. 开辟苗圃 2. 更新树种、花木、草皮 3. 增设公路绿色小品和公路雕塑	
沿线设施	1. 标志、标线和集水井、通讯井等设施的正常维修养护和定期检查 2. 护栏、隔离栅和标志局部油漆和更换 3. 路面标线局部补划	1. 全面修理护栏、隔离栅和各种标志 整段重划路面标线 3. 整段钢质沿线设施定期油漆 4. 通信和监控设施修理	整段更换沿线设施

(2) 为确保高速公路良好的运作条件,提高管理水平,应加强信息管理工作。

① 高速公路管理人员应搜集、掌握下述信息。

a. 路况信息:包括动态信息和静态信息。动态信息指有关公路设施的损坏、受灾等信息;静态信息指公路、桥梁、隧道等构造物的形状、尺寸等信息。

b. 气象信息:有关雨、雪、雾、风、冰冻等信息。

c. 交通信息：有关交通量、行驶速度、交通阻塞等信息。

② 高速公路管理人员应传送下述信息给公路使用者。

a. 限制通行信息：由于灾害、工程施工、事故等原因而实行限制通行的信息，包括提供限制通行的地点、原因、时间、绕道等内容。

b. 交通阻塞信息：有无交通阻塞以及阻塞的时间、原因、程度、区间等内容的信息。

c. 气象信息：有关雨、雪、雾、风、冰冻等信息。

③ 高速公路养护维修作业应重点配备巡视、清扫、路面维修、排障、检测、通信、除冰雪等设备（机械）。

8.1.3 养护作业的机械设施

1. 养护机械的性能与配置

公路的养护维修作业涉及范围广，机械种类多，由于这些机械大多要求在通车的公路上施工，其性能应符合下列要求：

（1）安全性好；

（2）体积小、功率大（这样不易影响交通）；

（3）施工速度快、性能好；

（4）噪声、振动、空气污染等公害少，并且夜间也能使用。

2. 养护机械与设施的配置

（1）养护维修所需要的机械见表8-2，大型桥梁及隧道养护设施需根据情况另外确定。

表 8-2 养护维修所需机械表

养护维修内容 机械名称	巡回	水泥混凝土路面	沥青路面	路肩及边坡	各种构造等	护栏照明等	标志路面标线	行道树除草	清扫	扫雪	一般管理
巡逻车	○										○
洒水车								○	○	○	
压路机		○	○								
铣刨机		○	○								
混凝土搅拌机		○	○		○	○					
振捣器		○			○						
混凝土切缝机		○	○								
清缝机		○	○								
沥青路面摊铺机		○	○								
混凝土破碎机		○			○	○	○				
空压机					○	○					
电焊机		○			○	○					
割草机				○							
升降机						○	○	○			
牵引机	○									○	

续表

养护维修内容 机械名称	巡回	水泥混凝土路面	沥青路面	路肩及边坡	各种构造等	护栏照明等	标志路面标线	行道树除草	清扫	扫雪	一般管理
路面划线机							○				
路面清扫车									○		
护栏清扫车									○		

（2）养护维修作业需要的固定设施。高速公路养护单位除应配置上述机械外，还应根据担负地区的作业内容以及该地区社会自然条件，设置必要的办公楼、仓库（包括危险品仓库、盐库等）、车库、土木建筑材料堆放场地、加油站等各种设施。

（3）通信设施，养护维修要求快速、及时，为了迅速得到准确的信息，应建立通信设施，各现场机构在建立通信设施的同时，还应有巡逻车配合。

（4）其他的公路管理设施，为了有计划、有组织地进行养护维修，不但要收集公路结构信息、气象信息，也要逐步建立传送公路信息的各种管理设施，准确地掌握和处理各种信息。

8.2 高速公路路面养护管理

8.2.1 沥青路面的养护管理

1. 沥青路面的常见病害

沥青路面的常见病害有沉陷、纵裂、龟裂、车辙、波浪、拥包、收缩裂缝、老化开裂、磨耗、松散、泛油等。高速公路中沥青路面常见病害的分类及产生原因如表 8-3 所示。

表 8-3 高速公路沥青路面常见病害的分类及产生原因

病害分类		主要产生原因及说明
局部裂缝	纵裂、横裂、龟裂	施工不当，填挖不均匀下沉，基层（如半刚性基层）的裂缝反射
	老化开裂	沥青材质不良
	收缩裂缝	由于材料收缩引起的温度应力超过了材料的抗拉强度，为寒冷地区的一种常见病害
变形	沉陷	由路基土体积压缩造成，施工压实不充分，或高速公路路堤沉降引起，为常见病害之一，特别是软土路基上修筑的高速公路尤为严重
	车辙（推移波浪）	为路基路面各层在汽车荷载重复作用下进一步压实和沥青层中材料的侧向位移而形成的永久变形。热稳定性差的面层材料，侧移下沉现象严重，即车辙明显
磨耗	磨光剥落 松散坑槽	面层混合料材料不良，主要是石料抗磨耗性能不好，石料与沥青的粘附力不良，碾压不足等。高速公路若路面粗糙，具有较高的摩阻系数时，可保证高速公路行驶汽车在紧急状态下刹车后不偏离车道，滑行距离短，不致发生事故。反之，光滑路面高速行驶的汽车在雨天时，轮胎与地面之间易形成水膜，造成汽车的"水漂"祸害，因此，必须注意提高路面的抗滑性能

2. 沥青路面病害的养护维修

1) 裂缝的养护维修

沥青路面的裂缝有多种形式,应根据产生的不同情况采取相应的养护措施。

对于轻微且无变形的裂缝,可在高温季节采用喷洒沥青,撒料压入的方法处理,或进行小面积封层;在低温潮湿季节可采用阳离子乳化沥青封层或采用乳化沥青稀浆封层。

由于基层收缩引起的反射裂缝以及面层的温度收缩裂缝,缝宽在 6 毫米以内的可将缝隙刷干净、清除尘土后采用热沥青或乳化沥青灌缝撒料的方法进行封堵;缝宽大于 6 毫米的,应剔除缝内的杂物和松动的缝隙边缘,或沿裂缝开槽后进行清除,采用砂粒式或细粒式热拌沥青混合料填充、捣实,并用烙铁封口,随即撒砂、扫匀,也可采用乳化沥青混合料封填。

对于大面积的网裂、龟裂,如因基层、土基的原因所引起的,应分析原因,先处理土基或补强基层后再修复面层;如为面层老化或沥青性能不良的原因所引起的,经技术经济比较,可选用以下方法处治。

① 乳化沥青稀浆封层。

② 层铺法或拌和法加铺沥青混合料上封层,或先铺设土工布后再加铺沥青混合料上封层,以防止裂缝的反射。

③ 沥青薄层罩面。

使用土工织物时,先用 70% 的聚合物改性乳化沥青喷洒黏层油,用量一般为 1.0 ~ 1.2 千克/平方米,随即摊铺土工织物并用胶轮压路机碾压紧贴,然后铺筑沥青封层。土工织物也可用做路面补强的措施。在这种情况下,土工织物的铺设主要起加筋作用,因此应采用抗拉强度高、耐高温(其上热铺沥青面层)的聚酯加筋网格。为保证新旧沥青层的整体强度,加筋网格上铺筑的面层总厚度一般不得小于 5 厘米。

2) 沉陷的养护维修

高速公路通车后,路面出现不均匀沉陷(如桥头引道沉陷严重)影响行车安全。为消除事故隐患,增加行车舒适感,提高道路服务水平,必须及时组织维修。维修一般采用加铺沥青层的方法,其设计及施工工艺如下。

(1) 沉陷处理的设计。

当沉陷范围较大,需对部分路段进行维修处理时,为使修补后的路面强度、纵横断面线形尽可能符合高速公路的要求,一般应进行设计。设计时一般考虑采用如下原则:

① 对全路面进行沉陷处理时,可根据各路段沉陷情况不同,采用不同的设计标准;

② 沉陷处理后的路面原则上按原路面设计标准要求恢复;

③ 首先应主要考虑纵断面高程的调整,再兼顾横断面的调整;

④ 为避免过多的路面横向施工接缝,应尽可能保持纵向线形的连续性与完整性;

⑤ 为保证维修后的路面性能与原有结构一致,维修加铺的各层均按原有路面结构设计层处理。

(2) 沉陷处理的施工工艺。

① 准备工作。包括机具、材料准备,以及交通组织安排等。

② 测量放样。按施工要求,在施工区域内给出各点的原地面高程和设计高程,放置临时样桩。

③ 铣刨与清扫。按施工方格网标注的高程,对施工区域铺筑厚度不足 4 厘米的部位以及横缝接茬处用铣刨机进行铣刨,铣刨至厚 4 厘米。铣刨部位形状应做成矩形,槽壁垂直,纵横边线与路中线平行或垂直。铣刨后及时清除废料,清扫尘土,并装车运走。

④ 喷洒黏层油。在施工区域内均匀喷洒乳化沥青黏层油,槽壁可以用油刷涂。

⑤ 摊铺。当面积较小时,可采用人工摊铺;当沉陷处范围较大时,一般要求采用沥青摊铺机摊铺。

⑥ 碾压。按照施工技术规范要求,保证新加铺层具有 95% 以上的密实度。

⑦ 质量控制与检查。应设有专职施工质量检查员,认真按各工序要求检查施工质量,做好检查记录,准确测量来料温度、摊铺温度、碾压前及碾压终了温度,严格控制混合料质量。在摊铺过程中,测量人员随时用水准仪检查各点虚铺高度,以确保其设计高程,并随时用 3 米直尺检查路面平整度,用挖取试样的方式测定其压实度,确保工程质量。

3) 车辙的养护维修

一般可采用沥青混合料覆盖车辙并加铺沥青混合料薄层罩面的方法。如条件许可时,可用加热切割法铣刨或切削,然后参照沉陷处理的方法进行车辙部分的维修。

4) 坑槽的养护维修

路面坑槽尽量采用热拌沥青混合料修补。

修补作业具体做法如下:①用切割机切除坑槽四边损坏部分;②在修补范围内洒沥青黏层油;③摊铺沥青混合料;④整平、压实。

8.2.2 水泥混凝土路面养护管理

1. 水泥混凝土路面常见病害及原因

水泥混凝土路面的破损与修补一般要比沥青路面复杂、困难,因此,在进行水泥混凝土路面的养护维修时,必须先弄清路面破损的类型及产生的原因。

1) 破损分类

水泥混凝土路面破损现象归纳起来有表 8-4 所列的几种。

表 8-4 水泥混凝土路面破损分类

	破 损 分 类	备 注 说 明
局部裂缝（错台）	不到底裂缝	初期出现裂缝
	到底裂缝	其长度密度是发展的
垂直错位	桥与板之间	出现在接缝处
	板与其他结构之间	与桥梁的桥台等的搭接处
磨损	剥落现象	边角等剥落
	磨光	路面被磨光
大面积裂缝	不到底裂缝	龟裂裂缝
翘曲	隆起	由于压力板与板拱起
	破碎	由于压力产生压缩破坏
孔洞	混凝土表面出现孔洞,磨耗层面部脱落	施工质量差或混凝土材料中夹带杉木、纸张和泥块等杂物,或受外力撞击形成孔洞
接缝的损坏	填缝材料的损坏;接缝边缘的损坏	接缝板的老化,灌缝材料的鼓出、老化、硬化、软化、脱落、垫料的老化、变形、脱落等;灌缝材料性能不良,结构物机能不完善

2) 裂缝分类及产生的原因

水泥混凝土路面板产生的裂缝一般可分为大面积裂缝及局部裂缝两类。

大面积裂缝一般呈均匀分布的网状细裂缝,通常是在水泥混凝土板铺装过程中,由于表面整修收水不当、气温较高、养护不周等原因而导致混凝土板表面因失水过快而引起的表面收缩裂缝,这种裂缝一般只是深入混凝土表面几毫米,不会随时间延长而发展。

另外,由于混凝土材料的不稳定,如采用的材料产生了碱-集料反应等原因,也会引起板体大面积的开裂,裂缝呈不规则状况,有些会引起翘曲等。

局部裂缝:局部裂缝一般分施工时产生的初期裂缝,和使用后产生的纵横向裂缝、板角裂缝及结构物附近裂缝等几种。

初期裂缝:产生的原因一般是水泥混凝土硬化过程中表面砂浆沉降开裂及早期混凝土塑性收缩而产生的开裂,其长度一般为数厘米到十厘米。

纵横方向和板角处的裂缝,这类裂缝均为贯通裂缝,其产生的主要原因为:

① 由于荷载作用于板角时,板产生较大的应力及变形,引起板角处的基层变形过大,而引起板角折断;

② 由于板下部基层原因(基层强度不足,稳定性不够等)而产生的混凝土板的横向开裂;

③ 由于板下部基层横断面强度不同引起沉降不同而产生纵向开裂;

④ 施工时,板的收缩缝切割不及时,由于混凝土板的收缩而产生的横向裂缝;

⑤ 由于板体温度聚变引起混凝土纵向拱起,在车轮荷载作用下,产生横、纵向碎裂。

结构物附近的裂缝:在混凝土板中埋有结构物(检修孔、窨井等),该类埋入物会引起周围混凝土板因基础不同而产生沉降不均匀导致周围板体产生裂缝。

2. 水泥混凝土路面的养护维修方法

1) 接缝损坏的养护维修

水泥混凝土路面最常见的病害是接缝的损坏,其中尤以填缝材料的损坏为主。填缝材料损坏后一般采用下述的方式进行养护维修。

(1) 当填缝材料从路面溢出时,需用凿子等小型工具将溢到路面上的填缝料削除,填缝材料要削取到与路面同样的高度。

(2) 填缝料下沉或出现空隙时,应用与原填缝材料相同的灌缝材料灌注。夏天灌注时应大致与接缝相平,冬天应稍低些。

(3) 当填缝材料挤出、溢出路面或老化、粘结不良等造成脱落时,应根据接缝的结构及接缝的动态情况不同,灌注新的填缝材料。

2) 混凝土路面的维修

(1) 板块断裂的修补。

当损坏分布全板时,可用多个风镐将旧板凿碎清除,重新夯实基层,再根据通车期限要求,选用合适材料浇制板块、抹面、压纹或拉槽,养护灌缝;如系局部损坏,则划线凿除或用锯缝机配合在上口锯除损坏部分并清除干净,夯实路槽部分基层,将接缝处清除干净,必要时还应刷上水泥或其他粘结剂,并立即用适宜的修补材料予以修补,其表面压纹或拉槽尽量与原板块相同,为了加强新旧混凝土结合,需在接缝再加耙钉或锚筋。其原有纵横缝应认真恢复,必要时其上部锯缝深度应加深,如损坏处布有钢筋时尽可能不要弄坏,不得已切断,经论证分析认为应恢复时,必须接好。

(2) 裂缝的修补。

① 压注灌浆法。对宽度在 0.5 毫米以下的非扩展性的表面裂缝,可采取压注灌浆法。灌注材料可用环氧树脂或其他粘结材料。

② 扩缝灌浆法。局部性裂缝且缝口较宽时,可采取扩缝灌浆法。修补材料可用聚合物混凝土或其他新型快硬高强材料。

③ 条带罩面法。对贯穿全厚的开裂状裂缝,宜采取条带罩面法进行修补。

④ 表面龟裂的处治。如果表面裂缝较多,可把裂缝集中划为一个施工面,将其中所有裂缝四周松动部分切割在一块深 20 厘米的凹槽,把混凝土碎屑吹刷干净,灌筑早强混凝土,喷洒养护剂养护到设计强度。

(3) 孔洞坑槽的维修。

孔洞、坑槽主要是由于混凝土材料中夹带松木、纸张和泥块等杂物所致,影响行车的舒适性。其修补方法如下:

① 先将孔洞凿成形状规则的直壁坑槽;
② 用钢丝刷将损坏处的尘土、碎屑清除;
③ 用压缩空气吹干净;
④ 用快硬砂浆或早强混凝土进行填补;
⑤ 喷洒养护剂进行养护。

对较深入的孔洞或连片的小坑洼,应集中地划为一个施工面,进行罩面。施工程序如下:

① 放样切槽,扫净吹干;
② 配制早强混凝土;
③ 将聚合物粘结剂均匀地在坑面刷一层;
④ 把拌好的混凝土倒入坑内摊铺、振捣、提出浆抹平;
⑤ 喷洒养护剂。

(4) 错台的修理。

当接缝部分或裂缝产生错台时,用高强度等级混凝土进行接顺。混凝土板与沥青路面之间错台和混凝土板与路肩错台,也可用以下方法进行修理,混凝土板与沥青路面之间断开时,应先注入灌注材料,然后进行修补。

(5) 板体拱起处治。

当胀缝的上部被硬物阻塞,缝两旁的板体因受热伸长而把板体拱起时,应立即用大切缝机将板拱部分以 $\Delta L_1 + \Delta L_2$ 及 1~2 厘米的预留缝切除,使相邻板放平,并在缝隙内灌填缝料。

(6) 路面粗糙度的改善。

为了改善水泥混凝土路面的防滑性能,可用人工凿槽或用刻槽机刻槽的方法来提高路面的粗糙度。亦可采用聚酯、甲基丙烯或环氧胶粘剂的聚合物混凝土 3~9 毫米超薄型罩面来提高抗滑性和耐久性。

(7) 混凝土路面的局部修补。

板边、板角的破损可采用局部修补的方法维修。

(8) 混凝土路面的加铺面层。

当混凝土路面破损很多,或者表面磨损严重,开始剥落时,应按照"质量评定及养护对策"采用加铺面层的方法,以延长混凝土路面板的使用年限。

8.3 高速公路桥涵构造物的养护管理

8.3.1 桥涵构造物的日常维修保养工作内容

日常维修保养是指经常性的养护管理工作,其内容包括下述4点。

(1) 桥涵构造物的小修小补。这方面的工作内容有以下几个方面。

① 保证构造物表面的整洁完整,防止表面的风化和及时修理风化部分。

② 保持排水设备处于良好状态。

③ 经常检查构造物各部分有无病害发生。当发现桥面有损坏,伸缩缝缺损及钢筋外露等局部缺陷或表面损伤时,必须及时修复。

④ 保证伸缩装置能自由活动。

⑤ 对钢筋或钢栏杆涂防锈油漆等。

(2) 对桥梁结构物进行经常性检查、定期检查和特殊检查。

(3) 做好超重车辆过桥的管理工作。

(4) 对原有桥涵技术进行管理,建立和保存桥涵技术档案资料。

8.3.2 桥梁结构物的检查和技术状况评定

根据检查重要程度的不同以及时间间隔的长短,桥涵检查工作可分为经常性检查、定期检查和特殊情况下的检查等。

1. 经常性检查

经常性检查也叫一般检查,以目测为主,配合简单工具量测,一般与桥梁的维修保养工作结合进行,每月至少进行一次。其检查的项目和内容有以下几个方面。

(1) 桥面是否平整,有无损坏;

(2) 桥面泄水管是否损坏、堵塞;

(3) 桥面是否清洁,有无杂物堆积、杂草生长、蔓延;

(4) 栏杆、引道护栏是否断裂、撞坏、锈蚀;

(5) 伸缩缝是否填塞、破损、失效;

(6) 锥坡、翼墙有无开裂、坍塌、沉陷;

(7) 交通信号、标志、照明设施是否完好;

(8) 其他显而易见的损坏(病害)。

经常性检查应做好记录。

2. 定期检查

定期检查也叫详细检查,可几年一次(如1~3年),或周期更长一些(如5~7年)。
桥梁定期检查应按规范程序进行,检查的项目和内容有以下几个方面。

(1) 桥面铺装是否有坑槽、开裂、车辙、松散、不平,是否有桥头跳车现象等。
(2) 栏杆是否松动、撞坏、锈蚀和变形等。
(3) 伸缩缝是否有破损、结构脱落、淤塞、填料凹凸、跳槽漏水等。
(4) 排水设施(防水层)、桥面横坡、纵坡是否顺适,有无积水;泄水管有无损坏、填塞、泄水能力情况;防水层是否正常工作,有无渗水现象等。
(5) 上部结构。

① 梁式结构。主梁支点、跨中、变截面处有无开裂,最大裂缝值;梁体表面有无空洞、蜂窝、麻面、剥落、露筋;有无局部渗水;横隔板是否开裂、焊缝是否断裂;钢结构锈蚀情况、变形情况等。

② 双曲拱桥。拱脚有无压缩;拱1/4处、3/4处、顶部是否开裂、破损、露筋、锈蚀;拱肋与拱波结合处是否开裂;波间砂浆是否脱落、松散;横隔联系是否开裂、破损等。

(6) 支座。位移是否正常;橡胶支座是否老化、变形;钢板滑动支座是否锈蚀、干涩;各种支座固定端是否松动、剪断、开裂等。

(7) 桥墩。墩身是否开裂,局部外鼓,表面风化、剥落、空洞、露筋;是否有变形、倾斜、沉隆、冲刷、冲撞损坏情况等。

(8) 桥台。台身是否开裂、破损,台背填土是否有裂缝、挤压、受冲刷等情况。
(9) 翼墙。墙体是否开裂、有无前倾、变形等。
(10) 锥坡。坡体是否破损、沉陷、开裂、冲刷、滑移等。
(11) 照明。桥上照明情况是否正常等。
(12) 河床及调治结构物。河床是否变迁;有无漂浮物堵塞河道;调治结构物是否发挥正常作用,有无损坏、水磨等。

定期检查中,无论检查哪个部分,都要察看它的清洁情况,连同病害一起记录下来。

如发现根据交通部《公路养护技术规范》中规定的三类以上的病害(较严重病害)以及难以判明原因和程度的病害都应拍照记录在案。

定期检查作业完成后,应写出检查报告。报告内容包括:概述、检查的背景、组织工作过程,并整理、填写"桥梁定期检查记录表"。

为了能够准确而详细地检查桥梁结构件的使用状况,对指定检查的重点部位,必要时采用接触检查的方法进行。

3. 特殊检查

这是指在特殊情况下(如发生暴雨、洪水、地震等灾害后)进行的检查。暴雨、洪水、地震过后,应立即组织力量对桥梁建筑物进行检查。特殊检查的项目及内容见表8-5。

在桥梁定期检查难以判明损坏原因、程度及整座桥梁的技术状况,或桥梁属四类桥梁时(见本页内容5),特殊检查的项目及内容有以下几个方面。

(1) 结构验算、水文验算。

表 8-5 特殊检查的项目及内容

项目	洪 水	滑 坡	地 震	超重车行驶(改造前)	撞 击
上部	栏杆损坏,桥体位移和损坏落梁、排水设施失效	因桥台推出而压屈	落梁、地震损坏、错位	梁、拱、桥面板裂缝、支座损坏、承载力测定	被撞结构及联系部位破坏、支座破坏
下部	因冲刷而产生的沉陷和倾斜	桥台推出胸墙破坏	沉陷、倾斜位移、圬工破坏、抗震墩破坏	墩台裂缝、沉陷	墩台位移

(2) 静载、动载试验。
(3) 用精密仪器对病害进行现场调查和实验室分析。包括:
① 混凝土裂缝外观及显微调查,混凝土碳化鉴定、氯化试验、湿度调查、强度测试、结构分析。
② 钢筋位置、锈蚀状态调查。
③ 预应力钢筋现状及灌浆管道状况、空隙情况调查。
④ 桥面防水层状况调查。
⑤ 桥面铺装状况调查。

如有缺陷,应及时养护修理;当发生异常现象时,应加强观测,严密监视,并记录发展情况,研究紧急对策及处理措施。

4. 桥梁检查设备与装置

为了进行桥梁结构的详细检查,往往需要借助于各种攀登装备。目前常用的一些简单的小型攀登检查工具。如脚手架、活动支架、钢制吊篮、起重吊车、船只等。对于高速公路还应尽可能地采用先进的检查设备。

5. 桥涵技术状况评定

经详细进行桥涵调查后,应逐座对桥涵进行技术评定。根据现行《公路养护技术规范》规定,桥梁按技术状况分为四类。一类为完好、良好状态,二类为较好状态,三类为较差状态,四类为危险状态。

按照检查评定的分类,采取的措施是:一类桥梁进行正常养护;二类桥梁进行小修;三类桥梁需进行中、小修或加固;四类桥梁则需要通过检查确定加固或改建。

8.3.3 桥涵结构物的养护工作与要求

1. 桥涵上部结构及附属部分的养护

高速公路桥涵上部结构及附属部分的日常养护维修工作与要求见表 8-6。

2. 梁下部结构的养护与维修

1) 墩台基础的养护

砖石、混凝土和钢筋混凝土桥梁墩台养护的目的和任务是为了使结构物完整、牢固、稳定、

表 8-6　桥涵上部结构及附属部分养护维修工作内容与要求

结构部位	操作内容	要　求
桥面铺装	清理积水、污物;挖补处理坑槽、裂缝;疏通泄水管槽	保证桥面铺装平整,干净,无损坏
桥梁伸缩缝	清理伸缩缝内的砂、石等杂物;更换已破坏或变形的伸缩缝;更换老化、破坏的橡胶条	保持伸缩缝清洁,伸缩自由
缘石栏杆、立柱等	粉刷栏杆、立柱等设施;修补、加固缘石栏杆、立柱等	保持缘石、栏杆、立柱等完好、无损、牢固
主梁梁体	修补剥落的混凝土;对开裂的混凝土进行灌缝;对钢梁油漆	保持梁体、冀缘、横隔梁的完好,位置准确,运营正常
支座	对变形、断裂、位移的支座及时更换调整;对固定支座应注意支座垫板要平整紧密,及时拧紧安全螺栓	保持支座各部分的完整、清洁,位置准确,梁体能伸缩
标志号、过桥管等	维修更换已损坏的标志号及反光牌;维修已损坏的过桥管线	保证桥涵标志号、反光牌及过桥管线的完好无损
涵洞	疏整通道,使洞口铺砌与上下游水槽坡道平整顺适,用水泥砂浆铺底和涵墙勾缝;保持洞中底面平顺,并有适当纵坡,不使水流发生漩涡掏深缝隙;管涵接头处填料脱落时,应用相应材料填实;倒虹吸管如发现虹顶路面出现湿斑,应及时修理端墙、翼墙	在任何情况下,水流都能顺畅地通过洞孔、洞身、涵底、进出水口、护坡,填土必须完好,清洁不漏水

不发生倾斜,并减少行车震动和基础冲刷。贯彻"预防为主,防治结合"的方针,定期检查、维护桥梁,以保证使用安全。根据《公路养护技术规范》规定,对墩台基础养护的主要工作内容有以下几个方面。

(1) 桥梁上游各 1.5 倍桥长,但不小于 50 米和不大于 500 米的范围内,应做到:

① 河床要适时地进行疏浚,每次洪水过后,应及时排除清理河床上的漂浮物,使水流顺利宣泄;

② 不得任意修建对桥梁有害的水工建筑物,必须修建时,应采取必要的桥梁防护措施。

(2) 墩台表面必须保持清洁,要及时清除青苔、杂草、荆棘和污秽。

(3) 圬工砌体长期受大气影响、雨水侵蚀而发生灰缝脱落,应重新勾缝。

(4) 混凝土表面发生侵蚀剥落、蜂窝麻面等病害应及时将周围凿毛洗净,用水泥砂浆抹平。

(5) 圬工砌体镶面部分严重风化和损坏时,应予以更换。用石料或混凝土预制块补砌,要求结合牢固,色泽和质地与原砌体基本一致。

(6) 梁式桥墩台顶面没有流水坡或坡面凹凸不平,有裂缝时,应及时铺填水泥砂浆或混凝土,做成横向坡度以利排水。

2) 墩台基础的维修

对砖石和钢筋混凝土墩台表层出现的缺陷以及钢筋混凝土桩和排架所出现的混凝土剥落、露筋和裂缝等病害,均应进行维修,并应根据缺陷的严重程度及工地条件的不同采用不同的方法进行修理。

3) 墩台基础的加固

墩台基础在使用过程中,由于过桥车辆荷载的加重以及自然作用的影响,会使基础产生沉陷、墩台出现倾斜和过大的裂缝。为此,往往应根据墩台基础不同的损坏程度、不同的结构情况进行维修加固,以确保行车安全,延长桥梁使用寿命。同时可避免拆除重建,从而减少投资。

基础加固的常用方法有:扩大基础法、增补桩基法和人工地基加固法等。墩台的常用加固法有:用钢筋混凝土套箍或护套加固有贯通裂缝的墩台;用支撑法或增建挡土墙法处理墩台滑移;用顶升法加固产生过大沉降的桥梁结构等。

8.4 高速公路绿化的养护管理

8.4.1 高速公路绿化的意义

高速公路绿化的意义是保护环境、美化路容、改善行车条件。

高速公路的修建会破坏大地的原有景观,减少大地绿色植物的覆盖面积;高速行驶的汽车噪声、振动、尾气排放也会对自然环境造成污染。因此,我们在建设和发展高速公路的同时,必须十分重视环境保护,重视绿化工作。通过绿化,保持自然环境与社会环境的协调,创造舒适的行车环境和生活环境。

高速公路绿化的功能主要有下述 8 点。

1. 净化空气功能

首先,绿色植物在光合作用过程中能够吸收二氧化碳,放出氧气,自动调节空气中二氧化碳和氧气的平衡,使空气保持新鲜。

其次,由于行车的影响,汽油燃烧后排出了大量的废气,如:二氧化碳、二氧化硫、氟化物、氯化物等。这些有毒气体不仅污染环境,还会直接损害人体健康。而绿色植物如同空气过滤器,它能吸收大量的有毒气体,对空气起到净化作用。

再次,空气中飘浮着大量尘埃,是导致细菌和病毒生殖繁衍的场所。减少灰尘,也就减少了空气中细菌病毒的含量。绿色植物对这些尘埃有很好的粘附作用,密集的草皮、根茎、叶片与地面紧密结合,形成植被,不易出现二次扬尘。一些树木、绿色植物具有杀菌灭毒的作用,如常见的桧柏、侧柏、臭椿、茉莉等都有较强的杀菌能力。通过植物来吸收空气中的有害物质,杀菌抑尘,可创造一个比较清洁的环境。

2. 降低噪声功能

汽车噪声是噪声公害的重要来源,公路绿化也能降低汽车噪声对环境所造成的危害。这是因为林木有散射声波的作用,能够吸收噪声到孔、绒毛,就像多孔纤维吸音板一样,把噪声吸收掉。生长茂盛的野牛草,叶面积相当于它所占地面积的 19 倍左右,茂密的叶片形成松软而富有弹性的地表,可像海绵似的吸收声能、减缓噪声危害。据北京园林研究所测定,20 米宽的草坪,减噪 2 分贝左右。如此看来,高速公路边坡、护坡道等公路占地的绿化是必不可少的。

3. 美化路容功能

绿色环境是人类生存和发展的物质基础,在绿色的环境中,会使人精神振奋,思想活跃。而车辆在高速行驶时人的信息几乎都是由视觉传入的,因此改变驾驶员的视野环境极为重要。长时间、高速行驶在高速公路上,会在精神上、视觉上产生疲劳,对行车安全非常不利。通过五颜六色的花卉及高低相间、形态各异的乔灌木景观,可以给司乘人员以美的享受,从而达到调节视觉、消除精神疲劳的目的,提高安全保障。

4. 保持水土功能

土方工程构成公路的基本形式,为了保护路堑、路堤等边坡的稳定,需要采取一些必要的工程措施。但这些工程防护措施只是局部的,广大面积尚需利用植物材料进行防护,植物的根系纵横交织,十分发达,能有效地增加土壤机械固着能力,对提高抗冲、防蚀能力,保持水土,稳固路基非常有效。它可截流、阻挡雨水直接冲击坡面,加大坡面的粗糙度,减少地表径流,防止路基变形及坡面坍塌。另外,路基的稳定和含水量有很大关系,路基含水量过大,是造成路面破坏的重要原因之一。尽管在路基设计中,考虑到一定的排水和隔水的措施,但若把工程措施与生物措施结合起来,其稳定路基的效果会更佳。因为,植物通过蒸发作用不仅能消耗土壤中的有效含水量,而且能通过毛细管水的输导作用,大量地消耗地下水,从而抑制了地下水的上升,增加了路基的强度和稳定性。

5. 防止光污染功能

高速公路车速快,流量大,夜间对向行驶的车辆由于前照灯相互对射的影响,极易造成驾驶员的眩目,对行车安全十分不利。利用中央分隔带植物防眩遮光,既可节省资金,保证安全,又美化了公路环境。同时汽车灯光会使高速公路附近住户、居民和机关学校等单位受到光污染干扰,如在这些地方种植树木挡住灯光就可防止光污染的危害。

6. 视线诱导功能

利用绿化种植来预示高速公路的出入口及道路的线形变化,引导驾驶员的安全操作。高速公路上的护栏、轮廓标及其附着在上面的导向体系,通常可以起到很好的视线诱导作用,但这种千篇一律的诱导设施比较单调,如在隧道、桥梁、服务区等一些特殊部位的出入口,用适宜的绿化来加强线形变化的警示,其视线诱导的效果会更好。

7. 隔离栅功能

由于高速公路为全封闭的道路,不允许人或动物在其中自由穿行,因此在高速公路的两侧种植刺绿篱等荆棘植物以代替栅网,也有很好的效果。

8. 遮掩功能

在公路沿线司乘人员视线可及的范围内,难免会有一些坟墓、垃圾场、废弃的水泥混凝土墩台等难以改造的地物,可通过绿化予以遮蔽,以免影响观瞻。

8.4.2 高速公路绿化的内容

公路绿化工作是在公路两侧用地范围内,对土路肩、边坡、分隔带、互通、立体区、立体交叉的上下边坡和收费站及服务区等设施场地进行绿化,它包括绿化规划设计、施工栽植,抚育管理、更新、采伐、苗圃育苗和宣传绿化政策等。

1. 中央分隔带的绿化

中央分隔带绿化要保证道路功能所规定的视距、建筑界限,还要求视野良好,开阔宽敞,主要以草坪等植被类和矮树配合种植为标准。当种植有效宽度不足 1 米时,从树木的培育与养护管理上看,将会出现困难,因此,当确定建筑界限时,分隔带可能种树的宽度,原则上需要 1.5 米以上。

中央分隔带植树防眩既可节省资金,防眩遮光,保证行车安全,同时还能发挥绿化植物特有的美化作用。

如果中央分隔带宽度超过 8 米时,即使没有其他设施,也有充分的防眩效果。

防眩植树可选用常绿树或植株较高的花灌木。常绿树、花灌木分段栽植,使景观有所变化,冬季也有绿可观,无萧瑟之感。

防眩树可与道路平行栽植成连续不断的树篱,防眩效果很好,但栽植工程量大,投资大,后期养护管理中的修剪量也很大。当车辆发生事故撞毁护栏时,树篱也会同时受到破坏,及时修复补栽难以实现,在观瞻上给人以不舒服的感觉。与道路平行的树篱,为达到防眩目的完全没有连续栽植的必要。在中央分隔带不太狭窄的情况下,树篱可与道路平行间断地栽植,或与道路成直角方向栽植,或单株栽植。但它们垂直于道路的宽度必须足够用以防眩。如果栽植宽度越宽大,相应地可把树篱间隔扩大。

植树防眩植株纵向间距的计算公式为(图8-1):

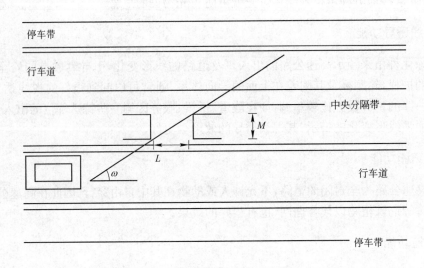

图 8-1 植树防眩纵向间距计算图

$$\text{间隔距离} \quad L=\frac{M}{\tan\omega}$$

式中 L——植株纵向间距上限；

M——植株树冠直径下限或树篱宽度下限；

ω——汽车前照灯扩散角,可按8°计。

防眩树要适时修剪,根据车灯位置及扩散角度控制树的高度,一般在1.5米即可。防眩树过高会妨碍驾驶人员视察对方车辆的行驶情况；过矮就难以遮掩会车灯光,失去防眩的作用。

防眩树的侧枝也要以修剪的方法进行控制,最好与护栏之间留有一定的距离,以便护栏的养护维修,不致影响护栏板上反光标志发挥效能。

常绿树、花灌木应分段间植,花灌木的品种、花色有所变化。防眩树间隔段栽植草皮,适宜点缀矮小花草,通过五颜六色的花卉及高低相间、整形与自然形花木的结合,使司乘人员心理上有一种新鲜感,从而达到调节视觉与缓解精神疲劳的目的,使驾驶人员能经常保持兴奋、舒适的心情驾驶,提高安全系数。

2. 环境设施带的绿化

环境设施带包括路缘带、边坡、边沟、护坡道、隔离栅平台等。

通常环境设施带的绿化规模较大,原则上以草坪覆盖地面为主,以高、中、矮树木混合为自然形式的绿化。

（1）乔木的栽植要与行车道保持足够的距离,美国弗吉尼亚州规定,乔木应种植在离路边至少11.28米。但是,不同的树木其成树高度不同,比如,银杏可高达40米,毛白杨可高达30～40米,一般认为乔木中高度较矮的旱柳也可高达18米。所以,不分树种,生硬地划一条栽植界限是不太妥当的,应以树木的成树高度确定栽植位置,即树木在遇到风雨灾害而倒伏时不致影响交通。否则,一旦发现树木的长势有可能因倒伏而影响交通时,要立即砍伐更新,以确保交通安全。

（2）大面积绿化种植时,树坑与树坑之间应全部填平,并种植覆被植物。

（3）对不易除草的区域应考虑种植藤本植物或者灌木。

（4）隔离栅可用栽植灌木绿篱代替,最好栽植多刺类,但应考虑到不至于与农作物争水、争肥,避免发生不必要的纠纷。

（5）应考虑到有关植物栽培的某些特点,如对盐碱的承受程度。

（6）地面覆被植物应与沟渠保持距离。

（7）对于架空或地下设施应选择合适的植物进行绿化。

（8）应考虑到割草机的有关操作问题（包括机械类型、旋转半径等）。

（9）在选择绿化植物种类时,还应考虑到诸如水土状况、空气污染程度以及路面反射的热量影响等因素。

（10）可考虑栽植经济类植物,既能起到绿化、美化的作用,又增加经济收益。

这里,我们详细介绍一下边坡的绿化。

边坡绿化以草坪为主。草坪生长的好坏与土质有很大关系,砂质土容易干燥,播种不易发芽,但发芽后由于颗粒空隙多,空气容量大,根部容易吸收,致使根部发达,能够充分吸收下层的水分和养料,生长也就茂盛。黏性土由于含水率高,发芽虽比砂质土容易,但根在土中难以深入,根部生长不良,对水分与养料吸收差,一般茎与叶的成长也受到影响。由于人工撒播草种的草坪很难获得成功,所以边坡草坪应采用人工栽植或液压喷播的方法进行种植。

(1) 人工栽植。将在苗圃播种培育 2~3 年的草皮移植到边坡上,带土栽植使之扎根。方法是将由苗圃带土铲下来的草皮分撮呈梅花状栽植,每撮 20~30 棵,间距 15 厘米,成活后每平方米可保有 40~50 撮草。在缺少土壤的多岩斜坡上,可铺植方块草皮,即像贴膏药或放绒毯一样,将培育出来的草皮,铺放在地表上。为使之迅速固定、成活,必须创造有利的生长条件;在剥离草块时,剥离的厚度为 3~5 厘米,并将草根剪短一些,以促其萌蘖。

人工栽植草皮存在着下述难以克服的缺点:

① 斜坡上劳作非常吃力;

② 边坡上不易存水,北方干旱地区浇水困难,则难以使栽植的草皮成活;

③ 为保证人工栽植草皮成活和生长所需的水分,北方干旱地区应在雨季栽植。但由于在栽植操作中使边坡表面稳定性受到破坏,极易遭受雨水冲刷。

所以,人工栽植草皮的方法应该力求改进。

(2) 液压喷播。液压喷播法是将草种、有机复合肥料、覆盖材料、土壤固着剂、土壤改良剂和色素等通过机械均匀混合,而后靠机械液压原理将其高压喷撒到所要绿化的区域。施工前,首先要对施工路段的土壤进行酸碱度的测试,根据试验结果添加适量改良剂及决定草种的选用、配合。该方法省时、省工,草坪成活率高,并可减少大量的人工浇水。使用液压喷播法,成坪速度快且施工效率高,每天一台机器可植草坪 5 000~10 000 平方米。

喷播时,数种特性各不相同的草种混合同时播种,含有多种混合营养,保护薄膜可以起到催芽、保温、防雨水冲刷、防风吹的作用。4~5 天后,种子撑破护膜拔土而出,再适时养护,实行不定期浇水和追肥,及时打药除虫,使各种草取长补短,优势互补尽快形成植被以起到保持公路边坡水土的作用。

喷播草种要达到发芽率高、成活率高的目的,必须以具有足够含水量的湿润土壤为基础,所以,在北方干旱地区应在雨季实施。

3. 互通式立交区的绿化

互通式立交区的绿化是指互通式立交匝道所环绕分割而形成的区域的绿化。

匝道多为小半径弯道,一般均系坡路,设计时速很低。因为内、外侧均设有防撞护栏,路面有标线,能够起到良好的视线诱导作用,不必考虑以绿化来进行视线诱导。

由于车流方向的不同,互通式立交匝道会在同一地点造成数个面积大小不同、平面形状各异的独立的绿化区域,它们相互独立又相距不远。这些区域最适合以自然式绿化组合方式造成景点,使其成为地形、构造物、绿色植被相互有机结合的风景小区,使地形与植被形成趣味盎然的景观空间。

所谓自然式绿化组合,是将多种大小不等的树木花草按不等间距组团布置,使树木花草等植物群轮廓形成非整形绿化。所以,风景空间的绿化要以草坪为主,根据空间的大小,适当配栽高矮不等的常绿树和花灌木。要组团栽植,栽植位置要随意、自然,切忌造成死板、对称。在面积较大的地方,也可在远离车行道的部位栽植高大乔木,选择观赏性强的树种,体现立体感。但是,栽植必须保证匝道视距,其视距应遵循以下数据要求。

	视高＝1.07 米		物高＝1.30 米	
设计速度(公里/小时)	30	35	40	45
视距(米)	91.44	106.68	121.92	137.16

互通式立交区的绿化重在大绿，重在有立体感的美化造型，期望能够给予人们在车辆行驶过程中视觉上美的享受。但因高速公路上不允许停车休息浏览，所以，不论绿化面积大小，不能像城市园林一样设置亭榭等休息设施。

在互通式立交匝道包围区可与工程构造物和草坪、花木、盆景组成各式图案，各类植物以不同层次、颜色、不同品种、不同开花季节结合地形高低、植物群落的大小、行株间距拼凑成各式各样的图样或文字，在有条件时可采用地方形图案，来体现当地地方的特色。

4. 服务区、管理区、收费站的绿化

高速公路应在适当地点设置服务区，以解决过往车辆的休息、加油、修理、吃饭、住宿等需要。这样，服务区的绿化就必须与服务区的功能紧密配合，使旅行者能够在短暂的停留中增加兴趣，消除疲劳。而管理区是高速公路人员办公、生活场所和设备存放地点，可进行庭院式绿化。

因此，这些地方房屋四周及停车场周围应栽植乔木，也可在场内不同地点栽植独立的大树冠乔木，为停靠休息的车辆提供荫凉。在其他空间和建筑附近要设置草坪和花坛，以及观赏价值高的常绿树木。在面积较大的绿化空间可设置园林小区、亭榭等宜于休息的设施，使整个区域空间形成各种绿色植物的绿化组合，让人们感觉舒适、清爽，精神振奋，迅速解除疲劳，开始新的旅程，并改善生活气息。

对于收费站的绿化，因限于场地，一般以花卉盆景草坪为主，并提前进行摆放与种植，以增强绿化效果。

8.4.3 高速公路绿化的养护管理

绿化的养护管理十分重要。当一条公路实施绿化以后，其绿化效果的好坏，主要取决于后期的养护管理是否适时、得当。

绿化的养护管理包括两方面的内容：一是养护，根据树木生长需要和某些特定的要求，及时采取浇水、施肥、整形修剪、防治病虫害等技术措施；二是管理，对绿化植物进行看管、维护，消除杂物，防止机械和其他原因所造成的损伤。

1. 树木的养护管理

公路树木种植好后，接下来就是对树木的养护管理，其主要工作内容包括浇水、松土、除草、施肥、修剪和防治病虫害等。

1) 浇水

一般而言，幼树栽植成活后的 2～3 年内，仍应坚持浇水。通常每年初浇一次返青水，初冬浇一次封冻水，其间根据雨量再浇 1～2 次水。每次浇水要求浇足浇透，以利于幼树的生长和发育。

在干旱季节或干燥地区,应及时进行人工浇水,防止因干旱而影响树木长势。浇水数量和次数可根据土壤墒情确定。

2) 松土和除草

在春、夏植物生长旺盛季节,应对树穴进行松土和除草。松土可以切断土壤的毛细微管作用,从而减少水分蒸发,增加土壤通气性。松土深度随植物种类、大小而定,通常以5~6厘米为宜。但在风沙较大的地区,可不松土。

在松土的同时,应清除树穴内的杂草,防止其争水夺肥。除掉杂草根系时,注意不要损伤绿化植物的根系。此外,如有条件可使用化学药剂除草,常用的除草剂有除草醚、灭草灵、茅草枯、杀草安等。在雨季期间应加强除草工作。

3) 施肥

树木在生长发育过程中,需要从土壤中汲取大量的养分。如果土壤贫瘠,就会导致树木生长不良。因此,根据树木成长的不同阶段,适时、适量地加以施肥,有助于促进树木茁壮成长。

树木施加的肥料主要包括氮、磷、钾肥。氮肥可促进植物生长发育,能使树木枝叶茂盛,如树木缺氮,则枝叶细小,生长缓慢。磷肥可促进植物根系发育和种子成熟,加速树木养分的积累转化,如树木缺磷,则根系弱小,抗旱能力差。钾肥可促进植物光合作用,加强树体新陈代谢,如树木缺钾,则植物矮小,茎枝软弱,生长缓慢。施肥时,应根据不同的土壤、不同的树种、不同的生长发育阶段和树木的需要,施加相应的肥料,确保树木茁壮成长,枝繁叶茂。

4) 修剪

树木长大郁闭后,为了促进其生长和成型,需对其进行修剪抚育。修剪应在秋季落叶后或春季萌芽前进行,常用的工具有斧子、手锯和高枝剪等。修剪时,主要应将乔木、灌木的枯枝、病枝、弯曲畸形枝、过密枝以及侵入公路建筑限界、遮挡交通标志、影响视距的枝条及时剪除。修枝的切口必须平滑,并与树干表面齐平,防止树干损伤、高枝突起和树冠大小不一等。

(1) 乔木的修剪。树枝修剪应该循序渐进,不可急于求成,修枝得当能促进树木生长,美化景观;修枝不当则对树木生长不利。一般树木有"冬剪旺,夏剪弱"的特点,应利用这一特点,根据树木修剪的要求,选择合适的修剪时机。

树木的修枝抚育一般每5年进行1次。常绿针叶树由于自然整枝较好,如无特别需要,可不必修剪抚育;阔叶树在定植后的3~5年内,只对枯枝、病伤枝和树干下部的小枝条加以剪除。

对于新栽植的幼树,3年之内可不必修剪,待其郁闭之后再进行;而处于衰老期的树木,应采用冬季强剪,促使其大量生长徒生枝,以更新复壮。

对于顶端优势强,具有明显主树干的树种,如其位置离行车道较远,成树高度不影响行车安全,可保留其主树尖,使其形成塔形的树冠,如白杨、银杏等;而顶端优势弱,无明显主树干的树种,或顶端优势强,有明显主树干,但位置离行车道较近的树种,应控制其树尖长势,发展侧枝,使其形成球形或伞形树冠,如柳树、梧桐等。在一定的路段内,树木的形状宜相同,使其整齐美观。

(2) 灌木的修剪。为保持灌木丰满、均衡的树势,必须对其加以适当的修剪。对于分蘖强的灌木丛,应每年割条1次;新种的灌木,次年应全部割掉,以利于其分蘖。对于有防护功能的灌木丛或乔灌木混栽林,割条时应注意不要削弱其防护功能。

(3) 绿(花)篱的修剪。无论绿篱是常绿树还是花灌木,都要定期进行整形修剪,将其剪成方形或梯形,矮篱 20～50 厘米、中篱 50～120 厘米、高篱 120 厘米以上。对于花篱,还应根据花卉植物的生长发育规律进行修剪,促进其开花结果、争奇斗艳。

位于中央分隔带的绿(花)篱,应整齐、美观、紧密适度,确保隔离对向行驶车辆的眩光,并定期修剪其高度和宽度,剪除伸入公路建筑限界和遮挡公路标志牌的枝条。

5) 补植

各类苗木如栽种后有死亡,应及时清除死株,加以补植。补植的苗木应与原来栽植的苗木种类一样,规格应稍大一些。对于已基本成材的行道树,除株距大于 200 厘米,补栽后不影响生长者外,可不补植。

6) 防治病虫害

树木花草在生长过程中,会不断遭受种种病害和虫害。因此,在日常养护工作中,要注意调查了解树木病害发生的特点和虫害发生的规律。根据各类树木病虫害发生、发展和传播蔓延的规律,及时进行检查。一旦发生病虫害,即应采取相应的防治措施,确保树木正常生长。

防治绿化植物病虫害应以预防为主,开展生物、化学防治的综合防治方法,发现病虫害应贯彻"治早、治小、治了"的防治方针。严格苗木检疫制度,保持绿化地面卫生,消灭越冬虫卵、蛹,烧毁落叶、虫茧,及时清除衰弱、病害绿化植物。为预防病虫害发生,一般每年春季及初夏应喷洒波尔多溶液 2 次,为杀灭虫卵病菌,每年晚秋及早春应涂白灰剂 2 次。

此外,绿化公路的乔木、灌木、花草及防护林、风景林等,不宜在较长路段中采用一种绿化植物,应根据情况分段轮换栽种不同树种,以减少病虫害的传播和蔓延。

2. 草坪的养护管理

草坪绿化在高速公路中应用较广,它具有防尘固沙,防止水土流失,筑固路基,调节气候,吸附有害物质等作用,能有效绿化、美化、净化公路自然环境,从而有助于为交通运营提供安全、舒适、优美的行车环境。

草坪维护保养主要有下述内容。

1) 草坪清理

由于行驶车辆会产生各种丢弃物和垃圾,常常散落于草坪上,妨碍草坪植物生长,且有碍观瞻。因此,需要经常清理草坪中的废弃物、垃圾和枯枝落叶等,每年还应集中清理草坪 2 次,尤其是在清明节前后应进行一次大清理。清理的方法是用短齿耧耙梳理草坪,将丢弃物、垃圾和枯枝落叶清除干净,保持草坪整洁、清爽。

2) 浇水

浇水是草坪维护保养的一项经常性工作。在干旱季节或干燥地区,尤其应及时浇灌草坪,供给充足水分,确保草坪生长发育良好。

浇水一般以浸湿土层 10 厘米为宜,时间以早晚为宜。沙土草坪宜每周浇水 2～3 次,黏土草坪每周浇水 1 次即可。对于边坡草坪,浇水比较困难,可采用喷灌方法,经常性地反复进行,直至浇足浇透。

草坪不但应注意浇水养护,还应注意雨季排水。如草坪土壤水分过于饱和或长时间积水浸泡,会导致草坪植物倒伏、烂根甚至成片死亡。因此,必须保持草坪排水设施的完好畅通,能够迅速排除雨水,确保草坪良好成长。

3) 除草

清除杂草是草坪维护保养的重要内容。大量杂草既影响草坪正常生长,毁坏绿化植物,又破坏草坪景观,导致杂草丛生。因此,必须随时清除杂草,防止其生长蔓延。一般可在杂草将要开花时将其拔除,而雨季是杂草繁盛的季节,应抓紧时间清除杂草。如杂草面积较大或数量较多,可采用除莠剂进行杀除。

4) 施肥

当草坪缺乏养料时,就会生长不良,茎干发黄硬化,损害草坪景观。为促使草坪生长繁茂,就应适时施加肥料。通常可施加复合肥料,它含有氮、磷、钾三种主要肥料,其比例一般为5∶4∶3。施肥时间南方温暖地区适宜在秋季,北方寒冷地区适宜在春季。施肥量应根据草坪的生长情况和土壤情况确定。一般南方地区的施肥量为3~5千克/平方米;北方地区稍少,为2~4千克/平方米。在生长季节进行追肥时,施肥量宜少。

5) 修剪

草坪经过一段时间的自然生成,往往会长得高矮不齐,杂乱无章,影响美观。通过修剪,可使草坪整齐划一,清爽美观,如一幅美丽的绿茵地毯。同时,修剪还可以防止草坪植物退化,延长草坪利用年限。

草坪的修剪,随草皮的种类和生长环境的不同而异。割草机是常用的修剪工具,一般在春季或秋季草坪生长较旺时进行修剪,以早晚或阴天为宜,下雨2天后进行修剪效果更好。南方地区植物生育期较长,每年可修剪4~5次,北方地区植物生育期较短,每年可修剪2~3次或3~4次。

修剪后,既要使草坪整齐优美,又要使草坪能正常生长。一般要求草高不超过15厘米,以免叶茎过长,遮挡阳光,通风不良,诱发病虫害。

6) 更新

草皮种植后,由于种种原因常常会有缺苗断行,草皮稀疏,生长不良等现象,严重影响绿化效果,并为杂草滋生留下空间。为此,必须经常检查草坪生长情况,及时补栽更新,以保持草坪旺盛的活力,使成活率达90%以上。

此外,草坪生长到一定的年限后便逐渐衰老,长势减弱,抗寒能力降低,严重的春旱,便会引起草坪大片死亡。为此,在早春季节草坪返青时,应经常检查草坪,发现草根腐烂或死株,要随时清除,然后补栽更新,力求全苗。

7) 防治病虫害

在草坪的生长过程中,病虫害防治工作不容忽视。病虫害会给草坪带来巨大损害因此需要经常进行检查,警惕病虫害发生,及早发现,及时防治。防治病虫害应贯彻执行"有防有治,防治结合,以防为主"和"治早、治小、治了"的方针政策。

采用化学药剂处治病虫害,应注意掌握药剂的最佳浓度,并选择在晴朗无风的天气进行喷洒,切忌在阴雨天喷药。由于农药具有强烈的毒性,使用时要特别小心,严格按规范操作,以确保人身安全。

防治病虫害,除采用化学药剂处治外,还需实施综合治理。温度、水分、土壤、光照等环境条件,对病虫害的发生和蔓延有着重大影响。在草坪的种植、维护和保养中,主动、积极地创造不利于病虫害发生的条件,创造适于草坪植物生长繁殖的有利条件,如适时浇水、施肥、打药等,使草坪植物苗壮强盛,增强抗病能力,就可有效减轻或抑制草坪虫害的发生流行。

8.5 我国高速公路养护管理体制的改革

8.5.1 高速公路养护管理机构的设置

高速公路在使用阶段的各项管理工作是一个复杂的系统和有机的整体,因此,有必要把养护管理放在运营管理这个大系统中来研究。

根据《中华人民共和国公路管理条例》,实行"统一领导,分级管理"的原则,高速公路管理采用垂直管理形式,按照不同的管理层次,分别建立相应的管理系统。

1. 分级管理系统

高速公路在使用阶段的管理无论采取行政事业型还是公司企业型,一般采用三级管理形式。

各省市自治区高速公路主管局(总公司)为第一级,负责高速公路养护资金的统筹安排使用,负责制定养护工作和养护质量标准,并监督、检查各级的执行情况。下设与管理职能有关的职能处室,主持各项工作。

各地区高速公路管理所(分公司)为第二级,具体负责高速公路养护管理的组织指挥工作。目前,由于我国高速公路在各省市自治区还不普及,这一管理机构一般针对某条具体路段设置。管理所除设有职能管理部门外,还设有具体实施操作的管理单位。

路段管理所辖各管理站为第三级,这一级管理是最基层的管理单元,设有养护工程队,专门负责具体的养护作业任务。

上述三级管理目前通常采用二级核算方式,即实行局、所两级的核算。管理站除服务区的工程队外,一般仅进行业务及人员的管理,不再建立核算机制。

2. 操作管理系统

操作管理系统一般指决策的具体贯彻落实单位的总称。在高速公路使用阶段的管理系统中,是指各级管理所、队、班组等。高速公路操作管理系统一般有下述两种类型。

(1) 建立综合管理所,即按区段管辖长度(大约每 50 公里)设置管理所,由管理所全权负责管辖区段内的养护、收费、路政、服务、经营等各项业务。这种设置有利于区段内的管理协调,特别适合路程较长的高速公路,其机构设置如图 8-2 所示。

(2) 建立专业管理所,即按不同的业务内容设置专业管理所,由各专业管理所分别负责养护、收费、路政、服务、经营等业务。专业管理所可视情况设置或不再设置管理班组。这种设置有利于加强专项业务管理,特别适用于路程较短的高速公路,其机构设置如图 8-3 所示。

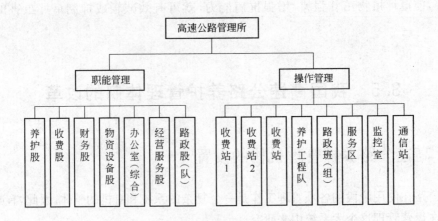

图 8-2 综合管理所机构设置框图

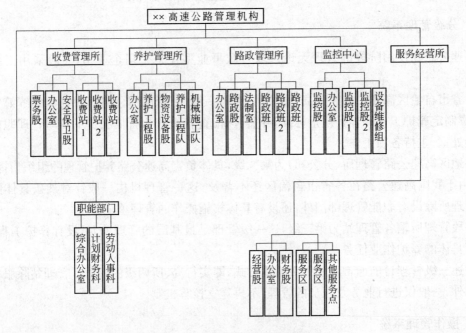

图 8-3 专业管理所机构设置框图

8.5.2 养护管理的实施

1. 养护管理工作的基本要求

(1) 从每条高速公路的特点和实际情况出发,养护不拘形式,管理讲求实效,以保障高速公路及其设施的完好使用,确保高速公路安全畅通,充分发挥其经济效益和社会效益。

(2) 本着精简、节约、高效的原则,能发包则发包,能外雇则外雇,重在计划管理和巡查监督。

(3) 强化预防性维护和机械化作业,避免封闭交通。
(4) 优化交通条件,美化公路环境,实现畅、洁、绿、美。
(5) 采用最新技术,提高维修作业的时效性、机动性、安全性和可靠性。

2. 养护维修作业实施方式

以首都机场高速公路为例,养护维修作业实施方式如图8-4所示。

由图8-4可知,首都机场高速公路的养护维修作业实施方式主要分为直接作业和招标发包管理两类。

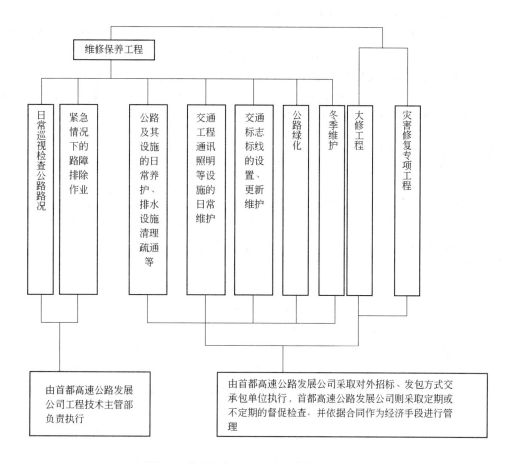

图8-4 首都机场高速公路维修作业方式图

直接作业由公司设置的技术服务部负责执行。对采用招标发包管理方式进行的养护维修作业,则由公司工程技术部进行检查监督,但特别强调以下几点:
(1) 指导承包者有计划地执行养护维修作业;
(2) 明确养护维修作业的标准;
(3) 确定关于难以查明完成情况的作业的合同方式和验收方式;
(4) 利用充实特殊作业用机械的租赁制度;
(5) 使承包人了解公路管理的意义及养护维修的目的。

此外,对于灾害或其他突发事件所需的紧急修复承包体制须事先有所准备。

3. 养护维修作业安全操作要求

尽管提倡高速公路养护维修作业以招标发包方式为主进行，但就整个养护维修作业的安全防护来讲，承包商应当按照以下要求执行：

（1）对在高速公路上进行养护作业的人员，要进行专门的安全教育和养护作业操作规程的训练，分析事故隐患；

（2）进入高速公路养护作业工地的人员必须着安全标志服；

（3）养护作业人员不得走出作业区，不得将任何施工机具置于作业区外；

（4）严禁养护作业人员在路上拦截、搭乘过往车辆；

（5）在车道以外的地方进行养护作业时，作业人员不得随意进入车道范围，严禁养护作业人员在作业期间，在不实行交通管制的地方，违反交通规则；

（6）养护作业人员不得随意变更交通控制区或扩大作业区；

（7）养护作业完成时，应立即拆除所有的交通引导、控制装置，并除去临时公路施工标志，恢复正常使用的交通标志、标线等交通管理设施。

4. 养护管理规范化要求

1) 路况巡视制度

巡视的目的：发现公路及其沿线设施有无异常和破损，以便做出修复的计划；发现影响交通的障碍物或存在障碍的危险，立即通知车载式电话或路侧紧急电话报告监控中心；掌握公路的交通状况，以便监控中心及时做出有关处置决定；掌握承包商进行公路维护工程的情况；在发现需要紧急处理的异常情况时，实施应急措施。

巡视分为正常巡视、夜间巡视、定期巡视、异常巡视和冰雪巡视等。

2) 维修作业计划的编制及其执行制度

养护维修作业计划内容繁多，规模不大，但必须维持交通运行，因此应预先制定作业计划，以便有效地进行施工。

作业计划由公司工程技术部在巡视调查的基础上编制，交由自设的日常保养维修承包专业队或合同承包人负责实施；专项工程和大修工程也可由长期承包养护工程的承包商编制，报经高速公路公司审查批准后，签订合同由承包商实施。

在编制养护作业计划时，要有效地运用过去养护成果和路面及结构物等的原始记录，按工程数量制定计划。

作业计划分年度计划和月、旬、日计划。

8.5.3 高速公路养护管理体制改革

我国现行高速公路养护管理体制存在以下问题：一是养护资金投入不足，甚至严重短缺。尤其是在转让经营权的高速公路上，由于高速公路经营公司以赢利为主要目的，舍不得在公路养护上投入足够的资金。以某条高速公路为例，在经营权转让之前，国家每年投入养护资金300多万元，而现在公路经营公司每年投入的养护资金只有100多万元。二是机构设置不合理。原体制在省局（总公司）设养护处，线路设养护科，管理所下设养护股，负责养护管理，造成业务庞杂,人员设备分散,使养护管理的专业化、机械化、规范化和科学化进程受到限制。三是养护管理模式跟不上高速公路养护的状态,即哪里出现病害就去哪里修补,表面上看养护目的明确,但事实上,该养护管理模式是被路面的破损状况牵着鼻子走,是一种毫无计划的模式,最终导致养护资金得不到充分利用。四是在养护管理过程中仍然存在责、权、利不相一致的情况,这极大地打击了养护员工的积极性。五是由于养护资金短缺,使得养护部门的养护计划不能实现,路面病害得不到及时治理。

针对上述问题,我们提出下述改革思路。

(1) 建立符合现代企业制度的高速公路经营管理体制。高速公路经营管理体制按照现代企业制度的要求,组建高速公路经营公司,实行企业化管理。高速公路经营公司根据高速公路的数量设立,注意规模经营、规模效益和还贷能力。高速公路经营公司的主要任务是根据公路建设规划、负责高速公路的资金筹集、建设管理、收费还贷、保养维护以及其他经营管理活动,调动社会各方面的力量,发展高速公路事业。

(2) 改革高速公路的养护体制,提高高速公路的养护质量和效益。养护体制的改革要贯彻事企分开、提高质量和效益相统一的原则。当前主要解决以下问题:一是实行政企分开。分离公路管理机构中所附属的生产性单位,使其转变为自主经营、自负盈亏、自我发展、自我约束的法人实体,进入市场,参与竞争。二是高速公路养护要逐步向社会化、专业化、机械化方向发展。如各地要结合本地高速公路具体情况,对现有的养护道班(股)进行调整改组,实行大道班管理。改变过于分散、效率低下的状况。实行限编人员,提高养护机械化程度,提高高速公路养护效率。三是改革现行养护经费按计划安排的办法,推行养护工程招标制度。

(3) 建立养护市场准入制度,明确进入养护市场的条件。此外,还要在完善法律、法规的基础上,严格按照法定程序办理进入高速公路养护市场的手续,应当制定养护市场竞争和交易规则,保证市场的主体按照统一的市场价格去获取生产要素,真正实现公平竞争。同时政府还应当行使监督职能,即运用行政、法律等多种手段对养护企业的各项经济活动进行政策指导,计划调节,行政管理,监督服务,参与养护行业的经济运行管理,组织协调养护市场的运转,为养护企业提供各种信息服务。

(4) 建立科学、规范化的养护质量检测、监督系统。这是高速公路养护质量保证体系的重要环节。可以在局(总公司)一级设立质量检测中心和中心实验室,配备养护质量管理人员,严把养护质量关。

(5) 设立高速公路养护基金,确保养护资金足额投放。高速公路养护基金是根据养护预算费用而要求高速公路经营企业缴纳的资金,养护基金是为确保经营性公路在使用期限内保持良好的技术状态并在经营期满后公路的完好、畅通、平整而设立的专项基金。经营性公路所在地区的公路管理部门,要依据有关政策、制度,努力做好经营性公路养护基金的收支监督;督促经营者严格遵守财经纪律以确保经营性公路养护基金的合理使用。要依照法律处理好在基金制度中所涉及的主要三方,即政府、高速公路经营企业、养护企业的关系。另外要说明的是,经营性公路养护基金是针对每条经营性公路而分别设立的专项基金。

① 养护基金的筹集:经营性公路养护基金主要是由高速公路经营企业缴纳取得。按照"以收定支,略有节余,留有部分积累"的原则筹集。由于养护基金的筹集数额是基于路面未来的质量状况而确定的,因此,在征集某条公路养护基金数额之前要做的第一项工作就是准确地预测路面性能。在开展预测的初期,可以采用类比法、因素分析法等多种方式来实现这一目

标,随着时间的推移,经营性公路养护的资料必然日臻完善,养护经验也会愈加成熟,这就为建立一套科学合理的预测模型铺平了道路。根据路面状况预测模型,路面新建、大中修工程历史,交通量等资料,确定养护企业的材料、人工、资金的年消耗量,据此作为确定高速公路经营企业缴纳养护基金数量的依据。

② 基金的使用与支付:采用公开招标的方式,择优选择高速公路养护单位。招标采用总价合同的形式,在招标时应呈报的是五年合同期的第一年的养护费用总价,在合同履行周年时,政府应当根据当地物价指数慎重考虑调价系数,据此计算下一年的合同价格。采用总价合同的形式既可以减少政府的工作量,又使得养护工作便于控制,因为总价合同只重视养护工程的结果。另外,采用总价合同的形式使得养护企业从远处看,从较小的病害着手,有利于提高养护工程质量,有效地防止较大病害的发生,从某种程度上看,节省了因养护不善而造成的多余支出。这样一来,还相应减少了大中修的次数。因为大中修容易造成效能的中断,从而影响到公路经营企业的正常运营,也影响到效能运输的正常运行,进而影响到当地经济的发展。

③ 养护工程的质量检查:虽然采用了总价合同的形式,但是根据《公路法》的规定,"经营权转让经营期间由公路经营公司负责公路的完好。"根据这一规定,无论现在担任公路养护具体工作的是谁,公路经营企业对保证公路的完好都有不可推卸的责任。在经营性公路养护质量检查方面,公路经营公司应起主导作用。因此,公路管理机构应要求公路经营公司按照一定的距离路段设置公路养护管理小区,并赋予公路经营公司相应的管理权限,对于发现达不到合同要求的工程,有权要求养护企业采取措施加以改进。与此同时,由于采用了总价合同的形式,公路经营公司同养护公司并无直接的经济利益关系,对此,公路管理机构应要求公路经营公司按月、季、年上报养护质量检查的结果。政府作为养护基金的管理者,在质量管理方面仍应重视。在养护合同中,公路管理机构应要求公路养护公司仔细安排养护工作计划,材料、机具的选择等,并按月、季、年上报审批。政府根据养护公司报告的内容参与养护工程的质量检查。

④ 基金的支付:如果养护公司完全按照合同的要求完成本年度的养护任务,那么公路管理机构应按照合同中的总价支付给养护公司。如果公路养护公司并没有完全履行合同中规定的义务,公路管理机构应按照合同的规定扣除总价合同中一定百分比的款项,在本年度末工程质量全面检查之前要求加以改进以达到合同规定的要求时,归还这部分的款项。

复习思考题

1. 高速公路的养护分为哪几类?
2. 简述高速公路养护的具体工作内容。
3. 常见的沥青路面病害有哪几种?如何对其进行养护管理?
4. 简述高速公路桥涵、构造物的日常维修保养工作内容。
5. 对桥梁结构物的检查有几种方式?简述检查的主要内容。
6. 现行的养护管理体制如何?谈谈你的改进的思路。
7. 简述高速公路绿化的基本内容。
8. 你认为高速公路绿化的意义何在?

第 9 章 高速公路监控通信管理

9.1 高速公路交通控制

高速公路的交通控制是保证车辆能高速运行的必要条件,若交通控制与高速公路不相适应,即使按高速公路标准进行建设,也无法达到预期的效果,甚至使交通事故层出不穷,人民生命财产受到严重损失。

9.1.1 高速公路交通控制的必要性

1. 高速公路交通控制是保持高速公路交通管理计划完成的需要

由于周围环境的不断变化,一些意想不到的因素往往会影响交通管理计划目标的实现,此外,计划能否得以实现,还与计划执行人员的执行水平有关,计划执行者在执行过程中偏离既定的目标是常见的现象,这些缺陷和偏离,都要靠控制来弥补和纠正。高速公路交通控制对计划的保障作用主要表现在以下两个方面:①通过交通控制纠正高速公路交通管理计划执行过程中出现的各种偏差,督促计划执行者按计划办事;②对高速公路交通管理计划中不符合实际情况的内容,根据执行过程中的实际情况进行必要的修正、调整,使计划更加符合实际。

2. 高速公路交通控制是提高高速公路交通管理效率的需要

有效的交通控制有助于提高高速公路交通管理效率,主要表现在以下三点:①交通控制不仅能够纠正交通管理计划执行的偏差,还有助于提高工作人员的责任心,防止再出现类似的偏差,从而提高交通管理计划的执行效率;②在实施交通控制的过程中,还可以通过反馈机制,使决策者了解自己的决策能力和水平,有助于决策者不断提高自己的决策、控制等管理活动的水平,进而提高管理效率;③交通控制还可以促进交通管理创新。交通管理创新可以理解为,为了赢得交通管理优势,根据交通控制系统的前馈机制或反馈机制传递的信息,重新组织交通管理的各种资源,以更有效的管理行为实现管理创新的过程。

9.1.2 高速公路交通控制系统的构成

世界上由于每个国家的国情不同,高速公路的重要程度及功能不同,高速公路的管理体制不可能采用相同的模式,但从交通控制系统构成看,每条高速公路不管控制方法是否完善、设备是否先进,其控制系统组成基本相同。一般包括:中央控制系统、信息收集系统、信息提供系统和通信系统四部分组成。图 9-1 为典型的交通控制系统组成示意图。

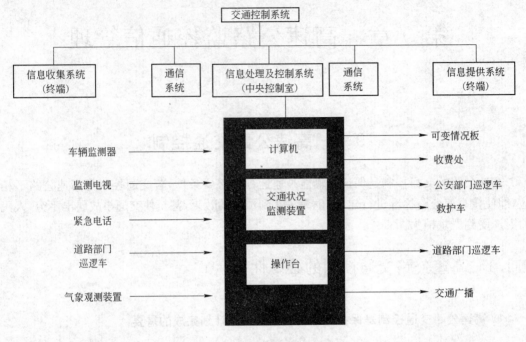

图 9-1　交通控制系统组成

1. 中央控制系统

中央控制系统是进行交通管理控制的核心部分,它把终端设备收集来的信息进行加工处理然后再向终端设备发出工作指令,以实现交通控制的目的。中央控制系统相当于整个系统的总指挥部,主要由计算机、交通状况监测装置等组成。

交通监控系统是高速公路系统的重要设施。该系统的目标为:监视高速公路上的交通状况,收集并处理交通信息,及时发现可能引起高速公路交通拥挤的问题,采取适当的措施控制和诱导交通流,以减少高速公路上的交通拥挤,保证交通安全,达到最合理利用高速公路通行能力的目的。

2. 信息收集系统

各种交通信息、道路信息、气象信息是中央控制系统进行交通控制的依据和基础,信息收集系统通过车辆监测器、监视电视、紧急电话、巡逻车及气象观测装置等,收集高速公路的有关信息,信息的内容和数量将直接反映高速公路交通控制与管理的水平。

3. 信息提供系统

交通控制的最终目的还是为汽车用户服务,服务的方式便是向驾驶员提供交通信息、发出指令,促使驾驶员采取合理的行车方式或路线,节约时间,降低成本,提高运输效益。同时,也可为驾驶员提供多种行车方式及路线,使道路交通流量均匀分布,提高道路利用率,增加社会效益。驾驶员从信息提供系统中获取信息的主要方式、方法如下:

```
          ┌ 驾驶员视觉 ┌ 静信息:道路标志与标线,如指路标志等
信                    └ 动信息:可变情况板、可变标志,如可变限速标志等
息
提 ┤ 驾驶员听觉 ┌ 路侧通信广播系统广播
供                    └ 电台交通信息广播节目广播
系
统        ┌ 驾驶员查询 ┌ 通过无线电台、车载电话、路边电话向交通
          └            └ 控制中心、驾驶员等询问有关情况
```

4. 通信系统

在中央控制系统与信息收集、提供系统终端之间,借助通信系统进行联系。常见的通信方式有电话通信、数据通信和图像通信,其中电话通信是最主要的工具。当车辆发生事故、出现故障时,都可以通过设在道路两侧的紧急电话与中央控制系统取得联系,请求指示或救援。

9.2 高速公路监控通信管理

9.2.1 高速公路监控通信管理的含义

1. 高速公路监控通信管理的分类

高速公路的监控通信管理从功能上说,包括通信系统、监控系统和收费系统。

通信系统包括干线通信(微波、光纤等)、移动通信、程控交换、紧急和指令电话等系统设备。完成的主要任务是:根据规定的技术要求确保全系统数据、命令、图像及语音信息的及时性和准确性。

监控系统包括数据采集(主干线和匝道)、中心控制、情报显示、电视监视等系统设备。主要完成实时采集、记录和显示交通流数据、事故信息、天气信息,并据此判断各路段的交通状况,发布交通控制信息,对全线交通状况进行控制和调度。

收费系统包括出、入口检测和收费控制等系统设备。实现的主要功能:收费口交通量统计和车辆分型,按标准收取通行费并发放收据,汇总、整理收费的有关数据和交通流数据,传送到上一级计算机和监控中心进行处理,并根据监控中心发布的命令,对出入高速公路的车辆进行控制和调节。

2. 监控通信管理的概念

监控通信管理是上述三大系统的综合运用,它包括从系统规划、研究、设计、制造、安装、调试、使用维修、改造、更新直至报废的全过程,也就是三大系统生命周期的管理。因此,三大系统管理一般概念为:以三大系统生命周期为出发点,使系统的人力、物力、财力、信息和资源等的功效,通过计划、组织、指挥、协调和控制的管理功能,最有效地发挥出来,以达到系统寿命周期费用最经济、综合效率最高的目标。

9.2.2 高速公路监控通信系统的管理

1. 通信系统的基本管理

1) 通信系统管理的要求

(1) 程序化。根据通信工作的自身特点,结合高速公路运营工作对通信管理工作的要求,编制工作流程图。这种流程图应明确工作顺序、各环节的具体工作内容、与相关业务部门的联系。这也是划分职责范围的基础。

(2) 标准化。对实际工作中重复出现的活动,根据要求和经验,制成标准的工作程序和方法并以制度的形式固定下来。对于人员职责范围的规定,切忌模糊化,应有质和量的概念,以便于考核。

(3) 数据完整化。这包括数据的完整性、真实性。对各种有用的原始资源、数据要系统地加以收集、整理、归纳、存储,以便将来调用。

(4) 管理计算机化。通信管理工作应与计算机应用有机地结合起来,使我们的工作走向合理、高效、优化、科学的轨道。

(5) 接受经济规律和技术条件的约束。

2) 通信系统管理的主体内容

(1) 确定工作计划。为了保证通信管理工作有条不紊地进行,各种管理活动都应有相应的计划安排。主要有:

① 设备维护保养计划;

② 设备检测维修计划;

③ 设备更新与系统改造计划;

④ 人员培训与学习计划;

⑤ 物资和仪器购置、调用计划;

⑥ 经费预算、申报、使用额度安排。

(2) 加强技能培训。系统的运行离不开人的参与。有了人的存在,就存在着技术熟练程度的问题,因此必须重视培养和管理一支合格的通信队伍。

① 先期介入。选派具有较强工作责任心和工作能力的人员参与通信系统的方案设计、设备选型、工程实施、工程验收等全过程,使之能够全面了解各项环节、设备安装与调试技术等,为系统运行后的维护奠定良好基础。

② 走出去。根据工作情况和条件许可,分批分期地把技术人员提前送到设备生产厂家进行专项培训。技术人员不仅要了解设备生产过程、制造工艺,更应全面掌握设备工作原理、常见故障及故障排除等。

③ 请进来。聘请有通信维护管理经验的行家,结合本系统的特点进行有针对性的技术讲座。

④ 话务员的基础训练。重视通信值班员的岗前培训和考核,使他们成为训练有素的通信工作者。可以采取多种形式的讲座和学习班,向他们讲解通信知识、职业道德、安全注意事项,并根据职业特点,侧重吸收女性担当通信值班员。

⑤ 机务人员的实际锻炼。设备在运行过程中难免会出现各种故障，这正是通信管理工作者进行自我检验与锻炼的好机会，应鼓励专业技术人员多动脑筋，自己动手解决实际问题。

⑥ 进行技术革新探索。在系统运行一段时间后，如认为系统存在比较突出的缺陷，在能力所及时，应积极组织技术人员探讨改进的可行性、具体方案、实施程序、评价标准，并认真组织实施。

⑦ 加强横向交流。应有计划、有步骤地安排技术人员进行业务学习、交流、培训。

(3) 工作制度的研究和制定。一套完善的、行之有效的规章制度是规范通信工作者行为的依据和准则，是强化管理职能必不可少的重要步骤。完善的工作制度是根据实际需要并在实践中不断探索、不断补充、不断修正得来的，这些规章制度大体包括：

① 通信科（室）、所（站）的管理权限和职责范围；

② 通信负责人、通信工程师和通信技术人员的各自岗位责任；

③ 通信值班人员守则；

④ 通信机房管理制度；

⑤ 通信设施管理细则；

⑥ 安全管理措施；

⑦ 奖励与处罚规定。

(4) 设备管理。设备管理是指对通信主体设备、辅助设施的管理，其目的在于让有限的通信资源发挥最大作用。

① 设备的使用。使用和保养知识的宣传是设备管理工作的首要任务。错误的或不当的使用将影响通信成功率；疏于保养则会缩短设备的使用寿命。应根据系统设计合理配置设备数量和使用级别控制。开发利用现役设备所具有的各种功能，提高设备利用率。一个明显的例子是：对于用户话机，人们通常仅使用分机直接拨分机功能，其他功能如分机代接分机、分机代接局线、打扰的设定与解除、定时呼叫的设定与解除却极少用。

② 设备的维护。对设备的维护分预防性维护和修正性维护。预防性维护侧重于日常巡视、日常保养和检查，具有一定的规律性和重复性，主要内容有：硬件维护、软件维护、电源维护、功能维护、指标测试、单机指标测试、系统统测。

③ 设备的更新与系统改造。设备需要更新，通常有两种情况：一种是设备服役年限将近或超过，继续使用其维修费用过大，因而失去使用价值；另一种是设备属于淘汰范畴，不能满足现行通信需求。进行设备更新时，应做好旧设备的报损手续工作和新设备的可行性调研。

系统改造有两种方式：其一，对现有设备进行挖潜、革新、改进；其二，增加新设备。

(5) 通信器材、工具与仪表管理。存储一定数量的备用器材是保障通信系统正常运转的必要措施之一，但库存量不宜过大，存储的种类也要力求合理。目前许多通信产品基本上采用模块化结构，而且在系统设计时已经考虑到备份问题，因此应以存储关键性、非通用性的模块件为主。

通信测试仪表的配备以适用为原则，如话路仪、误码仪、无线综合测试仪等仪表，一个通信系统配置一套即可。

通信设备的备用器材、工具和测试仪表的管理是一项繁杂的工作，保管人员应具有一定的专业知识和高度的工作责任心，对所管理的物品要分门别类地登记入账、存放整齐、出入清楚、财物相符，务必做到无丢失、无损坏、无锈蚀。要切实做好存放库房的防火、防盗、防潮、防腐措施。

通信维护人员在使用通信测试仪表时,要爱护公共财物,正确使用,安全操作。

(6) 无线电频率管理。无线电频率是一种宝贵的资源。专用网所占用的无线频点都是经当地无线电管理部门批准并缴纳过无线电管理费用的,因而是合法占用者和有偿使用者。但由于无线通信的广泛使用,空中电波十分拥挤,往往容易发生与其他无线通信网相互干扰及网外用户的非法盗用现象。因此,必要时应加强无线通信的监听监测工作,摸清干扰的性质和来源,采取措施避免干扰,防止网外用户盗用。

(7) 技术资料管理。从事通信管理与维护工作,离不开一套完整的系统技术资料。资料残缺不全或杂乱无章,必将使管理工作处于被动之境。技术资料管理工作主要从下述三个方面考虑:资料的收集、资料的整理、资料的保存与借阅。

3) 设备维护内容与建议

通信维护是通信管理的最重要的内容。通信系统的设备构成较为复杂,各种设备的具体维护内容和要求不尽相同,这就给维护工作带来了一定的难度。但只要我们遵循客观规律,注重维护工作的科学性,认认真真地做好维护工作中的每一个环节,通信畅通就有保证。

(1) 业务交换系统维护。

日常维护:值班人员对交换机机柜(箱、架)、话务台及打印设备进行清洁保养;技术人员或机务人员通过维护终端或其他监视监测装置对设备的工作状况进行直观观察、故障跟踪定位、更换有故障的整件,保证设备的工作条件得到满足,即工作电压稳定、机房湿度适宜、通风良好、无强电磁干扰、接地系统可靠。

周期性维护:主机与话务台、维护终端、配线架及配线架与分线箱之间的馈线或电缆接续可靠程度的检查;供电状况,特别是备用蓄电池(组)充电情况的检查;检查话务总台各操作键有无接触不良现象;抽测接续功能,如局内呼叫、入局或出局呼叫、用户新业务功能、非话间业务接续等;检查信号音与铃流是否正常,有无串音、噪声。

维护建议:不要频繁开机关机;杜绝粗暴拔插机内整件;尽量避免带电作业;对设备中的一些重要组件不提倡自行维修,应以更新备用的整件为主,特别是软件故障,则更为复杂,通常将故障组件送往厂家维修。

(2) 微波中继传输系统维护。

日常维护:室内高频部分或中低频机架的清洁保养;各监视仪表或指示灯的正常与否。

周期性维护:主备信道自动切换检查;各接插件和微波信道机与终端设备之间连接电缆的牢靠程度;室内电源及有源站电源的检查;设备告警功能检查。

季节性维护:室外复合电缆是否有破损;室外部分的防雨防潮和防锈措施是否完好;铁塔上的避雷设施及天线紧固件是否可靠,特别是夏季雷电频繁期和冬季雨雪到来之前更应该做好这项工作;微波通信传输的一些指标,如中频频率、电平储备、误码指标等,在测试条件允许时,应每季度测试一次,并做好测试记录。

维护建议:对微波设备中的高频器件,原则上不自行调整和维修;对通信铁塔上的设备进行维护时,一定要做好安全防护措施,切忌粗心大意;不轻易调整收发天线的方位和俯仰角。

(3) 光纤传输系统维护。

对于光纤通信传输系统的维护工作,主要是借助系统本身的监视监测告警系统或微机监控终端来完成。一旦系统出现故障或者有故障隐患,可通过现象分析、判断、定位,然后更换机盘。

日常维护工作的另一项内容是保证设备工作条件的稳定可靠以及设备的告警功能、人工或自动切换功能、公务联络功能的检查。

必要时,可对一个或数个中继段进行误码观察,分析系统的传输性能。

(4) PCM 终端设备维护。

日常维护:设备的清洁保养;电缆接续可靠性检查;电源检查;基群设备自检。

周期性维护:基群设备话路特性测试;数字接口波形观察;主时钟频率测试;对于二次群以上的系统,应测试系统误码指标。

(5) 无线通信网络维护。

日常维护:系统呼叫通信检查;基台载波功率;基站天线驻波比;设备各功能键是否接触良好;设备电源、移动手持机、车载电台的一般性检修。

年维护:天线检查;避雷系统检查;在测试条件具备时,就对天线电压驻波比、电台载波功率、发信载频偏差、调制灵敏度、音频失真度、最大频偏、接收灵敏度、音频响应及双工器和编解码器的相关指标进行检测和调整。

(6) 应急电话与通信电缆维护。

室内接收控制设备的日常检查:接收显示是否准确;声光告警是否正确;通信效果是否良好;录音、放音及其他各功能是否灵敏可靠。

室外话机及通信电缆的日常维护:电缆绝缘性能检查;电缆标志、标桩、人孔和分线箱的巡视;沿线各通信设施所有活动金属部件的防锈蚀处理;电缆充气设备工作状况的检查;对通信电缆威胁极大的虫、鼠的观察和预防。

2. 监控系统的管理

1) 目的

目前,无论监控系统的建设还是管理都还处于探索阶段,特别是系统的管理,国内尚未见到完整的范例,而国外的经验又不完全符合我国的实际情况。然而,监控系统的管理确实是高速公路管理部门不可回避的现实问题。

监控系统的管理头绪很多,但目的就是要发挥现有设备的作用,完成设计的任务在此基础上改进和提高系统的功能。

要改进和提高系统的功能,必须首先吃透原设计的指导思想,找到技术手段上的薄弱环节,再根据系统运行的实际情况进行改进和提高。

要达这些目的,还必须做好系统的人员管理工作。

2) 任务

(1) 系统的日常维护。由于监控系统的设备通常在线运行,因此做好系统设备的日常维护是保证系统正常运行的重要措施。设备的日常维护包括以下工作:

① 保持控制中心良好的工作环境:监控设备特别是计算机系统工程均为电子设备,故设备的防磁就成了系统日常维护的首要工作。应当知道清洁、卫生的环境不仅仅是为了好看,而是系统日常维护的重要内容。

② 定期保养设备：外购设备的定型产品按照设备制造厂家规定的时间、方式进行保养，如计算机、电视摄像机等；专用研制设备和其他外购设备根据使用经验进行保养。

③ 定期检查、测试设备的运行状况：这项工作是防患于未然的重要措施。优秀的管理人员不会等到设备出现故障才发现问题，而是平时经常检查，防微杜渐，发现隐患立即消除。

④ 技术资料管理：保存完好的系统设计图和施工图，当发生故障时便于查询。值得注意的是，当系统在调试期间或在实际运行时某些部分如有所变动，应及时在图纸中注明。

⑤ 建立设备档案：要分门别类建立设备档案，随时知道有哪些设备在线运行；哪些设备有备份，有多少；哪些设备正在修复或报损。

⑥ 做好设备维修记录：每次维修设备都要做好维修记录，详细说明所出现问题的外在表现、技术人员的分析判断以及最后的维修处理结果。这样，既解决了问题，又提高了技术人员分析问题和解决问题的能力，同时还为今后解决相同或相似的问题提供了依据。

⑦ 做好外场设备的保护：由于外场设备本身所处的环境比较恶劣，再加上容易受到人为的破坏，因此，必须经常上路检查，并尽可能设置一些必要的保护措施。如电视摄像机镜头要求非常严格，而温差变化可能引起水气遮挡镜头，所以要搞好密封；可变情报板和可变限速板玻璃外罩易受人为碰撞，可考虑用其他替代品。

(2) 系统的故障维修。对于大的故障，不主张自己维修。可与设计单位和设备生产厂家及时联系，保修范围内的按有关合同规定执行。由于上述单位对设备性能的了解、故障的判别以及相关测试、维修器械等方面均优于管理部门，因此即使超出保修期，仍然可以与他们合作，但是，管理部门的技术人员不能袖手旁观，应该积极参与维修工作，利用这些机会向别人学习；同时，对一般性设备故障和时间要求比较紧迫的故障应该及时修复。

(3) 系统的人员管理。这里所说的人员管理不是人事管理，而是系统工作人员包括技术人员和操作人员的业务管理以及与之相关的各项规章制度。监控系统运行的好坏，不仅与系统设备有关，同时，与系统工作人员的素质也有很大的关系。因此，造就一支过硬的技术队伍就成了系统管理工作中的当务之急。

① 设置专门机构，配备专人负责监控系统的维护与管理。要充分发挥监控系统的作用，就必须建立一支专门的队伍设置专门的机构，使一批懂机电、计算机、自动化的专业技术人员来充实管理人员的队伍，并配备专门的技术人员来负责监控系统的管理与维护。

② 管理部门要尽早介入系统。监控系统涉及的技术面很广，一般技术人员具备的专业知识往往不能满足系统管理的需要，这就要求管理部门的技术人员尽早介入系统，特别要注意利用设备的安装调试和系统运行时期多多学习。

③ 建立健全岗位责任制，严明各项规章制度。健全的制度是系统运转良好的基本保证，必须建立完善的制度、规定，用以规范系统技术人员和操作人员的工作行为。

④ 技术人员要钻研业务，遇到问题尽量自己解决。技术人员平时要钻研业务，多看多练多动脑，遇到问题，自己能解决的尽量自己解决，自己不懂的就要不耻下问。必要时，可以把他们送往相关的大专院校、科研部门以及设备生产厂家进行业务培训。

⑤ 培训操作人员，逐步培养他们发现问题和解决问题的能力。对操作人员不能完全同技术人员一样要求，但这不意味着操作人员不参与业务工作。要对操作人员进行岗前培训，使他们懂得监控系统的基本知识和基本技能，在此基础上培养他们发现问题和判断、解决问题的能力。

3. 收费系统的管理

先进的设备必须同有效的科学管理结合起来,才能发挥巨大的效益。在半自动收费系统管理模式中,系统设备运行的好坏,直接影响收费管理工作,尤其在重建设轻管理思想严重的情况下,更需要加强收费系统的运行管理。

1) 设计中应注意的问题

系统设计时一定要有系统概念,配合系统运行时的管理需要,做好前期工作。收费系统实施时应以收费站车道机为基础,重点保证收费站计算机与收费车道机正常工作。作为交通管理系统考虑,与上级计算机的可靠通信也不容忽视。收费标准中车辆分型过于复杂时,应考虑采用人工分型,不必追求大而全,最后导致系统运行的必要条件不能具备。收费员使用的设备结构设计要合理、实用,供收费员操作的按键应尽可能简单、可靠;供技术人员检查用的按键应采用接口形式或内藏式,不应裸露在外面。外场的系统设备安装基础、线缆的走线管道在建设期间应注意预留。

2) 设备管理

设备是整个系统的物质基础,不应忽视这部分的管理。设备应分类存放,做到随时存取,准确无误。设备管理包括:

① 按设备种类登记造册;

② 设备(含备份件)的情况记录;

③ 专人负责设备管理;

④ 相应的设备管理规章制度;

⑤ 加强线缆的保护。

3) 人员管理

人员管理包括技术人员管理和收费人员管理。

(1) 技术人员管理。

在工程开始实施时,应选派一些具有较强工作责任心和工作能力、热爱本职工作的专业技术人员,参与系统的方案设计、设备研制、安装、调试和工程验收。这些技术人员就是系统运行后管理中的主要技术力量。

技术人员管理关键要分工明确,任务到人,各司其职,各负其责。在分工时有交叉部分的内容更要明确、具体,不能分工不清,最后无人负责任。在处理问题时要奖惩分明。

(2) 收费人员管理。

收费员上岗前,应进行岗前培训和考核,使他们成为训练有素的称职的收费人员。对收费人员的培训包括:职业道德、设备操作方法、安全注意事项、出现故障时的应急处理、一套切实可行的奖惩措施和规章制度。

4) 维护、维修管理

设备在使用中出现故障是难免的,为了保证系统的可靠运行,维护、维修管理应是重中之重。

维护、维修管理包括:设备的日常维护、维修,故障时的应急处理维修,维护、维修情况的详细记录,相应的设备维护、维修管理规章制度。

9.3 我国高速公路监控通信管理的发展趋势及对策

为进一步提高现有交通设施的通行能力,改善服务水平,我国以现代信息技术为支撑的交通监控通信系统正在不断发展。从发展趋势上看,高速公路智能化、信息化、系统化无疑是高速公路监控通信管理未来的发展方向。

9.3.1 智能化

随着经济与技术的发展,尽管在全球的许多地方仍将建设更多的基础设施,但它已不是解决交通运输紧张的惟一办法,面对越来越拥挤的交通、有限的资源和财力及环境的压力,建设更多的基础设施将受到限制。智能运输系统——ITS(Intelligent Transport System)就是在这种背景下产生的。ITS是现代高新技术在交通领域的综合与集成,它强调智能化的人、车、路的协调统一,主要采用人工智能(Artificial Intelligent)、智能控制(Intelligent Control)、知识工程(Knowledge-based Engineering)、信息技术(Information Technology)等高新技术,建立起一种在大范围内、全方位发挥作用的实时、准确、高效的运输综合管理系统,以期提高运输效率、保障安全和保护环境。

ITS是近几年才在国际上统一的名称。以前,在ITS发展处于领先水平的美国、欧盟、日本叫法都不一样,都有自己的一个特定的发展过程。美国ITS的雏形始于20世纪60年代末期的电子路径导向系统(ERGS),之后在美国政府和国会的介入下,成立了相应的ITS领导和协调机构,并制定了提高陆上运输效率法案(ISTEA)。从此美国ITS研究、开发进入了系统的、有序的、全面的发展阶段。美国为确保其占有未来的ITS国际市场,投入了大量人力、物力来推进ITS的发展。欧盟对于ITS的研究、开发也不甘示弱,尤其是80年代后期,他们进行了一系列该项目的联合研究与开发。1986年进行的欧洲市郊安全交通系统计划(PROMETHEUS)是欧洲民间联合运行ITS开发的开端。之后,政府也相继介入,又进行了一系列更大的项目联合研究。1995年的PROMOTE是继PROMETHEUS之后进行的新的项目,但与以往不同的是该项目包括交通方式。1996年2月底,欧共体事务总局13局第一次公布了T-TAP征集的具体项目,其中涉及两种交通方式的有4个,涉及多种交通方式的有5个。显然,欧共体对有关综合运输的ITS项目已逐步开始重视了。日本的ITS的发展始于70年代,从1973年开始,日本成功地组织了一个叫做动态路径诱导系统的实验,之后,政府、产业界、学术界对ITS进行了一系列的研究、开发,并进入实用阶段。作为新的阶段,1996年7月,由5个政府部门共同发布了《面向高度信息通讯社会推进的基本方针》和《公路、交通、车辆领域的信息化实施指针》,统称"ITS总体构想",开始面向ITS采取综合的、有体系的对策。并投入巨资进入ITS的研究、开发与应用。除上述国家外,一些新兴的工业国家和发展中国家也已经开始ITS的研究和开发。从效能模式的角度看,各国已认识到ITS应从单一的道路交通研究向综合交通的方向发展,但目前各国主要集中于城市交通和高速公路的研究,对于综合交通少有涉及,仅欧盟有少量研究。

自20世纪70年代以来,我国从国外引进、消化了一些项目,并进行了一些ITS或类似

ITS 基础项目的研究、应用,在系统开发应用方面,取得了一些实际成果,在局部地区形成了 ITS 的雏形或实现了 ITS 的部分功能。ITS 的发展也日益得到国家相关部门的重视。1995 年中国国家技术监督局将 ISO/IC204 在中国的归口部门定为交通部,正式批准成立 ISO/IC204 中国委员会,该委员会把推进 ITS 标准化作为主要任务。1998 年 1 月交通部正式批准成立交通智能运输系统工程研究中心(ITSC)。2000 年,为了解决我国交通运输科技多头管理,工作交叉的问题,由科技部牵头的全国智能运输系统协调指导小组宣告成立。尽管如此,现阶段我国的 ITS 研究与应用还处于初级阶段,而且,由于受经济实力、科研水平、基础设施状况等因素的制约,要在短期内全面地、系统地研究、开发与应用 ITS,也是不现实的。

中国需要在运输系统中引入 ITS 是毋庸置疑的,问题是在我们这样一个交通基础设施仍处于建设期的国家如何来发展 ITS,如何找到合适的切入点。高速公路作为先进运输生产力的代表,对国民经济发展起着重要的作用,结合我国国情,我们可以把高速公路作为发展 ITS 的切入点之一,将 ITS 技术应用在高速公路上,从而提高我国高速公路的运营管理水平。

现阶段,在我国发展 ITS 面临着不少困难,为抓住机遇,迎接挑战,推进我国 ITS 的发展,对需要解决的几个关键问题提出下述建议。

1. 尽快完善 ITS 领导和协调机构

ITS 是开放的巨系统,它是由众多关系密切而复杂的不同领域,不同功能的子系统按不同层面综合集成而成,建设造价较高。因此,ITS 的发展必须得到国家的专职领导、协调和扶持。在这方面,我国已经取得了一定进展,成立了全国智能运输系统协调指导小组。今后应进一步加强机构建设,组织研究制定中国智能运输系统发展的总体战略、规划、技术政策和技术标准等,促进 ITS 的法制化进程,协调好与 ITS 相关的各行业、各部门的关系,有力推进 ITS 的协调、有序发展。

2. 制定科学、合理的产业政策

国家对 ITS 的相关产业应给予政策扶持、倾斜,以尽快形成我国自己的 ITS 产业。这就要求我们制定科学、合理的产业政策,建立一种有效的社会激励机制,真正重视科学进步及投入产出效益原则,引导企业积极参与 ITS 开发活动,推动 ITS 产业化进程。在坚持以市场为导向的同时,应充分发挥政府的宏观引导作用通过实施有效的产业技术政策,并配以必要的财政金融政策,加速 ITS 产业组织与技术结构的优化进程。

3. 加强产、学、研一体化开发机制

应加强企业与高等院校和科研机构的协作,积极推动各种形式的产、学、研联合,如联合设立科技风险投资基金、联合建立研究中心、联合兴办高科技企业等。充分发挥产、学、研各自的优势,合作开发,重视科研成果转化,加速科研成果转化为现实生产力的进程,推进 ITS 的快速发展。

4. 多方筹集资金保证 ITS 发展

ITS 的研究、开发和应用要有足够的资金保证,这是各国发展 ITS 遇到的普遍问题。综观 ITS 发达国家,多采取了"自上而下"(如美国、日本)和"自下而上"(如欧盟)的筹资方式。从我

国国情出发,ITS 的发展宜采取多渠道筹资的方式,即采取政府投资、银行贷款、社会集资、吸引外资等多渠道相结合的方式来积极筹集资金。国家在政策制定、资金调配和项目审批上尽量采取相对灵活的方式予以扶持。将股份制、产业投资基金等多种动作方式有机结合。总之,应尽一切努力筹集资金,以保证我国 ITS 的快速发展。

5. 加强国际交流与合作,发展具有中国特色的 ITS

ITS 在我国还刚刚起步,加强与国际的交流、合作有利于我们及时了解、掌握世界上在 ITS 研制、开发、应用方面的成功经验和技术发展动态,利用后发优势,缩短我国在 ITS 领域与国际先进水平的差距。在学习、引进的过程中,要密切联系我国国情,毕竟我国现有的交通基础设施容量、交通管理模式、交通问题根由、经济发展水平与国外明显不同,相应地研究开发和应用时要结合我国实际,发展具有中国特色的 ITS,这样才能真正地促进交通运输的发展,进而推动国民经济的快速发展。

9.3.2 信息化

信息化的概念源于 20 世纪 60 年代的日本,是从产业结构改进的角度提出来的,它指社会经济的发展从以物质与能量为经济结构的重心(如工业时代),向以信息为经济结构的重心(如信息时代)转变的渐进过程。在这一过程中,不断地采用现代信息技术装备国民经济各部门和社会各领域,从而极大地提高社会生产力。信息化对应的是社会整体及各个领域信息获取、处理、传递、存储、利用的能力和水平。当今世界,人类正以前所未有的速度迈入信息化社会,信息科学技术的革命已成为现代科学技术革命的核心和主流,信息产业的发展水平已成为衡量一个国家发展水平的核心和主流,信息产业的发展水平已成为衡量一个国家发展水平和综合国力的重要尺度,信息化程度也成为一个国家现代化水平的重要标志。

高速公路交通信息化是先进的信息技术在高速公路交通中的应用,它以强大的通信网和各种信息服务设备为基础,并集丰富的软件系统、应用工具和多种功能于一体,为公路交通部门提供信息资源收集、传输、处理、存储和分析等技术和管理服务,实现高速公路交通信息系统与其他信息系统之间的交互,从而达到高速公路交通信息资源在公路交通部门和整个社会范围内的共享。它包括三个层次的内容:①利用先进的信息技术建成的,具有电话、电视、电脑等多媒体功能的,能综合传输和处理图形、声音、文字等种种可以形式化的信息于一个通信网内,覆盖整个高速公路系统的大型基础设施;②具有丰富的高速公路信息资源,能实现"'数'出一门,资源共享"的综合基础网络设施;③实现高速公路交通信息资源共享,不仅要在交通系统内部共享,而且要在整个社会范围内实现共享,人们无论何时均能得到高速公路交通信息系统的服务和支持,方便、快捷地相互沟通信息和利用社会信息资源。

信息化是社会经济发展到一定阶段的产物,是社会生产力发展的自然结果,作为先进的运输生产力,高速公路的信息化成为必然趋势。现代市场经济规律表明,市场供给同有支付能力的需求之间存在内在的联系并有趋于平衡的客观必然性。供给和需求是供求机制的两个方面,缺一不可。供给和需求结合在一起共同为生产者和消费者提供信号,指示方向,并通过其他市场机制一道相互作用,来实现社会资源的有效配置。为了达到提高运输效率、保障安全、保护环境等目的,社会对高速公路交通信息化提出了巨大的需求,然而,相对于需求,高速公路交通信息化供给严重滞后。因此,当前的主要任务是加强高速公路交通信息化建设。

在我国交通信息化进程中,政府应发挥主导作用,这种主导作用是通过其信息化政策对交通信息产业的作用来实现的,交通信息产业通过技术、人才和市场等要素的优化配置为交通信息化的发展提供"平台"。因此,在交通信息化建设进程中,信息产业始终是政府的信息化政策和调节的作用点。为加速我国交通信息产业,尤其是高速公路交通信息产业的发展,提出以下几点建议。

1. 健全管理体制

交通信息产业的发展,需要将目前多头、分散、封闭和生产型的交通信息管理体制逐步变革到统一、集中、开放和经营型的通信信息一体化的管理体制。应设立交通信息化管理机构,赋予其相应的行业行政管理权限,专司交通信息产业的发展。由该机构来协调各部门之间的关系,处理解决行业封锁和地区割据问题,并推进各级交通信息管理机构的建设,根据"统筹规划,联合开发,统一标准,专通结合"的方针对交通信息产业进行全面规划;对公益性项目和经营性项目分类指导,促使其共同发展;具体落实交通信息产业政策,维护信息市场的正常秩序。

2. 制定和完善信息产业政策、法规

为规范市场行为,营造竞争有序的信息市场,政府应加大政策法规建设力度。要尽快发展高速公路交通信息产业,单纯依靠市场机制的作用比较缓慢,为了满足快速增长的需要,政府进行某些产业政策的倾斜是必要的,但需要注意的是,产业政策是在市场机制的基础上政府对经济干预的手段,实施向信息产业的政策倾斜,并不意味着政府要直接介入资源分配或对经济活动发布行政指令,而应利用价格、税收、信贷和投资等经济杠杆发挥产业政策的调节作用,为信息产业的发展创造一个公平合理的竞争机制的基础上,通过指导性的发展规划,为信息产业发展提供远景目标和发展方针,依靠财政、金融和法律手段引导自主经营的企业克服短期的利益驱动,求得长远发展,将产业政策的目标转化为经济活动和企业行为的内在机制。根据我国的情况,目前应抓紧制定和完善以下几方面的法律:①信息资源法,规定政府、商用、公益三种不同信息资源的开发利用与管理,实现我国信息资源的有效配置和合理使用;②信息产业法,规定信息设备制造业和信息服务业的发展和管理规则,充分发挥法律的政策导向功能;③信息流通法,对信息商品的价格、质量、信息交易的规则以及从业人员的行为规范等做出明确规定;④信息产权法,正确处理信息生产者、传播者和信息用户之间的权益关系,以保证我国信息产业不断健康、稳步地向前发展。

3. 加强人才队伍的培养建设

信息产业是智力高度密集型产业,因此,发展高速公路交通信息产业人才是关键,必须采取有效措施,加强人才培养,这在当前是一项十分紧迫而又长期艰巨的任务。应在"科教兴交"的方针指导下,走培养与引进人才相结合的路子,造就大规模的信息人才队伍:注意培养高速公路交通信息产业的技术和管理人才,加强现有人员的继续教育,根据需要及可能,积极创造条件,采取多种形式,如举办信息业务培训班、计算机知识普训班、信息管理短训班等,提高工作人员的业务水平和工作能力。积极引进外来人才,建立和健全激励机制,对为高速公路信息化做出贡献的人才予以物质上和精神上的奖励，为他们创造一个良好的环境，使广大职工勇于创新、乐于创新。

从世界范围来看，高速公路管理正在发生一系列深刻的变化，突出地表现在：高速公路管理的目标将更加侧重为道路使用者提供更好的服务；在提高资源利用率和保护环境的前提下，依靠当代高新技术来满足交通需求，提高服务水平；高速公路系统化和一体化趋势逐步显现出来。这些变化要求我们对高速公路管理体制及管理职能进行相应调整，按照系统原理构建高速公路管理体系，实施系统化管理。只有这样，才能在保证高速公路管理体系的统一性、整体性、综合性效能的前提下，将各个既相对独立，又相互联系、相互制约的子系统组织起来，高效协调地运转，使系统整体效益达到最优。高速公路监控通信管理是整个公路管理体系的子系统之一，一方面，它要与高速公路管理其他子系统相互协调，共同促进整体功能的发挥；另一方面，它本身也是一个系统，也应实施系统化管理。目前，我国高速公路监控通信管理有悖于系统管理原理，亟待解决的问题突出表现在以下两方面：一是高速公路监控通信管理与交通安全管理之间不协调，互相扯皮，影响整体管理目标的实现；高速公路监控通信管理职能由交通部门来行使，交通安全管理职能由公安机关来行使，这种由公安与交通两个高速公路交通主管部门的体制所引发的部门间的矛盾和摩擦，使得现代化的高速公路监控通信管理的作用大打折扣；二是现有的高速公路监控通信系统多以某一路段为管理对象，没有联结成网，不利于发挥系统的网络效应。针对上述两个问题，提出下述建议。

1. 进行高速公路交通安全管理体制改革

现行的高速公路交通安全管理体制是在高速公路管理体系之外独立构建，自成体系，自行运转的，它割裂了交通安全管理与监控通信管理以及其他管理子系统之间的有机联系，严重影响了高速公路管理的效率和效果。因此，高速公路管理体系应包含高速公路交通安全管理体系。只有这样，才能保持系统内各个子系统尤其是监控通信管理与交通安全管理之间的协调，充分有效地利用高速公路上的种种管理资源，在共同的管理目标和统一的行动部署下，将所有管理子系统组织起来，全面加强高速公路管理。高速公路交通安全管理体制改革在本书第4章已进行了详细的介绍，此处不再赘述。

2. 完善高速公路监控通信管理体制

高速公路监控通信系统联网需要有完善的管理体制做保障。高速公路监控通信网是交通通信网的重要组成部分，因此，其管理应纳入到整个交通通信网的管理中来，实行统一领导下的分级管理、分工合作，既要充分发挥地方管理的作用，又必须打破块块分割的现象。交通部主管全国的高速公路监控通信管理工作，具体工作可委托中国交通通信中心来负责；省级交通主管部门在上级部门的指导下负责本行政区域的高速公路监控通信联网工作。目前，交通部门正在根据国务院机构改革的原则和要求进行改革，建议各省在改革过程中将交通通信管理这一职能重视起来，并进行合理配置，加强包括高速公路监控通信管理在内的整个交通通信管理的组织机构建设，为实现高速公路监控通信联网打下坚实的体制基础。

3. 加强法规建设

运用法规的形式可以把高速公路监控通信管理的方向、方针、任务、方法、步骤等制度化、法制化,协调部门间在高速公路监控通信系统建设和管理中的矛盾冲突,规范建设和管理中的各项活动,根据发展中出现的新情况、新问题,及时修改相关法规条文,将前进中取得的成果用法律化的形式加以巩固,保障高速公路监控通信系统的持续发展。因此,必须加强与高速公路监控通信管理相关的法律法规建设,逐步形成相应的法规体系,达到监控通信管理的法制化,为实现高速公路监控通信系统的发展目标创造良好的环境条件。

4. 高速公路监控通信联网建设应统一规划、分步实施

高速公路监控通信网的规划和建设应充分考虑交通行业特点及全程全网统一畅通的要求,在交通部统一规划的前提下,统一技术体制和技术标准。各省(市、自治区)应按交通部总体规划的要求,编制本地区的通信规划和计划,并报交通部审核。各省(市、自治区)不论其高速公路行政管理体制是全省统筹管理,还是一路一公司化管理,都应按"统一规划、分工建设、分别管理、整体联网、资源共享"的原则进行高速公路监控通信网建设,使其能够真正发挥网络效应。高速公路监控通信系统的网络化建设应因地制宜、视情而定、分步实施,对于高速公路建设较快的省份(主要是东部沿海地区),因为其高速公路监控通信系统建设状况较好,应在尽快实现省级联网的基础上,实施区域间的协作,即区域间的联网,而对于中西部地区一些高速公路里程少、监控通信系统建设落后的省份而言,应吸取发达省份在高速公路监控通信网络化建设中的经验教训,少走弯路,争取早日实现省级联网,待条件成熟时实施区域间联网,最终形成全国性的统一畅通的高速公路监控通信网络。

复习思考题

1. 简述高速公路交通控制系统的构成。
2. 对高速公路通信系统应如何管理?
3. 如何管理高速公路的监控系统?
4. 对收费系统的管理应注意哪些问题?
5. 何谓 ITS? 在我国发展 ITS 需解决哪些问题?

第 10 章　高速公路服务区的管理与经营开发

10.1　服务区的管理

10.1.1　服务区概述

高速公路的服务区(Service Area,SA),是指设置在高速公路上,主要为车辆、驾乘人员和旅客提供服务的设施,它包括休息、停车和辅助设施三部分,是专门为人、车服务的场所和建筑设施范围的称谓。服务项目少的称为停车区(Parking Area,PA),总体也称服务区。我国高速公路服务区的建设和管理,是随着我国高速公路大发展和借鉴国外先进经验的基础上而兴起的。随着社会经济发展和高速公路运营的增加,高速公路服务区的建设和管理将在整个高速公路运营管理体系中发挥越来越重要的作用,这一新事物也正受到社会的关注和重视。

1. 高速公路服务区设置的必要性

(1) 高速公路的"封闭性"保证了横向无干扰、行车速度快、通行能力大,从而实现它高效、安全、节时、舒适的优势性,但另一方面,它人为地阻隔了车辆和司乘人员与外界的联系,给部分旅客和车辆带来了不便和困难。旅客和驾驶员在旅途中食宿、购物、通信、加油、维修车辆等都不能与社会直接联系,接受服务,这就要借助高速公路内部的有关服务设施来提供。高速公路沿线服务区正是为解决以上问题,给车辆和旅客提供服务而修建的。

(2) 高速公路运行的重要特点是车辆能够持续高速行驶。驾驶员必须经常保持精力的高度集中,因此,容易造成精神上的疲劳;同时,由于线路线型的单调,也易引起驾驶能力的降低。据观察,车辆行驶越快,驾驶员精神越紧张,大脑皮层兴奋性增强,促使心跳加快。如果车速在80公里/小时以上时,驾驶员心律会增至每分钟100～110次,甚至更多。为解除连续行驶的疲劳和紧张,满足驾驶员生理上的需求,设置服务区,在保证安全上是很有必要的。一般地说,在高速公路上,当连续行驶2～3小时,至少应休息15分钟以上。

(3) 在高速公路上,长时间、长距离、高速行驶的车辆很容易出现故障,尤其是国产汽车,车况较差,故障率较高,利用服务区设施对车辆进行维护与修理,十分必要。据观测,车况中等的货车平均7 900公里左右就有一次中途抛锚,车况差的货车则平均850公里就抛锚一次,比外国车次数多。据统计,西安—临潼高速公路(无服务设施)交通事故中有70%以上与疲劳驾驶和精力分散有关,机械故障占到24%,随着今后高速公路网的形成与完善,公路客货运距大幅度增加,高速公路服务区的作用就更加突出。

(4) 高速公路服务区的设置消除了旅客和驾驶员的后顾之忧,增加了道路使用者的安全感、舒适感。良好的服务区,能够吸引车辆利用高速公路,发挥高速公路的社会效益和经济效益,并且高速公路服务区本身作为高速公路现代化设施的一部分,有改善高速公路景观的作用。更为重要的是,高速公路服务区的收入相当可观,据日韩等国家资料显示,服务区的营业收入占整个收费收入的 3%～5%。

2. 高速公路服务区的设施及形式

(1) 高速公路服务区主要设施有:加油站、休息室或旅馆、管理与养护机构用房、商店与餐馆、医护站或急救站、修理所、给水排水设施、绿化用地、停车场、公共厕所、浴室、通信设施,以及其他辅助设施(如服务区标志牌)等。服务区的设施一般要统筹规划设计,具体内容根据发展情况而定。基础性的设施主要有:加油站、停车场、商店、餐馆、公共厕所等。服务区和停车区的主要区别在于有没有加油站和修理设施。停车区的规模比服务区小得多,但最小规模也应包括停车场和厕所,规模大的增设小卖部和快餐店。当服务区距离过长而加油量较大时,停车区也可设加油站。当发展需要时,停车区可扩建为综合性的服务区。

(2) 服务区与停车区的基本形式可分为分离式、单侧集中式、中央式三种。单侧集中式在一侧,需要有跨线桥,占地紧凑,但造价不一定低。中央式服务区设在当中,高速公路在这里分两侧供汽车行驶。一般来说,停车区几乎都在高速公路两侧呈分离型,为防止往返车辆交换通行卡舞弊行为,服务区宜为分离式。中央式服务区在我国尚未见到。另外,若往返交通量悬殊较大,可在交通量大的一侧设立服务区,另一侧则预留场地,以后扩建。

根据服务区内厕所、餐厅、商店与停车场的相对位置,服务区有外向型、内向型、平行型、架空型。当外部风景优美时,宜采用外向型,以利于观光;当外部环境较闭塞或繁杂时,宜采用内向型;当高速公路两侧环境差异较大时,可分别采用外向型和内向型。架空型有利于节约用地,充分利用高速公路空间,改善高速公路景观。

按加油站在服务区的位置可分为入口式、出口式、中间式三种。一般来说,加油量大的服务区,应采用出口式或中间式,以防入口堵塞。各国根据本国特点及相应路段情况,而采用不同的形式。

3. 国外及我国高速公路服务区发展情况

(1) 世界上一些发达国家很重视高速公路服务设施的配套建设,千方百计地为远距离的司乘人员提供良好的服务,以确保高速公路的安全、快速、舒适特性的发挥。

美国的高速公路网一般都设有服务区,提供服务的设施包括:餐厅、休息场所、娱乐场所、电话通信、停车场、加油站、公共汽车站、车辆维修站等。有的服务区还设有气象站,很准确地向过往车辆通报高速公路沿线天气变化情况,以利于行车安全、方便旅行。

日本高速公路服务区的设施最为完善,每个管理所管辖的区段均设有一个以上的服务区。服务区设有餐厅、商店、车辆维修站、加油站及供水、通信设施等,还有一定规模的停车场。服务区还根据当地的自然环境和具体条件,建设成为该地区的一个景点,供来往人员休息。日本对高速公路沿线服务设施的规划、形式、规模、设计原则都有明确、统一的规定。

德国高速公路的服务设施一般是与高速公路网同时进行规划设计的,并同时建成实施,然后租给私人经营。在全国高速公路上共有 161 处服务站,平均 52 公里一处,内有加油站、停车场、咖啡馆、浴室等服务设施;有280处加油站,平均30公里一处,加油站可自动加油,停车场免费停车。为了吸引旅客,有的服务区设计新颖,赏心悦目。如不来梅附近的一个服务区飞架在高速公路上空,远看像造型别致的钢索斜拉桥,在服务区可尽情地浏览公路内外的景色,还能享受热情周到的服务和精美食品,这个服务区早晚顾客盈门,每年可向国家上缴近百万元的营业税金。

　　法国在1976年后把文化生活带进了高速公路网,利用沿线的服务设施开展各种文化娱乐活动,以吸引人们停车休息,减轻疲劳,减少事故,丰富人们的精神生活。

　　意大利高速公路服务区一个很重要的业务内容就是气象服务。他们在服务区内设立气象站,可随时为来往的司乘人员提供气象信息,为车辆流动和安全行驶创造了有利的条件。

　　(2) 我国台湾省于1978年建成了基隆—高雄高速公路,全长382公里,每隔50公里就设有服务区或休息站一处,全线设有服务区3处,休息站3处,沿线另设加油站25处,加油站内均配备有拖吊车,免费为路上发生事故的车辆提供服务。

　　我国大陆高速公路起步比较晚,初期完成的几条高速公路如沪嘉、广佛、莘松、西临等因里程短、分散,沿线设施侧重于交通安全、通信和监控等,对人和车辆的服务暂不考虑。近年来,随着高速公路里程的不断增长,高速公路网的初步形成,对高速公路沿线服务设施的需要成为高速公路规划、建设和运营中很重要的问题。但现阶段我国还没有服务区的设计标准和规范,只能参照欧美和日本的资料进行设计。在服务区的设计、建设方面存在许多亟待改善的地方,如许多服务区间距仍大于40公里,设计单调、缺乏全面规划等。可喜的是,随着高速公路运营实践的不断深入和人民群众物质文化水平的提高,服务区的规划和建设管理已引起了国家和各省有关部门的重视,许多专家学者也开始对此进行研究,使服务区在规划、布局和建设方面日益适合我国国情,取得显著进步。沈大高速公路建成较早,里程较长,全长375公里,沿线有6个服务区和6个停车区,津保、石港、宁沪、京沈、福厦、济青等高速公路均充分考虑了服务区建设,创造了较好的沿线服务环境。其中,兴城服务区以其独特的设计和造型,成为京沈高速公路上的一道靓丽的风景线。京沈高速公路辽宁段全长361公里,其中共设8个服务区,平均间距47公里,设施比较齐全的服务区平均间距110公里,兴城服务区位于94公里处,为全线规模最大、设施最全的服务区。该服务区地处兴城市西南10公里左右的杨安乡,距沈阳267公里,距万家89公里,地势平坦,总占地230亩。按照《日本高速公路设计要领》的分类方法,该服务区的布局形式属于分离型中的主线上空型(跨线桥型)。将所有提供服务的设施如休息、购物、住宿、餐饮、会议、娱乐等集中在一起,在五层设有跨线餐厅,兼有通道的功能。跨线部分轴线净距72米,拱顶距路面12.8米,拱脚距路面7.2米。这种形式的布局在全国是首例,这么大的跨距在世界范围内也是少见的。室内有中央空调,室外有大面积的彩砖广场及完整的景观绿地,室内外环境都比较好。具体分布是以服务区的综合楼为中心,将场区划分为两大区域,分别为人员和车辆服务。由于将主要服务功能集中在一起,可以节约占地,减少各种管线传递过程中的能量损耗,便于经营管理。兴城服务区这种跨桥式的布置方式在国内的高速公路服务区建设中最少有的,因此给人的视觉感受也很独特,这种跨线桥式的服务区在平坦的地区所起的作用就如同路标。为往来的车辆和人员展示着兴城服务区的独特魅力和京沈高速公路辽宁省段所独有的标志。

10.1.2 服务区的管理

1. 服务区管理概述

高速公路设置的服务区,是高速公路的组成部分,它的功能作用是为高速公路全封闭、高速行车提供保障条件。它既为行车提供物质供应服务,也为旅客及驾驶人员、公路管理部门及人员提供生产生活服务,因此说,服务区具有公益性,属事业性质。同时,该项公益性事业具有商品经济的属性,服务区通过向公路使用者提供商品和服务来完成自己的经营活动获取自身的利益,服务区的生产劳动是社会劳动的一部分,因而它具有经营性质。

服务区管理,是高速公路管理部门及服务区经营部门对高速公路服务区的有关服务设施、停车设施、辅助设施等进行的规划、投资、建设和经营活动的总称。服务区管理的目的,是为高速公路的使用者提供各种优质服务,保证高速公路运营工作正常运行,最终实现高速公路的多功能、高效率与高效益。

服务区的管理原则由服务区的性质及其管理目的决定,坚持用户至上、服务第一、注重效益。服务区的管理内容主要包括:服务区设施的优化布置、合理使用、经常性维护与修缮;保证全部设施正常发挥,不断提高其完好率、利用率,获得最佳效益;建立健全各类设施管理制度与责任制度,确保服务水平、服务质量不断提高。

高速公路服务区的社会公益性和商品性导致了服务区的双重性。一方面服务设施作为高速公路设施的一部分,一切产权归国家所有,服务区的生产、经营、服务活动要注重道路使用者的利益,它的规划、建设、管理由国家交通主管机关及高速公路管理机构统一领导,体现了服务区管理属于事业性管理;另一方面,由于高速公路服务区的有偿使用,它要用价值规律的一般原则调节自己的生产、经营服务活动,遵循"产权明晰、权责分明、管理科学"的原则进行生产服务活动,通过有偿服务实现服务区设施的价值补偿和实物补偿,因此,它具备企业管理的属性。与高速公路相比,服务区的管理活动更偏向企业性经营管理。

我国高速公路建设投融资体制改革取得了巨大的成绩,多层次、多渠道、多形式的投融资体制为高速公路大发展筹集了大量的资金。在今后相当长一段时间,我国的大多数高速公路要走收费经营有偿使用的道路,而服务区的管理是高速公路管理的一个组成部分,与高速公路管理体制问题一样,建立科学合理的服务区管理体制是很关键的问题。要建立高效的管理体制,首先应做到政企、事企分开,产权明晰,权责分明。其次,这种体制必须服从全路的整体管理目标,以整个高速公路网的高效、安全运营为出发点。最后,这种体制还能够随着高速公路的发展和各种社会经济因素的变化做适应性改革和调整。根据宏观上管好、微观上搞活的指导思想,高速公路行政主管机关或管理机构应统一负责对辖区内高速公路网的服务区规划、设计、建设,负责对其产权监督、检查,并协调高速公路各有关经营主体的关系。服务区经营企业具体负责生产经营服务活动的运转,负责国有资产保值增值,提高服务水平和效益,并接受高速公路管理机构的监督指导。

2. 高速公路服务区的规划与建设

做好服务区规划是改善服务质量,增强高速公路效益的重要条件。因为我国高速公路的建设是分区、分段、分时建成的,所以服务区的规划必须从系统工程角度出发,分析各段在未来高速公路网中的地位及其在区域经济中的作用进行整体优化、合理配置。要给服务区的建设和发展预留空间。因此服务区的规划要在省级以上的交通主管机关进行本省高速公路网的规划中同步进行,并应建立在交通量、经济发展水平等因素的预测基础之上。其内容应包括服务区间隔、服务区规模、服务区设计方案、各种服务设施配置、服务区拓展扩建规划等。服务区的建设应在高速公路行政主管部门及高速公路管理机构的统一指挥下进行。一般重要的基础服务设施在高速公路建设时同期建成,以后可随着社会、经济的发展,交通量的增加,服务需求的增加,适时增加服务设施,或扩建现有设施。新建或者扩建服务设施,都应服从省级政府交通主管部门的统一规划,由高速公路行政主管机关负责实施,其资金来源视情况而定。可能方案有:国家财政拨款或收费收入,高速公路经营企业和国家共同承担或者服务区经营企业投资等,具体情况依据高速公路和服务区的建设经营方式及有关协议而定。

1) 服务区的设置间隔

修建一个服务区或停车区要占用大面积土地,造价昂贵。因此,服务区及停车区应该从系统工程理论出发,进行合理布局,使服务区的设施既满足公路使用者的需要,又最大限度地节省土地及其他资源。日本及欧美典型国家服务区设置间隔见表 10-1。

表 10-1 主要国家及地区高速公路停车区、服务区的间隔距离

国家或路名	休息设施种类	间隔(公里)	备 注
美 国	PA	16~24 32~48	交通量大时 交通量小时
英 国	SA	16~27	平均 19 公里
德 国	PA SA(大规模) SA(小规模)	5~10 50 25	
法 国	PA(A 型) PA(B 型) SA(普遍) SA(特殊)	8~10 25~30 40~50 100	只允许短时停车 设有厕所长凳休息 有加油站 有加油站餐厅
荷 兰	SA	20~30	主要是加油站
意 大 利	SA(大规模) SA(小规模) PA	100 30~40 5~10	
日 本	PA SA SA	标准 15 最大 25 平均 15 标准 50 最小 30 最大 60	以时速 80 公里 行车 11~18 分钟 计算
日本东名	PA、SA SA	8.9~24.4 36.4~56.6	平均 15 公里 平均 49 公里
日本名神	PA、SA SA	3.2~25.3 45.6~67.3	
中国台湾省 南北高速公路	SA、PA	平均 55	

资料来源:《高速公路》,科学技术出版社,1991(6),第 102 页。

一般说来,服务设施的设置间距可参考下述条件综合确定。

(1) 司机发现燃料即将耗尽之后车辆仍可行驶的距离。此距离一般以车速每小时 80~100 公里,继续行驶 20~30 分钟计算,即间距不得超过 30~50 公里。

(2) 加油站的业务量大小。交通量大时需要加油的车就多,间距宜小。

(3) 车辆种类、维护和保养水平及故障率。故障率高,间距不宜过大,应适当增设修理所和停车坪。货车大体上比客车的故障率高,如果交通量按 1 万辆/24 小时,货车比重为 50%,车况以中等和较差为主(因为国产车较多),服务间距 25 公里计算,则一个服务设施每小时就要接受 100~150 辆货车。

另外,我国城镇距离一般不超过 60 公里,乡镇距离在 10 公里左右,高速公路服务区设置还应根据城镇位置、城镇规模大小、交通量、立交匝道、汽车站位置、线路线型、地形及自然环境条件决定,同时还要考虑便于养护管理与服务管理以及规模效益问题,尽量做到因地制宜。

2) 服务区的规模

服务设施的规模主要取决于停车场面积,而停车场面积又主要取决于需要停车的数量与停车时间,车辆在服务区停留时间又与服务质量和提供的服务内容有关。在设有食堂、餐厅和高级餐厅的服务区,停车时间相应较长;在车辆维修保养所,若维修技术高超、维修设备齐全,停车时间相应较短。因而,高速公路服务设施规模的大小,应当由交通量中利用服务设施的车辆停靠率(即停靠车辆与总通行车辆比例)及其停车时间来决定。

在大城市近郊,驾驶员常担心的是进城寻找停车场和饭店麻烦,所以在服务区停车次数多,停留时间也长,服务区规模相应也大,服务内容较多一些。由于进城与出城交通特点不同,服务区规模、服务内容也应分别考虑。停车场停靠车容量还应考虑大小汽车所占面积不同这一因素。

服务设施的其他建筑物,如食堂、餐厅、厕所、旅馆、加油站、修理部、洗车场的规模,也应根据停车数量、停车时间来决定。在开始规划建设时,还应考虑适应信息传输需要,预留空地以便建立信息终端服务中心。

服务设施一般主要是为高速公路上通行的车辆服务,与外界是隔离的。但在设有公共汽车停靠站、来往人员频繁、人口集中或设有娱乐场所的地方及乡镇所在地,还应考虑对外开放增加路外服务量。对外开放须持审慎态度,公共汽车站和娱乐场的位置应选择适当地点,以免妨碍高速公路服务自身功能的发挥。

3) 服务区的形式

服务区的形式、内容和布局要考虑方便实用,人流、车流顺畅,经济技术可行,沿线土地合理利用,景观美化等因素。在学习借鉴国外先进经验的基础上,既要满足我国经济、文化迅速发展的需要,还要逐步形成具有丰富文化内涵和民族风情的中国特色的服务区形式。

4) 典型服务区规划设计举例:铁岭至四平高速公路服务区设计

铁岭至四平高速公路全长 109 公里,全线共设三处服务区:铁岭服务区、开原服务区、昌图服务区,设置情况见表 10-2。

表 10-2 铁四线服务区设置表

名称	桩号	总建筑面积	停车场面积
铁岭服务区	K56+950	3 433.02 平方米	45 000 平方米
开原服务区	K85+800	3 278.83 平方米	25 600 平方米
昌图服务区	K115+500	4 406.78 平方米	35 100 平方米

资料来源:《东北公路》杂志,1999(1),第 6 页。

与沈阳至大连高速公路服务区、沈阳至本溪高速公路服务区相比，铁岭至四平高速公路服务区的设计有了很大的改进，吸取了以往服务区设计中的经验教训，广泛征求了建设单位及使用单位的意见，并借鉴了外省高速公路服务区建设的成功经验，为服务区的设计进行了有益的探索。

（1）服务区总体设置。首先在全线服务区总体设置上充分考虑到我国车辆种类、路上乘客需要的特点，取消了以往的休息区。以往服务设施的设置为每隔50公里设一服务区，每隔50公里设一休息区，即两服务区中间有一休息区。休息区中只设公厕、修理所、小卖店；服务区设住宿、餐饮、商店、公厕、修理等服务设施。这样，形成每隔25公里有一服务设施，间隔太短，而休息区无加油站，这样占地不少，而服务功能不全，造成进入休息区的车辆有的想加油却没有加油站，带来许多不便。有的休息区在通车后又增加了加油站，造成资源的多余消耗。铁四高速公路吸取了以往的教训取消了休息区，而只设服务区，并考虑车辆行驶的高速度，所以服务区的设置间距大约保持在30公里左右。

（2）服务区的规模。考虑到高速公路建设的超前性，即高速公路满足的车流量为20年以后的交通量，但通车初期车流量不太大，服务区的客流量、车流量都很少，这样房建的规模不宜太大。所以占地按饱和交通量的需求规模规划，房建按第10年左右的需求规模修建，预留了二期工程的用地。并在三个服务区规模上进行了划分，昌图服务区作为中型服务区，考虑住宿，其他服务区暂不考虑标准客房。

（3）服务区的造型。在服务区的造型及内部装修上进行改进，改变以往服务区色彩单一、造型呆板、整体布局不合理、缺乏场区绿化装饰等缺点。实行建筑方案招标，经过专家评估，选择最优设计方案。这样达到了服务区色调鲜明，色彩搭配合理，草坪、树木、灯饰等为高速公路增加了一道靓丽的风景。服务区内部装修也简洁明快、风格独特，显示了高速公路服务区的特点。

总之，由以上对典型服务区的分析可知，高速公路服务区的规模、间距、形式、布局等方面的规划、设计和建设，是一项系统性、艺术性、实践性很强的工程，需要一批业务精湛、知识面广、经验丰富的专家进行科学的研究、论证、实施，并需要领导的战略眼光和大力支持，进而结合我国经济发展水平和长远规划，考虑人民消费观念和水平，制定出一套建设和发展方案，并在高速公路运营过程中进一步完善。

3. 服务区的运营管理

高速公路服务区经营只有走企业化经营方向才会有强大的生命力。一方面，高速公路管理机构要进行行政管理和宏观调控，坚持统筹规划，合理布局，避免盲目建设。各服务区的服务项目、内容、方式、收费标准应由全路管理部门统一领导、规划，防止各行其是，偏离服务宗旨，保证高速公路安全、高速、畅通；另一方面，服务区经营企业应为一个独立的经济法人实体，实行自主经营，独立核算，自负盈亏，自我约束，自我发展。服务区企业应坚持与高速公路经营、管理相配套的宗旨，坚持服务质量第一，文明经营，并不断完善服务设施和内容，美化服务环境。服务区的经营方式有下述几种方案。

（1）成立高速公路服务区开发经营公司，负责对全线服务区一切经营活动的管理。按照统一领导、统一计划、统一经营、统一核算和责、权、利相结合的原则，下设若干分公司。服务区的扩建、完善也交由开发经营公司负责。这样有利于服务区的滚动发展。

（2）由于特许经营是高速公路的运营发展方向，可以把高速公路服务区设施交给或优先交给特许公司经营和开发。特许公司根据规划和业务量的增长可进一步扩建、改善服务区布局和规模，并对服务区的建设、维修以及以后扩建的投入负责，由行政机关监督管理。这样，可以激发经营者投资热情，增强特许经营企业的经营积极性、主动性，便于高速公路整体化运营，并在特许经营期满后与高速公路一并收归国有。

（3）实行租赁经营制。将统一规划建设的服务区设施租赁给各个经营者，由经营者自主经营。公路管理机构按租赁合同约定，对经营者进行监督、指导，并收取租金偿还建设投入。

（4）实行联合投资建设、公司制经营办法。在保证服务区资产不流失和服务质量不断提高的前提下，经营一定年限获取一定利益后，收归国有或继续经营，按比例分成。

事实上，以上只是列出粗略设计，服务区的经营方式由于高速公路的建设、经营、管理体制的差别会有很大差异。随着高速公路网的形成及高速公路经营、管理体制趋于完善，加上经济发展等因素，服务区的经营内容、经营方式将会有一个不断探索、发展完善的过程。

10.2　高速公路的经营和开发

10.2.1　高速公路经营开发概述

当前，我国各地为适应对外开放和经济发展的迫切需要，加快高速公路建设。而高速公路的迅速发展使人们的视野不断开阔，对公路的观念也逐步改变。高速公路多层次、多渠道、多形式筹措资金，多种收费经营形式使人们对高速公路的商品性质有了更深的认识。高速公路具有很强的外部经济效应，应当重视除过路费收入之外更深层次经营与开发的重要价值。高速公路的经营开发是近年来国内公路主管部门较为关注并逐渐兴起的事情。由于经济开发没有明确的界限，也没有统一的规定，因此高速公路经营开发应该说是一个新事物，其内容、形式、管理都尚在探索之中。

1. 高速公路经营开发的意义

高速公路经营开发是在搞好收费和服务区管理的基础上，充分利用高速公路巨大影响的无形资产及沿线土地、边角和现有设施，从事广告、仓库储存、旅游业、房地产等多种经营，从而增加建设、养护资金来源的活动，其重要意义有以下几个方面。

（1）高速公路的经营开发能够繁荣沿线经济，促进高速公路产业带的发展。高速公路产业经济带的明显特点是：高速公路一般在较发达地区首先建成，区内有一定经济基础，一般都有大型城市为依托，产业结构偏新、偏高，沿线经济区由粗放型向集约型加速转化。高速公路便于各种信息及时传递，加大并延伸了大城市经济辐射的影响力和范围。根据产业带理论和梯度规律，高速公路周边地区为受辐射最强的地方。在这样的背景下，对高速公路进行经营开发，见效最快，收益最大，从而带动周边各区域的经济发展。日本名神高速公路建成后，沿线14 个互通式立交桥附近建成了 900 多家工厂，意大利南北干线太阳道路建成后，沿线地价提高了 3 倍以上。我国沈大高速公路开通后，沿线成立了 85 个经济开发区，占全省一半。

(2) 高速公路的经营开发,会提高高速公路经营效益,将会积累一部分资金,有利于经营开发企业发展,从而使高速公路养护、服务设施的完善得到了更雄厚的资金保障。加之沿线地区的不断开发,会产生更多的交通运输需求,促进高速公路本身的可持续发展。由于高速公路明显的级差效益,经营开发使其自身资金流动加速,加快回收投资。据日本名神高速公路测算,其投资回收期年限只需 3~5 年。

(3) 高速公路的经营开发有利于吸引更多资金投向高速公路建设,加快我国高速公路滚动发展。在相当长的一段时间内,高速公路建设将一直是交通基础设施建设中的一个最活跃、发展最快的投资领域,但建设资金不足将是最大的难题。我国的民间资本经过几十年的积累,越来越雄厚,它寻求一种安全、稳定的投资渠道的内在驱动力越来越强烈。高速公路投资大、回收慢,目前除了东部发达地区因交通量可观投资回收有保障外,对于许多线路,尤其是西部地区高速公路,投资者、经营者信心不足,热情不高。引入高速公路经营开发机制,例如,地方政府拨土地给企业开发,鼓励企业向公路投资,或拍卖公路沿线土地使用权时把建设该条公路的投资作为附加条件,即"以地换路"等,给投资者、经营者以宽松投资环境,减少企业风险,加快回收投资,激发众多投资者的热情。通过扩大有偿转让公路收费权、贷款、合资修建高速公路以及项目融资等多渠道、多形式筹措建设资金,尽快建设我国高速公路,以发挥其网络效益和规模效益。

2. 高速公路经营开发内容

1) 广告开发业务

广告作为一种有效的沟通形式和改进生活的手段,在人们生活和社会生产中日益受到重视并得以发展。高速公路沿线及桥梁隧道有很大的广告利用价值。高速公路的广告业务,可便捷的沟通、指导人们的经济活动和旅游活动。一些省市的高速公路管理部门及其经营者,利用本身拥有的大众传播媒介和便利条件,在收费站、加油站、服务区、收费票据以及路两侧可供开发的地方,经营广告业务,收取一定的报酬,加快资金回收,同时还增加了高速公路的景观效果。如南京长江大桥上的广告牌的兴起,北京三环路上以企业命名的立交桥,就是广告业务兴起的表现。这方面,国外也有许多成功的实例,如意大利国家公路管理局每年费用支出的 10% 来自道路沿线的广告收入。

高速公路经营管理部门从事广告开发业务主要有以下几类:①广播广告,即高速公路广播电台除发布交通、天气信息外,可发布一些广告宣传,活跃司乘人员旅途生活,提供指导信息;②户外广告,即在高速公路收费站、停车场、车站、匝道附近、服务区等地,树立广告牌、路牌、电子显示屏、张贴广告字画等,能形成重复性强、容易注目的良好效果,还可调节司机视线,缓解疲劳,有利于安全;③印刷广告,在高速公路上利用收费票据做宣传也是广告的重要形式。经营开发部门从事广告业务,应符合公路管理和有关法规的规定,统一规划、审批、管理,要从服务于高速公路安全行车和美化景观出发,在人们心理接受范围内从事经营。

2) 仓储开发

高速公路仓储开发主要指通过向客户提供货物装卸、堆放、储存、理货、包装、发货等服务,从而收取费用并获得经济效益的一种经营活动。高速公路网的建成开通,将连接我国 45 个大型公路主枢纽及各省市的重要枢纽,成为客货运输通道。如何利用高速公路便捷的交通条件和各类主枢纽衔接,提高货物周转速度,是经营开发部门关注的问题。高速公路收费站、服务区、立交桥下及周边有许多可供经营仓储开发的空间,这些地域与高速公路互通性好,通过加工、改造整理,可以作为向客户提供货物仓储的场地,获得不少收益。广深高速公路、广州市北环高速公路经营开发部门,在通车前后,就着力于改建立交桥下和其他可利用的土地,以租赁方式交给承租方,用做货物仓储地和停车场等,效果很好,其他省市高速公路管理及经营部门也纷纷仿效,将这一业务开展起来。高速公路的仓储开发应该保证高速公路的安全、畅通、舒适,并且合理规划,因地制宜。

3) 旅游开发

在运输市场上,高速公路客运是其中一个最活跃、最有潜力的增长点。高速公路以其安全、舒适、快速特性,并有完善的服务设施吸引着大量客流。随着我国经济发展人民物质文化水平的提高,以旅游为目的的出行在客运量中所占比重在不断提高。高速公路不仅区域通达性高,而且有服务区为依托,使高速公路有关部门进行旅游开发成为可能。目前,我国高速公路管理部门和经营部门对旅游资源的开发多以服务区为突破口,如辽宁省高速公路管理部门在沈大高速公路的鞍山、甘泉服务区,利用温泉和其他天然资源,开发旅游宾馆,环境优美,价格优惠,集旅游、疗养、休息于一体,颇受欢迎、效益很好。高速公路经营开发部门对旅游资源的开发,满足了人民群众的需要,提高了高速公路的经济效益。旅游开发应坚持保护环境和生态平衡的原则,保障道路畅通。具体开发形式、规模还要结合当地旅游资源条件。

4) 土地开发

土地是国土资源的重要组成部分,是一个国家最宝贵的自然资源和最基本的生产资料。高速公路的修建一方面使沿线土地增值,另一方面又引起土地紧张。这一矛盾的两方面决定了土地开发的方向,一种是沿线土地合理开发利用,一种是空间开发利用。两者有不同的适用环境和意义。比如在土地比较开阔离大城市稍远的地域可进行沿线开发,穿过城市或在工业、人口密集地宜进行空间开发。

许多省、市、自治区人民政府为了筹措资金,加快高速公路建设,从政策上给予公路主管部门优惠,允许在新建高速公路两侧的一定范围内从事经营性土地开发和其他业务。有的允许划出一定地块由交通建设部门进行土地开发,所得收益用于交通建设,或者指定交通建设任务,由土地开发经营者建设;有的把当地资源开发和修建道路紧密结合起来,资源开发和道路建设项目同时立项、资金同时筹措,形成交通投资多渠道、多元化的格局;有的则规定在高速公路沿线开征土地交通增值费,在汽车专用公路立交桥旁划出土地作为交通开发使用;还有的规定凡在国道、省道干线公路两侧 500 米范围内从事工商、服务、生产经营性业务的单位和个人,按占地面积每亩征收 5 000～10 000 元土地增值费,用于重点公路建设等。从国内土地开发的情况来看,目前主要有房地产业务、场租、收取土地增值费、生地开发等。

在国外,道路用地的综合利用已成为高速公路建设的一个重要问题。城市高速公路大都采用高架桥的形式,桥上、桥下都有大量空间,具有很高的利用价值。1968 年美国政府向国会提出了一项呼吁有效利用高速公路空间的报告。后来美国国会通过立法对有效利用公路土地作了规定,要求公路建设与住宅、商业设施、停车场、汽车站、公园、娱乐设施等从城市规划、设计、施工到费用分担都一起综合计划。这就使高速公路的空间利用越来越活跃,并出现了许多成功的事例。纽约市中心的乔汉·华盛顿引桥高速公路有往返 12 条车道,路面上横跨了 4 栋 320 层的公用住宅,不仅提供了 960 户住房,还与高大的吊桥形成了协调和谐的景观。此外,纽约富兰克林兹贝托双层高速公路上方建起的高速公路大厦,高速公路上的芝加哥邮局,挪威高速公路上的国立图书馆和高级饭店,日本成田国际机场东京营业大楼利用箱畸立交建成的四层建筑物都是有名的利用高速公路空间的实例。我国人多地少,由于资金短缺,对高速公路空间资源的大规模开发利用还不多,但有关部门也应做好规划,鼓励投资和经营商开发利用高速公路的空间资源。

5)其他开发

高速公路经营开发内容随着各地的开发实践在进一步拓展。一些经营公司利用高速公路交通条件便利、管理人才丰富、设备精良、服务设施完善等优势,对外进行信息咨询、技术服务、商贸等多种形式的经营活动取得了较好的效果。

10.2.2 经营开发实施

随着经营开发的兴起,高速公路经营开发管理已成为高速公路管理的重要组成部分。作为管理服务的手段,它要有利于吸引更多的公路使用者上路,达到提高高速公路效益的目的,并且激发投资者热情,筹措更多建设资金。作为具体经营活动项目,它应发挥"靠路生财"的作用,通过各方面的开发,增加收入,为公路建设、养护、管理开辟资金渠道,确保高速公路的可持续发展。

高速公路的经营开发管理应服从于公路的管理和运营。只有这样才能真正落实"集中、统一、高效、特管"的管理原则,保证政令统一。高速公路主管部门及管理机构应与城建、土地等部门协调一致,总体负责高速公路的经营开发工作。根据政企分开的要求,经营开发具体实施实行公司化运作。高速公路管理部门应贯彻宏观调控、微观搞活的指导思想,统筹规划、合理布局,并对项目的经营管理实施行政监督、指导,防止偏离保证高速公路安全、舒适、畅通的轨道。经营开发项目的企业或公司,要开拓创新,走"自主经营,自负盈亏,自我约束,自我发展"的道路。结合我国国情和各地经验,经营开发可采取以下几种形式。

(1) 自主经营式。由高速公路管理部门成立高速公路经营开发公司,负责全路线经营开发的规划和经营业务的运营管理,经营公司可以是特许的,也可以是招投标的优胜者。公司在高速公路管理部门的指导下,统一经营、统一核算,根据责、权、利相结合的原则,实行分级分层经营管理。开发收入,一部分上缴高速公路主管部门,用于高速公路发展事业,一部分用于企业的滚动发展。

(2) 高速公路经营公司负责式。由高速公路经营公司负责高速公路的经营开发工作。经营期限过后,再按有关协议和规定处理。

(3) 合资、合作经营式。高速公路主管部门或经营开发公司,与高速公路沿线有关企事业单位、个人或其他投资者,共同筹措资金,按投资额度大小享有开发经营权。经营者在保证开发项目的资产不流失前提下,按协议期限获取一定利益后,再将其资产收归国有。或者,由高速公路沿线有关企事业单位、个人或其他投资者投资,高速公路主管部门或经营开发公司参与合作,按合作合同分配利益,在经营一定年限后,收归国有。

(4) 承包与租赁经营式。将统一规划的经营开发项目的主要设施承包或租赁给经营者,由经营者自主经营,高速公路主管部门按承包或租赁合同规定,向经营者收取部分承包利润或租赁利润。

高速公路的经营开发方式很多,各省、市、自治区仍在进行尝试性探索。有的经营开发已初具规模,积累了不少经验,为今后大规模开发经营创造了条件。

10.2.3 经营开发的发展前景

高速公路的经营开发在我国应该说尚是一片处女地,目前在国内无固定模式和过多的成熟经验。但随着改革开放的进一步深化,它必将成为拓展高速公路运营业务,增加经济效益的一个很有发展前途的项目。

1. 发展的有利条件

(1) 经过几十年的改革开放和经济发展,我国已经形成了较为良好的投资开发环境。我国的经济形成了以公有制为主体,多种经营方式并存,市场机制运行主体多元化的格局。乡镇企业、"三资企业"和个体、私营企业经济迅速发展起来,为境外资金和国内多形式的资金投入带来了良好的环境。

(2) 我国的公路建设事业与其他事业一样,改革开放以后有了突飞猛进的发展,现在已经进入了以高速公路建设为重点的黄金时期。以高速公路、一级公路为骨架,以一般公路为辅道的公路网络已逐渐形成,公路建设的这种发展趋势,为沿线的经营开发提供了便利的条件和物质基础。

(3) 结合我国国情。由于财力不足、资金紧缺,要集中巨额资金投入高速公路建设,在今后较长一段时间内,困难的确是很大的。而经济的发展又迫切需要运输业的迅速发展特别是加快高速公路的建设。这种矛盾促进我们必须在现有的基础上拓宽融资渠道,增加建设投资。

(4) 通过近年来部分省、市、自治区尝试性的探索,有的已经形成了一定的规模,有的已经积累了不少经验,有的正在争取政府部门在政策上给予优惠,这就为我们今后大规模地开展经营开发活动提供了可借鉴的经验和方法。

2. 发展的前景

(1) 伴随着高速公路沿线工商业的发展,高速公路的经营开发将逐渐成为自我发展、自成体系的独立行业。根据国外经验,随着高速公路的建设和运营,沿线各地将会利用有利的交通条件相应地发展工商业,促进沿线工商业的发展。这种发展的必然结果,就要求与相配套的房地产业、广告业、旅游业等服务性行业要尽快地发展起来。为此,在高速公路出入口附近、立交桥和服务区的周围,伴随着工商业的发展以及经营开发的不断兴起,将逐渐形成较为完整的综合服务体系。

(2) 高速公路经营开发将逐渐成为美化环境和保障车辆安全畅通的重要手段。通过经营开发,将使高速公路成为组团式的饮食、休息和旅游服务区,特别是对旅游景点和风景点的开发,将使高速公路成为带状的美化区。同时,由于经营开发提供了便利休息、娱乐和旅游场所,减少了司乘人员长距离、长时间乘车所带来的疲倦,为减少交通事故、保障车辆安全畅通提供了便利的条件。

(3) 伴随着交通开发的兴起和经济理论研究的深入,交通经济学作为一门新兴的科学正在逐步兴起。它不仅将随着交通开发的全面展开而日益丰富,反过来,它也将成为我国高速公路经营开发的指导性理论,指导有关部门制定开发政策和经济措施,做好长远规划,有计划地进行滚动发展,达到开发与经济发展一体化,使高速公路的开发工作成为长盛不衰的一个新兴行业。

复习思考题

1. 简述高速公路服务区设置的必要性。
2. 借鉴国外高速公路服务区的经验有何意义?
3. 服务区的运营管理可以采取哪几种方式?
4. 简述高速公路经营开发的内容。
5. 你怎样认识高速公路经营开发的前景?其发展的有利条件是什么?

第 11 章 重视高速公路管理中的环境资源保护
——可持续发展的必然要求

可持续发展涉及人口、资源、生态环境、经济、社会诸多方面,可持续发展战略强调正确处理人口、资源、生态环境、经济与社会间的相互关系,是人类总结发展经验,重新审视人类的经济社会活动特别是发展行为而提出的一种新的发展思想与战略。我国自改革开放二十几年来,社会经济建设取得了显著的成就,国民经济规模迅速发展,人民生活水平明显提高。但是,人口众多、人均资源不足、经济和技术水平较低仍然是我国当前发展面临的制约因素。可持续发展是人类发展观的重大进步,是人们对传统发展模式反思后的创新。走可持续发展之路是实现我国现代化的必然选择。我国在 1994 年制定和公布了中国的可持续发展战略——《中国 21 世纪议程》,在这一框架下的一批项目正在付诸实施。《国民经济和社会发展"九五"计划和 2010 年远景目标纲要》明确提出"实施可持续发展战略,推进社会事业的全面发展",它把处理经济发展与人口、资源和环境的关系提高到战略的高度来加以规划和实施,强化经济、科技、教育和社会的协调发展,将可持续发展作为一条重要的指导方针和战略目标,明确做出了中国今后在经济和社会发展中实施可持续发展战略的重大决策,对建立我国可持续发展指标体系具有重要的指导意义。经济与社会的发展离不开公路交通的发展,经济与社会的可持续发展也离不开公路交通的可持续发展。高速公路作为影响公路交通发展的主要因素,与可持续发展有着密不可分的联系。

11.1 可持续发展概述

11.1.1 可持续发展概述

1. 可持续发展思想的产生

可持续发展思想最初是以"永续利用"的思想出现的。在中国春秋战国时期就有保护正在怀孕和产卵的鸟、兽、鱼、鳖以利于"永续利用"的思想和封山育林定期开禁的法令,这可以看做是古代朴素的可持续发展思想,也可以看做是可持续发展思想的萌芽。春秋时期齐国的管仲,从发展经济、富国强民的目标出发,十分注意保护山林川泽及生物资源,反对过度采伐,在他的著作《管子·地数》里写道:"为人君而谨守其山林菹泽草莱,不可以天下王。"战国时期的荀子也把自然资源的保护作为治国安邦之策,特别遵从生态系统的季节规律,重视自然资源的持续保存和永续利用。

西方经济学家马尔萨斯、李嘉图和穆勒等人也认识到人类的物质消费不是无限的,人类的经济活动存在着生态边界。

从 18 世纪西方工业革命开始,人类赖以生存和发展的环境和资源由于掠夺性的开发利用遭到严重破坏,尤其是第二次世界大战后,世界各国特别是发展中国家纷纷采取传统的"增长为第一战略"的原则来发展本国经济,其主要特征是大力推行工业化,以谋求国民生产总值的迅速增长。由于片面的追求经济增长,虽然许多国家在一定时期内取得了经济上的较快发展,但却暴露出了一系列严重的问题。由于追求经济增长的战略以人主宰自然为指导思想,以资源的大量消耗来换取经济的繁荣,从而不可避免地造成了生态环境质量的恶化,引起了酸雨、臭氧层空洞、温室效应、能源危机等问题的产生。同时,为了追求国民生产总值的增长,许多国家在生产过程中往往忽视了广大人民群众生活中基本的衣食住行方面的需求,只注意生产那些高产值、高利润的奢侈品,从而造成产业经济结构的失衡,也引起了一系列的问题,如失业率上升、发展中国家债务负担加重、贫富两极分化等。在 20 世纪 70 年代,传统的发展模式开始受到人们的批评,世界各国开始探索新的发展战略,可持续发展理论开始出现并逐渐得到各国的认同。

1972 年,美国麻省理工学院梅多斯(D. L. Meadows)研究小组历时 21 个月,耗资 25 万美元,完成了《增长的极限》报告,被西方称为"爆炸性的杰作"。他们以系统动力学方法为依据,运用计算机处理了大量数据,分析了人口增长、粮食生产、经济发展、环境污染和非再生资源消耗之间的关系,引起了全世界的关注,提高了人们对于环境问题的认识。

1980 年 3 月 5 日,联合国向全世界发出呼吁:"必须研究自然的、社会的、生态的、经济的以及利用自然资源过程中的基本关系,确保全球可持续发展。"

1983 年 11 月,联合国成立了世界环境与发展委员会(WECD),该组织以"持续发展"为基本纲领,制定"全球的变革日程"。1987 年,WECD 将研究了 4 年的报告——《我们共同的未来》(*Our Common Future*)提交联合国大会,正式提出了可持续发展的模式。该报告对当前人类在经济发展和环境保护方面存在的问题进行了全面系统的评价,阐述了生态环境与经济发展的紧密联系。

从 1981 年美国世界观察研究所所长布朗(Brown)的《建设一个可持续发展的社会》(*Building a Sustainable Society*)一书问世,到 1987 年《我们共同的未来》的发表,表明了世界各国对可持续发展理论的不断深入。

1992 年 6 月,在巴西里约热内卢召开的联合国环境与发展大会(UNCED)通过了《21 世纪议程》,这是当代人对可持续发展理论认识深化的结晶,标志着可持续发展思想获得了全球的共识并在世界各国取得合法性,从此以后,可持续发展开始成为世界各国经济发展所遵循的基本原则。

2. 可持续发展的含义

"可持续发展"(Sustainable Development)一词,在国际文件中最早出现于 1980 年由国际自然保护同盟(IUCN)在世界野生生物基金会(WWF)的支持下制订发布的《世界自然保护大纲》(*The World Conservation Strategy*)。

"持续"(sustain)一词来自于拉丁语 Sustenere,意思是"维持下去"或"保持继续提高"。针对资源和环境,则应该理解为保持或延长资源的延续性,使自然资源能够永远为人类所利用,不至于因其耗竭而影响后代人的生产与生活。

"可持续发展"的概念源于生态学,最初应用于林业和渔业,指的是对于资源的一种管理策略,如何将全部资源中合理的一部分加以利用,使得资源不受破坏,新增长的资源数量足以弥补所消耗的数量。经济学家由此提出了可持续产量(由可再生资源的一定最优存量所得)的概念,开始对可持续发展进行正式分析,逐渐应用于更加广泛的经济学和社会学范畴。

许多机构和专家从不同角度对可持续发展提出了不同的理解和定义:

世界自然保护同盟、联合国环境规划署和世界野生生物基金会在1991年共同发表的《保护地球——可持续生存战略》中提出的定义为"在生存于不超过维持生态系统涵容能力的情况下改善人类的生活品质"。

世界资源研究所1992年提出:"可持续发展就是建立极少产生废料和污染物的工艺或技术系统。"

英国环境经济学家皮尔斯(Pearce)和沃福德(Warford)在1993年所著的《世界无末日》中将"当发展能够保证当代人的福利增长时,也不应该使后代人的福利减少"的经济观点作为可持续发展的概念。

联合国环境与发展大会通过的可持续发展的概念为"既满足当代的需求,又不危及后代满足其需要的能力"。

我国学者对可持续发展所作的较完整的定义为:"不断提高人群生活质量和环境承载力,满足当代人需求又不损害子孙后代满足其需求能力,满足一个地区或国家的人群需求又不损害别的地区或国家的人群满足其需求能力的发展。"

1996年3月,江泽民同志明确提出:所谓可持续发展,就是既要考虑当前发展的需要,又要考虑未来发展的需要,不要以牺牲后代人的利益为代价来满足当代人的利益。

可持续发展强调的是环境与经济的协调发展,追求的是人与自然的和谐,它的核心思想是,健康的经济发展应建立在生态可持续能力、社会公正和人民积极参与自身发展决策的基础上。它所追求的目标是,既要使人类的各种需求得到满足,社会得到充分发展,又要保护环境,不对后代人的生存和发展构成危害。它关注各种经济活动的生态合理性,强调进行对环境有利的经济活动。在发展指标上,不单纯用GNP作为衡量发展的惟一指标,而是用经济、文化、环境、生活等多项指标来衡量发展。可持续发展要求较好的考虑长远利益,将局部利益与全局利益有机结合,使经济能够沿着健康的道路发展。它主要包括以下几层含义。

(1) 可持续发展强调的是发展,把消除贫困作为实现可持续发展的一项不可缺少的条件。

(2) 可持续发展认为经济发展与环境保护相互联系,并把环境保护作为可持续发展的一个重要组成部分,作为衡量发展质量、水平、程度的标准之一。

(3) 可持续发展要求人们改变传统的生产方式和消费方式,在生产活动中尽量少投入多产出,在消费时尽量多利用少排放。这样可减少经济发展对资源和能源的依赖,减轻对环境的压力。

(4) 可持续发展强调国际间的机会均等,指出当代人享有的正当的环境权利,即享有在发展中合理利用资源和拥有清洁、安全、舒适的环境权利,后代人也同样享有这些权利。

(5) 可持续发展要求人们彻底改变对自然界的传统认识态度,把自然看做人类生命和价值源泉,尊重自然,善待自然,保护自然。

11.1.2 可持续发展的原则

1992年世界首脑会议提出的《里约环境与发展宣言》包括27点原则,综合论述了可持续发展的定义,可持续发展中的社会、经济与环境的发展要求及国家、团体、个人、自然之间的相互联系。根据《里约环境与发展宣言》的主张,可持续发展的原则可概括为以下几点。

(1) 可持续性。这是可持续发展的首要原则,也是与以单纯注重经济增长的传统发展观相区别的关键所在。可持续性也就是使人类社会发展具有一种长久维持的过程和状态,具体表现为生态持续性、经济持续性与社会持续性,这三者是有机的统一体。可持续发展是以人的发展为中心的"生态—经济—社会"三维复合系统。生态持续性是指生态系统受到某种干扰时能保持其生产力的能力(生态的自我修复能力),生态系统的可持续性与自然资源利用的可持续性是人类持续发展的必要条件;经济持续性是指不能超越资源与环境的承载能力的、可以延续的经济增长过程,是可持续发展的主导,实现经济增长的眼前利益与长远利益(当代人的利益与后代人的利益)、局部利益与全局利益、个别利益与共同利益的有机结合与协调发展;社会可持续性是使社会形成正确的发展伦理,促进知识与技术的进步,全面提高生活质量,从而实现人的全面发展的能力,这也是可持续发展的动力和目的。

(2) 公平性。从哲学的角度看,人类世界中不平等、不公平是绝对的,而公平或平等则是相对的,人类追求自由、平等的心理和愿望是永恒的。可持续发展所强调的公平性,主要是指人类在分配资源和占有财富上的"时空公平",具体表现为:①国家范围内的同代人的公平。②公平分配资源,发达国家与不发达国家之间的公平。③代际间公平,即世代间的纵向公平。代际间公平可以表述为:假定当前决策的后果将影响后几代人的利益,那么,应该在有关的各代人之间,就上述后果进行公平的分配。其实质就是在开发利用自然资源时,不仅要考虑当代人的利益,而且必须兼顾后代人的需求,使后代人不至于丧失与当代人平等的发展机会,要给后代人以公平利用自然资源和生态环境的权利。在涉及代际问题时,应将代际公平视为可行性方案的约束条件,必须对传给下一代的资源基础的质量加以保护,明智地担负起在不同代际间合理分配资源和占有财富的伦理责任。

(3) 系统性原则。可持续发展是把人类及其赖以生存的地球视为一个以人为中心,以自然环境为基础的系统,系统内的自然、经济、社会和政治因素是紧密相连的,而且是动态的。系统的可持续发展取决于人口的控制能力、资源的承载能力、环境的自净与自我修复能力、经济的增长能力、宏观管理的调控能力的提高,要求系统内各个发展目标具有一致性,以寻求整体的协调发展。

(4) 共同性原则。尽管世界各国的经济发展阶段、历史文化传统等存在差异,可持续发展的具体目标、政策措施等不可能完全相同,不能强求一致,但我们只有一个地球,需要我们一起关心,共同分享。资源环境问题已经成为一个全球性的问题,它具有相互联系和超越国界的特征。地球的整体性、资源的有限性以及相互依存性,客观要求我们联合起来,共同行动,在全球范围内实现可持续发展。渴求蓝天、白云、绿地,渴望拥有洁净、健康的生活,是每个现代人的梦想。让青山永在,绿水长流,为保护地球——我们共同的家园,需要我们改变自然资源取之不尽、环境容量用之不竭的观念,走可持续发展之路,实现生态、经济和社会三者协调发展。

11.1.3 可持续发展有关问题的经济分析

可持续发展是一种多要素的、全方位的、综合的发展，它涉及人口、自然资源、技术进步、生态环境、制度政策等要素。其中，自然资源的永续利用和环境问题是在可持续发展中应注意的最重要的问题。

自然资源是经济发展的基本要素，它与经济发展紧密联系。自然资源的永续利用是可持续发展的物质基础和基本条件，也是可持续发展的关键所在。环境是指与人类密切相关的、影响人类生活和生产的、自然的或人类作用下形成的物质和能量及相互作用的总和，主要包括生态系统以及人们对其作用产生的各种依存关系。环境一方面是人类生存和发展的物质基础和空间条件，另一方面又承受着人类活动产生的废弃物质和各种作用的结果。第二次世界大战后，随着工业化进程的进一步加快，现代生产力的巨大发展使经济活动的需求以及对环境作用的程度和强度日益扩大。人们在处理经济发展与自然资源、环境的关系时，往往片面强调经济发展而忽视生态环境问题，造成生态环境的恶化，这已经成为目前威胁人类社会经济发展的严重问题。

1. 资源与环境问题产生的原因

从经济学的角度来看，生态环境问题（主要包括自然资源、环境）与经济发展的不可持续性是由于社会中某些经济原因造成的。它产生于经济过程中的决策机制及经济过程中的各种社会和政治力量的运作，从而使环境和自然资源不能得到有效配置。市场和政府干预是资源配置的两大手段，正是由于市场失灵和政府失灵的原因导致了环境的恶化和自然资源的枯竭。

1) 市场失灵

吉里斯和波金斯等所著的《发展经济学》指出："在一个国家中，正确运行（有效率）的市场是促进资源有效利用、减少环境退化和刺激可持续发展最有效的机制。"但是，市场价格机制也不是万能的，它不可能调节人们社会经济生活的所有领域。市场价格机制若在某些领域不起作用或不起有效作用，市场就不能保证资源得到有效配置，不能提供符合社会效率条件的商品和服务，这时就会出现市场失灵现象。在资源和环境问题上市场失灵的主要原因有以下几个方面。

（1）生态产权难以界定。市场机制正常作用的基本条件是明确专一的、可转移的和可实行的能够涵盖所有资源、产品和服务的产权。产权不明确就会打击人们对资源投资、保值和管理的积极性。例如牧场的产权如果不明确，牧民就会过度放牧、过度使用资源，从而影响环境，引起沙尘暴等环境问题。生态资源（如空气、水资源等）往往是公共物品，具有一定的公共性，其产权难以界定或界定成本较高，使市场机制难以起作用，引起市场失灵。

（2）无市场和市场竞争不足。这一点在发展中国家表现更为明显，很多环境资源的市场还没有建立起来或根本不存在。这些资源的价格为零，因而可能被过度使用，如我国一些地区的地下水和灌溉用水是免费的，因而很多被浪费。即使存在市场，市场失灵还可以表现为市场竞争不足。由于市场垄断、进入障碍、市场规模小等原因，市场上竞争者太少，也可能导致资源和环境问题。

（3）外部效应。外部效应是指企业或个人的行为对自身活动以外产生的影响，它所形成的后果是私人成本和社会成本不一致，实际价格不同于最优价格。如环境污染具有很强的外部效应,使厂商按自身的利润最大化原则确定的产量与按社会福利最大化原则确定的产量不一致,从而造成资源的过度使用和污染物的过度排放。要消除外部效应的影响,就要采用各种税费政策和手段使外部成本内在化。

(4) 信息的稀缺性和不对称性。人们对于生态系统信息的了解程度往往比别的信息了解的程度少,因而造成了资源与环境信息的稀缺性。又由于信息具有公共性的特点,而作为需要了解信息的人又具有机会主义行为,往往使人掌握的信息不完整,信息的提供与接收呈现不对称性,使市场机制不能充分发挥作用,不能有效配置资源,很难达到帕累托最优状态。

2) 政府失灵

由于市场在有效配置资源问题上出现了失灵,因此就需要政府进行干预。然而,由于信息不足与信息失真、政策实施的时滞、公共决策的局限性等原因,政府干预有时不能改变市场失灵,反而会把市场进一步扭曲,最终造成实际价格偏离社会最优价格,这时就会发生政府失灵。具体在资源与环境问题上的政府失灵主要表现在以下两个方面。

(1) 政策失灵。政策失灵是指在市场扭曲条件下,对个人而言合理的那部分私人成本,对社会而言却是不合理的,甚至会损害社会的利益。它集中表现为现行部门政策和宏观经济政策在制定过程中由于没有给予资源与环境足够的重视而导致的价格扭曲。如对伐木和开发牧场实行补贴推动了这种破坏环境的行为的发生,使亚马逊河流域热带雨林大面积减少,导致许多生物物种遭受毁灭性的威胁,极大破坏了生态系统的平衡。

(2) 管理失灵。管理失灵是指在各级政府组织中存在着一系列的管理问题,这些问题的存在又导致有关政策无法实施。对于资源和环境而言,管理失灵主要表现为两方面:一方面,各种政策在部门之间的协调能力不足,缺乏强制措施,难以达到政策目标;另一方面,政府的管理行为会使被管理者产生抵制行为,如环境污染者为了维护有污染时的既得利益,往往会对污染事实进行掩盖,导致环境管理失灵。

2. 解决问题的思路

世界各国在解决资源与环境问题上主要存在两种思路:管制手段和经济手段。

(1) 管制手段。管制手段是指政府通过设定各种指标、立法和规定等非市场途径对环境资源利用进行直接干预。这种手段主要是对超过政府要求的行为主体采取强制性措施,对于资源与环境问题而言主要是采取罚款或限制使用等形式来实施。如有些大城市对汽车排放标准有明确规定,达不到标准就不允许进入城市,这必然会使车主在汽车上安装尾气处理装置,从而减少对环境的污染,但对于车主而言就会增加使用成本。

(2) 经济手段。经济手段是指从成本效益分析入手,引导当事人进行选择,确定最终对环境有利的方式。这种手段表现为两方面:一方面使污染者与公众之间出现财政转移支付,如各种税收和收费、财政补贴、服务使用收费等;另一方面表现为一定的市场行为,如许可证交易,政府先将排放许可总额分配到各个排污单位,颁发排污许可证,每个单位有自己的许可额,该许可额可以留着自用,也可以在市场上卖掉,具体方案由企业根据自身的实际经营情况确定。

管制手段与经济手段都有自身的优势,在实际应用中应结合使用,由于各个国家的实际情况不同,采用的手段也不同。一般来说,在传统的计划经济体制下,只能选择管制手段,在市场经济条件下才可以采用经济手段。由于各国市场化程度不同,采取的具体的经济手段也可能不同,对我国而言,由于市场机制还不健全,应将管制手段与经济手段进行优化组合,配合使用。

11.2 高速公路对环境资源的影响

高速公路建设基本上属大型开发项目,对完善国道主干线公路网及地区公路网的结构、布局,提高公路网的运输能力,促进地区天然资源的开发和对外交流,促进地区的经济发展起着至关重要的作用。高速公路路线形成一条带状区域,其建设和营运对沿线环境产生一定影响,主要表现在以下几个方面。

11.2.1 高速公路对生态环境的影响

1. 生态系统与生态平衡

"生态系统"是英国生态学家坦斯利(A. G. Tansley)提出来的,是指任何一个生物群落与其周围非生物环境所构成的综合体,是生命系统和环境系统在特定空间的组合。在生态系统中,各种生物彼此间以及生物与非生物的环境因素之间相互作用相互制约,不断进行着能量流动、物质循环和信息传递。

生态系统的类型是多种多样的。按主体特征分,有森林、草原、荒漠、河流、湖泊、沼泽、海洋、农村、城市等生态系统;从地域特征分,有生物圈生态系统、陆地生态系统、海洋生态系统,还有山地、平原、岛屿等生态系统;从性质分,有自然生态系统和人工生态系统,农田、农村、城市、水库等生态系统都属于人工生态系统。

任何一个生态系统是由非生物成分、生产者有机体、消费者有机体、分解者有机体四部分组成。生态系统是一个开放系统,四部分之间不停地进行着能量交换、物质循环与信息传递,经过由低级向高级、由简单向复杂的发展过程而达到相对稳定,生物之间和生物与环境之间相互适应并获得优化协调关系,这种状态就叫做生态平衡。生态平衡是一种相对平衡,任何内外因素的变化都可能使平衡发生变化,人类的活动对生态平衡影响很大,过度开发与环境污染,可能使生态系统遭到严重破坏,甚至崩溃,而遵照客观规律,用更合理的人工生态系统来替代旧的自然生态系统,可以建立生产力更高的良性生态平衡。

2. 生态环境

生态环境是指影响生态系统发展的环境条件的总体。环境科学所指的生态环境是人类的生态环境,它是人类自下而上的自然环境和社会环境的综合(图 11-1)。

自然环境是人类赖以生存和发展的所有物质、能量因素和外界条件的综合体,也就是环绕着人群的空间中可以直接、间接影响人类生产、生活的一切自然形成的物质、能量的总体。

社会环境是指在自然环境的基础上,人类通过长期有意识的社会劳动,加工和改造了的自然物质,创造的物质生产体系,积累的物质文化等所形成的环境体系,是人类自下而上及活动范围内的社会物质、精神条件的总和。

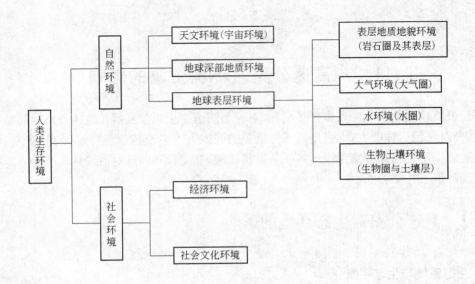

图 11-1 人类生态环境结构示意图

3. 高速公路对生态环境的影响

高速公路建设与营运过程中,对沿线一定范围内的生态环境会产生不同程度的影响。主要表现在以下几个方面。

(1) 路基开挖或堆填,改变局部地貌。在地质构造脆弱地带,易引起崩塌、滑坡等地质灾害;在石灰岩地区易引起岩溶塌陷;在高寒地区易引起雪崩等灾害。

(2) 路基施工不当会影响河流的稳定性。大量弃土、弃渣倾入河谷、河道,使河床变窄,易引发山洪、泥石流等灾害。

(3) 高速公路建设占用大量土地,对生物多样性影响明显。

(4) 公路占地范围内将对植被产生长期破坏,路基两侧一定范围内对植被也造成一定影响,在生态环境脆弱地区,植被破坏会加剧土地荒漠化或水土流失。对森林、草地的破坏,会影响野生动物的正常活动。另外,高速公路建设有时还会对自然保护区、风景名胜区、森林公园等产生不利影响。

(5) 对沿线农田及各种基础设施产生一定影响,有时还会对历史文物产生不利影响。

(6) 对沿线环境带来一定程度的污染。如引起空气、水体、土壤、植物的污染以及噪声影响等。

通常,山区高速公路建设难度大,对自然环境的影响远比平原地区大,而平原地区高速公路建设对人工生态系统影响明显。高速公路选线不当及不合理的施工工艺都会引起局部自然生态失调,对沿线生态环境产生不良影响。建成营运后,沿线经济带开发引起人类活动的增加,也将成为局部地区生态环境失调的新的诱发因素。

11.2.2 高速公路对自然环境的影响

1. 自然环境和自然资源

自然环境是环绕着人群的空间中可以直接、间接影响人类生产、生活的一切自然形成的物质、能量的总体,是人类赖以生存和发展的所有物质、能量因素和外界条件的综合体。构成自然环境的物质、能量因素有地质因素、地貌因素、气候因素、水文因素、生物因素及土壤因素。

自然资源是人类在一定的发展状况下,能被人类所利用的,存在于自然环境中的部分自然物质和自然能量,如阳光、空气、矿物、土壤、水与水能、野生动植物、森林、草场等,它们是人类赖以生存和发展的物质与能量基础。自然资源具有整体性、有限性、地域性、变动性、稳定性、层次性、多用性、国际性等特点。自然资源根据资源的再生性等特征的分类见图 11-2。

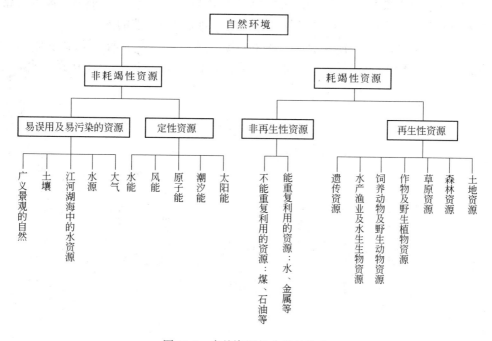

图 11-2 自然资源的分类与构成

2. 高速公路对自然环境的影响

1) 对公路沿线地区声环境质量的影响
(1) 建设初期施工机械噪声对沿线学校医院、村镇居民点工作、学习、生活的影响。
(2) 营运期公路交通噪声对沿线学校、医院、村镇居民点工作、学习、生活的影响。
2) 对公路沿线地区环境空气质量的影响
(1) 建设期扬尘对公路沿线地区环境空气产生污染。
(2) 沥青混凝土搅拌过程中沥青烟尘对沿线地区环境空气产生污染。
(3) 公路营运期汽车尾气对沿线地区环境空气产生污染。

3) 对公路沿线地区水环境质量的影响

(1) 建设期施工现场生活污水、垃圾及生产废水对周围水体水质的污染。
(2) 大型桥梁等结构物施工对水体水质的影响。
(3) 沥青、油料、化学品等建材堆放泄漏对周围水体水质的污染。
(4) 营运期服务区污水及路面径流对水体水质的污染。
(5) 营运期有毒、有害化学危险品运输车辆的交通事故、物品泄漏可能引起水体污染。

11.2.3 高速公路对社会环境的影响

1. 社会环境

社会环境的内涵很广,包括政治、经济、宗教、法律、生产力、生产关系、人口及其质量、文化教育、社团组织、家族和人类创造的物质财富等。高速公路社会环境,主要是指高速公路沿线范围内人类在自然环境基础上,经过长期有意识的社会劳动所创造的人工环境。

一般情况,高速公路可能涉及的社会环境问题见图11-3。我国地域辽阔,各地的自然环境及社会环境有着较大的差异,每条高速公路建设应针对各地的特点,从中认真分析筛选出主要社会环境问题。

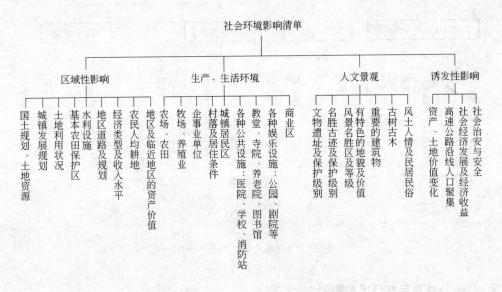

图 11-3 高速公路对社会环境影响示意图

2. 高速公路对社会环境的影响

高速公路对社会环境的影响有正面的,也有负面的,且正面影响是主要的,对社会环境的影响在工程可行性研究报告中分析。由于高速公路建设项目涉及的社会环境问题较多,这里只能对较为普遍的、主要的问题作简单讨论。

1) 土地资源

土地资源是指有用的土地,是人类赖以生存和发展的基础,也是陆地生物生长和生存的基础,是农业生产中最基本的生产资料,同时也是工业、交通城市建设等不可缺少的自然资源。我国山地多、平原少,960万平方公里国土中耕地约15亿亩,只占国土面积的10.4%,占世界总耕地面积的7%。我国的耕地面积正在逐年减少,除气候等自然因素外,建设用地影响很大。据统计,从建国至1980年建设用地1 500万亩,1980—2000年用地约700多万亩,其中大部分是耕地。

高速公路建设需大量用地。就"五纵七横"12条国道主干线而言,约占土地280万亩,其中耕地约占80%。当然高速公路建设占地是不可避免的,问题是如何少占耕地,保护良田。

2) 基本农田保护区

各地的基本农田保护区都是当地的稳产高产良田,一般不能在保护区内占地进行项目建设。当非占不可时,必须补偿同等数量同等质量的农田。

我国用世界7%的耕地生产了占世界产量17%的谷物,养活了占世界22%的人口,人多地少,人均耕地仅为世界平均水平的1/4,高产良田更是少而宝贵,国家实行基本农田保护区方针,是缓解人口、粮食、资源矛盾,实现21世纪可持续发展战略的重要举措。公路建设应不占或少占基本农田保护区内的耕地。

3) 水利设施

水利是农业的命脉,水利设施是国家、地区的重要社会基础设施,也是人民生产、生活和经济建设的保障设施。高速公路建设必须保护农田排灌系统、蓄防洪工程及其他水利设施。

4) 拆迁安置

房屋是民众生活的基本条件,也是民众最主要的财产。拆迁民房会对民众生活造成干扰,经济上造成损失。高速公路建设应尽可能少拆迁民房,拆迁时应做到拆迁安置合理,尽可能的保护民众利益。拆迁企事业单位将涉及单位人员的就业、生活资金来源及迁址后的交通、生活条件等,影响的人员及因素较多。一般情况不宜拆迁较大的企事业单位,避免由此产生不安定因素。

5) 出行阻隔

高速公路普遍存在对民众出行的阻隔问题,高速公路两侧民众对此反映较为强烈,一般存在横向通道的数量少、质量差和位置不当等问题。如下雨积水难以通行,从中央排水口向通道内倾倒垃圾,使得通道内肮脏不堪,有些通道离学校太远,给学生的上学造成不便,也产生了不安全因素。

6) 文物

文物是不可再生的文化景观资源,具有很高的历史、政治、文化和经济价值,原则上不论其属于何种保护级别,都应合理保护。高速公路建设项目往往途经几个地区,干扰文物现象常有发生,因此,在项目建设的各个阶段都应重视文物的保护和利用。

7) 景观环境

高速公路的投资巨大,占用了大量资源,是国家重要的永久性建筑物。因此,高速公路建设应从公路美学的角度,研究高速公路与所经地域的地形地物、文化风情和人文景观的协调性,使高速公路融合到环境中去,减少或防止因高填深挖等对环境景观产生损害。

11.3 高速公路管理中的环境保护与可持续发展

11.3.1 我国的环境资源状况与可持续发展战略

可持续发展涉及人口、资源、生态环境、经济、社会诸多方面,可持续发展战略强调正确处理和协调人口、资源、生态环境、经济与社会间的相互关系,是人类生存与发展的必由之路。可持续发展是一种新的产业发展思想和发展战略,其目的是谋求实现产业发展与自然资源、生态环境的协调、实现新的均衡。

人口多、底子薄、人均资源相对不足是中国的基本国情。中国作为世界上人口最多的发展中大国,工业化尚未完成,当代人类面临的某些产业发展同环境质量之间的尖锐矛盾在中国都不同程度地存在。

(1) 庞大的人口。根据第五次全国人口普查,2000 年中国的总人口已经达到 12.95 亿,祖国大陆总人口为 126 583 万人,同第四次全国人口普查 1990 年 7 月 1 日 0 时的 113 368 万人相比,10 年 4 个月共增加 13 215 万人,增长 11.66%,平均每年增加 1 279 万人。到 2005 年争取控制在 13.3 亿,到 2030 年有可能达到峰值 16 亿人。虽然控制人口的增长是实现可持续发展的一种手段,而不是可持续发展的目标,但是人口数量的迅速增长,不可避免地扩大了人类对资源需求量,增加了对环境的压力。我国人口膨胀对资源和环境造成的影响,已成为我国实现可持续发展的重要问题。

(2) 资源相对短缺。关系到人类基本生存的淡水、耕地、森林和草地四类资源及矿产资源,中国的人均占有量不到世界平均水平的一半。中国的石油、天然气和木材及其加工品这三大类资源的储量分别为世界总量的 2.36%、0.94% 和 3%,人均占有量更是低于世界平均水平。①中国的耕地面积减少,耕地质量退化和土地肥力下降的现象十分突出。全国受工业"三废"污染的耕地达 400 万公顷,受乡镇企业污染的耕地 186.67 万公顷,酸雨已危及 22 个省区,受害面积达 270 万公顷。②水资源日趋紧张。在我国的 600 多个城市中,有 300 多个城市缺水,100 多个城市严重缺水。农业每年缺水 300 亿立方米,受旱面积达 20 万平方公里,8 000 万农村人口饮水困难。为了弥补巨大的水资源缺口,许多地方不惜过量开采地下水,造成地面沉降,生态环境日趋恶化。为缓解我国北方地区的缺水,经过 40 多年的酝酿,中国政府在"十五"计划中绘制了南水北调的工程蓝图,预计到 2010 年,北京人将喝上汉江水。南水北调计划分三条线路,西线、中线和东线,将水从雨量丰沛的长江流域,输送到面临缺水危机的黄河流域。③矿产资源储采比下降。以石油为例,储采比已由 1984 年的 19.5 下降到 1997 年的 14。④资源的消耗速度快于国民经济发展速度。与世界先进水平相比,我国的资源利用效率、单位能耗(水耗)的产出都存在较大差距。据有关计算,1978—1992 年间,我国钢铁、水泥、橡胶、硫酸、纯碱等消耗量增长速度均高于经济增长速度,水泥消耗量增长速度则高达 GNP 增长速度的 2.23 倍。资源不合理的开采、使用和浪费,加剧了资源短缺。

3. 生态变化态势和环境污染趋势令人担忧。中国高度重视环境问题,把环境保护作为一项基本国策,制定了一系列保护环境的法律、法规和措施,为改善环境问题进行了不懈的努力。

特别是近几年来,结合经济结构调整,加大了环境保护和生态建设的力度,取得了积极的成果。根据国家统计局公布的数据,到2000年末,我国有各级环境监测站2 204个,环境监测人员4万人;自然保护工作取得新的成就,生态示范区建设点单位总数达213个;全国自然保护区达到1 227个,其中国家级保护区达155个;自然保护区总面积9 281万公顷,占国土总面积的9.9%。到2000年底,已制定各类环境保护标准438项。但我国的环境污染仍相当严重,生态恶化的趋势还没有得到根本遏制。2000年以来连续发生的沙尘暴天气,再次向我们敲响了警钟。生态环境恶化,各种自然灾害频繁,削弱了自然生态环境的承载能力。环境污染的形势严峻,以"三废"为例,排放量随着经济总量的增加而扩大。我国的废气排放量1985—1990年期间为7~8万亿标立方米,1990年达到10万亿标立方米,1995年为12万亿标立方米。废水排放量一直在300万亿吨左右,在1988年达到268万亿吨后逐渐减少。固体废弃物从1980年的4.8亿吨逐渐增加到1996年的6.6亿吨。大量"三废"未经处理直接排放,导致大气、土地、江河湖海的污染,致使水质恶化。现在我国的各大水系均存在不同程度的污染,近年来黄河不仅污染严重,而且断流,长江流域水质下降,长江开始上演淮河悲剧。

走可持续发展的道路是中国发展战略的必然。实施可持续发展战略,是关系中华民族生存与发展的长远大计。1992年9月,我国颁布的《环境与发展十大对策》,提出了推动中国环境保护与经济建设协调发展的基本指导原则,即实行可持续发展战略、防治工业污染、治理城市四害、改善能源结构、推广生态农业、发展环保产业、运用经济手段保护环境。1994年公开发表了经国务院批准的《中国21世纪议程——中国21世纪人口、环境与发展》的白皮书,提出了促进经济、社会、资源、环境以及人口、教育相互协调、可持续发展的战略和政策措施方案。《中国21世纪议程》作为编制中国长期国民经济和社会发展规划的一个重要指导性文件,在"九五"计划和2010年远景目标中得到体现,可持续发展被列为现代化建设的一项重大战略并开始实施,"十五"计划纲要重申要继续实施可持续发展战略。1996年5月,《中国的环境保护》白皮书发表,同年8月,国务院发布《关于环境保护若干问题的决定》;1999年1月,国务院发布《全国生态环境建设规划》,形成了《1999年中国可持续发展战略报告》。以环境保护为重要领域和标志的可持续发展战略,成为我国的基本国策。

我国以较快的速度和较大的力度进行了环境与资源保护方面的立法,环保政策法规和管理体系基本形成。环保方面的法律有《环境保护法》、《大气污染防治法》、《水污染防治法》、《海洋环境保护法》、《固体废弃物污染环境防治法》、《环境噪声污染防治法》。根据2000年12月中国政府公布的《全国生态环境保护纲要》,中国生态保护的近期目标是:2010年,基本遏制生态环境破坏趋势,建设一批生态功能保护区,力争使长江、黄河等大江大河的源头区,长江、松花江流域和西南、西北地区的重要湖泊、湿地,西北重要的绿洲,水土保持重点预防保护区及重要监督区等重要生态功能得到保护和恢复;建设一批新的自然保护区;加强生态示范区和生态农业县建设,全国部分县(市、区)基本实现秀美山川、自然生态系统良性循环。远期目标是:到2030年全面遏制生态环境恶化趋势,使重要生态功能区、物种丰富区和重点资源开发区的生态环境得到有效保护,各大水系的一级支流源头区和国家重点保护湿地的生态环境得到改善;部分生态系统得到重建与恢复;全国50%县(市、区)实现秀美山川、自然生态系统良性循环,30%以上的城市达到生态城市和园林城市标准。到2050年,力争全国生态环境得到全面改善,实现城乡环境清洁和自然生态系统良性循环,全国大部分地区实现秀美山川的目标。

11.3.2 高速公路管理中的环境资源保护与可持续发展

1. 高速公路生态环境保护

1) 崩塌的防治

在高速公路设计时,对规模大、破坏力强、仍在发展中的大型崩塌,一般应以改线避绕为主,对规模不大的崩塌,可根据不同情况,采取建栏石坝、防护河堤、支撑体、砌石护坡、绿化坡面或清除岩屑堆等措施。在高速公路施工中,应尽可能避免因人工开挖或爆破引起崩塌。在山区修建高速公路,对崩塌易发地段,应定期监测,判断崩塌发生的可能性、强度、规模,并采取适当的防治措施,如清除危石,改造坡面等。

2) 滑坡的防治

山区高速公路在选线时,应尽可能避开大型滑坡易发地带。在高速公路建设与营运中,应对滑坡易发地段进行监测。对开始蠕动变形地段要及时采取防治措施,同时要尽量减少人为因素的影响。滑坡的防治主要有排(排除地表水和疏干地下水,增加抗滑力)、挡(修建挡土墙,挡住滑坡主体下滑)、减(在滑坡体上方取土减荷,减小下滑力)、固(在滑坡体内打抗滑桩或烘烧滑动面上体使之胶结,加大抗剪强度)等措施。考虑滑坡防治措施时,必须针对引起滑坡的原因及类型,抓住主要矛盾加以综合治理。

3) 泥石流的防治

泥石流的防治是一项综合性生态工程,对泥石流的三个区段,要采取不同的措施。①上游形成区:植树造林,保护草地,修建排水系统,减少或断绝泥石流的固体物质源。②中游流通区:在主沟内修建各种拦石坝,拦蓄泥沙石块,削减泥石流的流速和规模,防止泥石流的侧蚀和下切。③下游堆积区:修建排洪道和导流堤,保护道路、桥梁、涵洞和其他建筑物。

4) 水土保持方案

高速公路建设的水土保持方案的防治范围为高速公路的施工区、影响区及预防保护区。水土保持方案防治目标是使人为新增水土流失得到基本控制,原有地面水土流失应得到有效治理,方案实施为沿线地区实现可持续发展创造有利条件。水土保持方案一般以防治人为新增水土流失及土地沙质荒漠化为重点,并根据不同的影响区域采取不同的工程措施。①对施工区。工程采石取土开挖,应尽量减少破坏植被;废弃石渣不得向河道、水库、行洪滩地或农田内倾倒,应造固定弃渣场,并布设拦渣、护渣及导流设施;对崩塌、滑坡多发区的高陡边坡,要采取削坡升级、砌护、导流等措施进行边坡治理;施工中被破坏、扰动的地面,应逐步恢复植被或复垦,防止水土流失。在高速公路沿线还应布设必要的绿化、美化或生物防护区。②对直接影响区。根据需要布设护路、护河(湖)、护田、护村(镇)等工程措施,造林种草,修建梯田、坝地,达到保护土地资源,减少水土流失,提高防洪、防风沙能力。③对预防保护区。以控制原来地面水土流失及风蚀沙化为主,开展综合治理。

5) 生物多样性保护的措施

高速公路建设和营运,必须遵守国家保护生物多样性的有关法规。《野生动物保护法》和《野生植物保护条例》明确强调建设项目环境影响评价制度,公路选线应避开珍稀濒危野生动植物及古树名木集中分布区、重要自然遗迹地区、具有旅游价值的自然景观区、自然保护区、风景名胜区和森林公园等。《自然保护区条例》明确规定:"在自然保护区的核心区和缓冲区内,不得建设任何生产设施。在自然保护区的实验区内不得建设污染环境、破坏资源或者景观的生产设施;建设其他项目,其污染排放不得超过国家和地方规定的污染物排放标准。"如果高速公路必须通过上述特殊区域时,应建立有效的保护设施,如保护网栏、兽类通道及桥涵等。公路施工中,禁止在自然保护区内进行砍伐、放牧、狩猎、捕捞、采药、开垦、烧荒、开矿、采石、挖沙等活动。公路营运中严格管理措施,如限制车辆运行速度,限制噪声,减少尾气污染等。必要时,可以对某些受直接影响的珍稀濒危动植物迁徙保护。

2. 高速公路环境空气污染防治

高速公路环境空气污染,主要由机动车辆行驶中排放有毒有害物质及在高速公路上产生的扬尘所致。高速公路空气污染防治主要有7种途径:

(1) 采用新的汽车能源,如太阳能汽车和电力汽车等;
(2) 采用天然气、液化石油气、甲醇、氢气等新燃料;
(3) 对现有燃料的改进及前处理:燃油渗水、采用无铅汽油、汽油裂化为可燃气体等;
(4) 改进发动机结构及有关系统:分层燃烧系统、均质稀燃技术、汽油直接喷射技术、电子控制发动机、化油器的净化措施等;
(5) 发动机外安装废气净化装置:二次空气喷射、热反应器、氧化催化反应器、三元催化反应器;
(6) 控制油料蒸发排放:曲轴箱油料蒸发控制、油箱和化油器油料蒸发控制;
(7) 加强和改进高速公路交通的管理。

为减少高速公路对环境空气的污染,应从以下几方面加强和改进对高速公路的管理:①加强对高速公路的养护,保持路面平整度,确保公路畅通;②加强汽车保养管理,以保证汽车安全行驶和减少有害气体的排放量;③制定各种机动车辆的废气排放标准,控制机动车辆的废气排放量;④改善收费管理方式,减少车辆的怠速状态;⑤加强油料质量管理,防止产生严重污染的劣质油料上市;⑥加强高速公路两侧绿化,种植能吸收(或吸附)有害气体的树木,以减少高速公路交通大气污染的范围。

高速公路施工中沥青烟尘也会对空气产生污染。在高速公路建设中散发沥青烟的主要有两道工序。一是沥青路面施工现场,沥青混合料由车辆倾倒时散发大量沥青烟;二是随后摊铺、搅拌、装车等工序中产生、散发沥青烟。可采用吸附法、洗涤法、静电捕集器、焚烧法等方法予以防治。目前,沥青路面施工中所采用的沥青拌和设备都装有上述两种以上沥青烟消除装置,能较好地防治沥青烟对周围环境空气的污染。

3. 高速公路交通噪声污染控制

噪声自声源至接受者的过程为声源辐射—传播途径—接受者。由此,噪声控制的原则是:①降低声源噪声辐射;②控制传播途径;③接受者防护。高速公路交通噪声主要由车辆动力噪声和轮胎噪声构成,因此降低声源噪声辐射就应从降低车辆动力噪声和轮胎噪声入手。目前,降低车辆动力噪声的办法较为成功,而轮胎噪声的降低主要靠采用低噪声路面来解决。控制噪声传播途径,是目前降低交通噪声的主要方式,所采用的主要措施为控制路线距环境敏感点的距离和在噪声传播途中设置声障使其产生衰减。对于高速公路噪声,采用接受者个人防护措施是不可行的。但可对接受者生活、工作的地点,如学校教室、医院病房和居民住宅等建筑物实施隔声降噪措施。对高速公路交通噪声实施控制所采用的主要措施有下述几种。

1) 规划降噪

高速公路规划和区域规划时应注意考虑:公路应避免穿越城市市区和乡镇的中心区,尽可能避让学校医院、城镇居民住宅区和规模较大的农村村庄等环境敏感点;公路两侧规划时应布置商业、工贸、办公等非敏感性建筑,以起声障作用,保护公路与学校、住宅、医院等敏感点的声环境。

2) 控制路线距环境敏感点的距离

噪声随传播距离的衰减和在传播途中的吸收衰减是声波的基本性质,利用该基本性质控制路线距敏感点的距离,是交通噪声防治的基本途径。高速公路选线除应遵循保证行车安全、舒适、快捷、建设工程量小等原则外,还应根据环境噪声允许标准控制路线距环境敏感点的距离,最大限度地避免高速公路交通噪声扰民。由于学校、医院等地的声环境质量要求较高,在路线布设时应尽量远离这些敏感点。

3) 合理利用障碍物对噪声传播的附加衰减

噪声传播途中遇到声障,会对声波反射、吸收和绕射而产生附加衰减。高速公路路线布设时,尽可能利用土丘、山岗路堑形式,利用路堑边坡的屏障作用降低噪声。在居民区还可以利用土墙、围墙等构筑物、沿街的商务建筑和其他非敏感性建筑的屏障作用降噪,保护环境敏感点。另外,高速公路路线布设还应尽量利用原有林带的环保作用,同时应加强高速公路周围绿化,利用林带降低噪声,改善环境质量。

4) 高速公路声屏障降噪

在高速公路交通噪声传播途中设置声屏障是控制噪声传播途径,降低交通噪声的最有效的措施之一,因此通常将屏障建于高速公路路侧或环境敏感点附近。声屏障的高度由设计噪声衰减量计算而得,当近路侧声屏障的高度较大时,可将屏障的上部作成折形或弧形,将端部伸向高速公路,以使更接近声源。声屏障的长度应大于其保护对象沿高速公路方向的长度,通常需经过计算,同时根据保护对象的性质、规模和屏障的造价等综合确定。建造声屏障的材料及构造形式较多,设计时应满足技术经济合理、高强度、施工简便、美观、耐久、防火等性能。声屏障的构造因材料不同而各异,归纳起来可分为砌块类型、板体类型和生物类型三类。

5) 低噪声路面

轮胎噪声是交通噪声中不可忽视的噪声源,其频率较高,是干扰人们夜间睡眠的主要"凶手"。据研究,通过改进汽车轮胎降低轮胎噪声是十分有限的,因此,从噪声防治角度,铺筑低噪声路面降低交通噪声源无疑是较为有效的措施。轮胎噪声主要由冲击(振动)噪声(因路面不平引起轮胎振动而辐射噪声)、气泵噪声(轮胎滚动时,表面花纹槽中的空气被压缩后迅速膨胀释放而发出噪声)、附着噪声(由轮胎橡胶在路面上附着作用力而产生的类似于真空吸力噪声)组成,轮胎与路面接触噪声的大小不仅与轮胎表面花纹有关,更主要的取决于路面的表面特性。根据轮胎噪声产生机理,铺筑的两级配多孔隙沥青路面,面层内产生互通的孔隙网,类似于多孔吸声材料可以吸收轮胎噪声。轮胎与路面接触时表面花纹槽中的空气可通过孔隙向四周逸出,减小了空气压缩爆破产生的噪声。与密实路面相比,轮胎与路面的接触面减小,有助于附着噪声和冲击噪声的降低。由于低噪声路面与其他降噪措施(如声屏障)相比,具有经济合理、保持环境原有风貌、降噪效果好和行车安全等优点,目前发达国家已广泛展开应用研究。

4. 高速公路社会环境影响控制

高速公路建设各阶段中可能造成的主要社会环境影响及其控制对策见表11-4。

表11-4 高速公路建设各阶段对社会环境影响及其控制对策

工程阶段	社会环境影响	控制对策
路线设计	1. 占用基本农田保护区 2. 占用耕地和良田 3. 分割城镇小区及村落 4. 阻隔通行 5. 影响风景名胜区、文物保护区和其他人文景观	1. 对项目建设地区的自然环境、社会环境等作全面详细调查、统计和分析 2. 路线方案比选分析时,对社会环境有重大影响的重点部位应用可持续发展的战略进行多方案论证分析 3. 路线占地应少占耕地,保护良田 4. 尽可能地绕避城镇居民区和较大的村落,对少数民族居住区尤为关注 5. 避免将学校与主要生源的居民区和村落分隔 6. 绕避省级以上文物保护单位、风景名胜区、名胜古迹,并尽量绕让其他有价值的人文景观 7. 路线应与沿线地区自然景观、人文景观相协调,并合理保护和利用
路基和桥涵设计	1. 占用耕地、良田 2. 影响水利设施 3. 拆迁安置 4. 阻隔出行和交往	1. 尽可能降低路基高度,在良田路段的路基采用陡边坡,减少路基占地 2. 路基、桥涵设计应确保当地排洪、防洪的要求,确保水利设施的安全,按《规范》规定保护农田水利设施 3. 尽可能地减少拆迁数量。对拆迁对象,特别是老、弱、病、残等脆弱群众应做好安置工作,切实保护公众利益 4. 认真调查确定通道和天桥的数量和位置。应做好通道内的排水设计,或在通道内的一侧设人行台阶,以方便通行 5. 在牧区设放牧通道,野生动物区设置兽道
高速公路施工及营运	1. 影响土地资源 2. 影响农田水利设施 3. 影响地方道路 4. 影响文物和人文景观 5. 影响安全	1. 认真做好取、弃土设计,取土坑、弃土场尽可能复耕、还耕或种草植树,保护土地资源 2. 料场等临时用地尽量不占用耕地,不能使用良田,施工结束应及时恢复原土地以便利用 3. 合理安排桥涵施工,做到不影响农田排灌 4. 及时修复因施工而破坏的地方道路,确保安全通行 5. 在可能有文物遗址的地区,施工前会同文物管理部门进行文物勘探,防止破坏文物 6. 设置安全防范设施和安全监督措施 7. 加强营运期的管理

5. 高速公路水环境污染防治

1) 高速公路服务设施污水处理

高速公路建成投入营运后,其服务设施将排放一定数量的污水,如服务区、路段管理处及收费站的生活污水、洗车台(场)的污水、加油站的地面冲洗水等。若这些设计的所在地远离城镇不能直接排入污水系统时,排放的污水须经处理达标后排放。

(1) 生活污水处理措施。

化粪池处理。化粪池是污水沉淀与污泥消化同在一个池子内完成的处理构筑物,污水在池中缓慢流动,停留时间为12~24小时,污泥沉淀于池底进行厌氧分解。

双层沉淀池处理。污水从双层沉淀池上部的沉淀槽中流过,沉淀物从槽底缝隙滑入下部污泥室进行消化。

生物塘处理。利用高速公路服务设施附近有取土坑(或洼地)整修作为生物塘。污水在塘内经较长时间的停留和储存,通过微生物的代谢活动与分解作用,对污水中的有机污染物进行生物降解。

(2) 含油污水的处理。

大型洗车场和加油站的污水常含有泥沙和油类物质,通常采用隔油池进行处理。当污水进入隔油池后,泥砂沉淀于池的底部,浮油漂浮于水面,利用设置在水面的集油管收集去除。

2) 高速公路路面径流水环境污染防治

高速公路路面径流水环境污染,是指高速公路建成营运期货物运输过程中,在路面上的滴漏及轮胎与路面的磨损物等,当降水形成路面径流,就挟带着这些有害物质排入水体或农田,一般不会对水体和土壤造成大面积的污染。但当高速公路距水源保护地、生活饮用水源和水产养殖水体较近时,路面排水可能直接排入这些水体。必要时可设置生物塘,将路面径流引入塘内得到隔油沉淀和净化处理。

3) 施工期的水环境污染防治

高速公路施工期间无论是施工废水,还是施工营地的生活污水,都是暂时性的,随着工程的建成其污染源也将消失,可采用简单的、经济的处理方法。如施工营地的生活污水采用化粪池处理,施工废水设小型蒸发池收集,施工结束将这些池清理掩埋。大桥、特大桥施工期对水环境的污染主要是向水体弃渣,向水体抛、冒、滴、漏有毒化学物品等。防止此类污染的有效措施是加强监督管理与采用先进的施工工艺。

6. 高速公路景观环境保护对策

1) 高速公路与景观环境的协调

高速公路与景观环境的协调是将高速公路融到沿线环境中去充分利用地形、树林、草地等,尽可能保持景观环境的原有风貌,为动植物生存提供空间,使高速公路的使用者和周围公众享有高质量的景观环境。

2) 减少对景观视觉环境的侵害

减少高速公路对景观视觉环境的侵害,关键是做好路线设计和路基设计。在高速公路设计时对沿线景观环境作全面调查,按地貌、生态等特征对高速公路给环境视觉的影响进行分析,其影响程度分三档:非常侵害——在视觉中拟建高速公路处于统治地位;一般侵害——在视觉中拟建高速公路处于重要地位;微弱侵害——在视觉中拟建高速公路处于不明显地位。因此,高速公路设计不应过分强调线形,更不应突出高速公路在自然环境中的地位,其路线、路基、桥梁、色彩等应与周围景色取得和谐。

3) 保护景观资源

景观资源是国家的重要资源,其中相当部分属于不能再生资源(如奇特地貌、名木古树、珍稀生物、历史文物、峡谷、溪流等)。高速公路建设对于有重要价值的景观资源要采取避让或采用工程技术措施加以保护。

4) 工程技术措施

高速公路景观环境保护工程技术措施涉及的内容较广,如通过边坡线的变化将边坡融汇于原地形,增加自然感;在山区、丘陵地、台塬地、黄土高原等地形起伏变化较大的地区,高速公路上、下行车道采用分离式路基,减少对原地貌的开挖,减小对视觉环境的侵害;利用中央分隔带改善高速公路景观环境,在山坡荒地、戈壁沙漠及草地等非农用土地的路段,增加中央分隔带的宽度,并将原地面植被、小土丘、坚固的石头等原有地物保留,使中央分隔带自然化;对于那些不能复耕、还耕及农副业开发的取、弃土坑和采石场应作景色处理,使受损的视觉环境尽快修复,常用的措施有植树、种草,使其尽快恢复地面植被,整修后用做停车场,修成池塘养鱼,有条件时可修成高速公路景点。

5) 高速公路绿化

高速公路绿化有稳定路基、改善生态环境、生活环境和景观视觉环境等综合作用。高速公路绿化宜采用当地"土生土长"树木及灌草,种植效果更好,管护简便,而且较为经济。

复习思考题

1. 如何理解可持续发展的概念?可持续发展的基本原则有哪些?
2. 试分析高速公路对环境资源的影响。
3. 为什么以环境保护为重要领域和标志的可持续发展战略成为我国的基本国策?简述其理由。
4. 高速公路的环境保护应考虑哪些方面?

参 考 文 献

1　黄镇东. 求实奋进探索交通发展之路. 北京：中央党校出版社,1997.
2　郁恩崇. 高速公路管理学. 北京：人民交通出版社,2001.
3　郁恩崇. 公路经济学. 北京：人民交通出版社,1999.
4　交通部科技进步"通达计划"软科学研究课题. 高速公路管理体制研究（研究报告）. 1999.
5　谭诗樵. 高等级公路管理. 北京：中国建筑工业出版社,1992.
6　高速公路丛书编委会. 高速公路运营管理. 北京：人民交通出版社,1996.
7　国文清. 高速公路管理. 北京：人民交通出版社,1997.
8　交通部教育司. 公路路政管理学. 北京：人民交通出版社,1997.
9　刘伟铭. 高速公路系统控制方法. 北京：人民交通出版社,1998.
10　杨盛福. 高速公路运营管理. 北京：人民交通出版社,2002.
11　王文武. 高速公路安全管理. 北京：人民交通出版社,2000.
12　王文锦. 高速公路企业三大系统管理. 北京：人民交通出版社,2003.
13　王文锦. 高速公路企业安全管理. 北京：人民交通出版社,2002.
14　王文锦. 高速公路路政管理. 北京：人民交通出版社,2003.
15　王文锦. 高速公路企业服务区管理. 北京：人民交通出版社,2003.
16　洪善祥. 公路路政管理学. 北京：人民交通出版社,2003.
17　周余明. 高速公路养护管理. 北京：人民交通出版社,2000.
18　王文锦. 高速公路企业收费管理. 北京：人民交通出版社,2003.
19　邬义钧. 产业经济学. 北京：中国统计出版社,1994.
20　路成章. 公路交通经济范畴内若干问题的研究. 北京：人民交通出版社,2001.